Ulrich Müller

—

Mensch und Musik

Der Autor Ulrich Müller studierte Philosophie, Germanistik und Musik. Er promovierte 1986 an der Freien Universität Berlin mit einer Arbeit über Adorno. Müller arbeitet als Gymnasiallehrer in Berlin. Bei K&N ist bereits von ihm erschienen *Frieden und Freiheit* (2013), *Nathans Baum* (2017) sowie *Friedensfreiheitliche Erkenntnis und Wissenschaft* (2021).

Ulrich Müller

Mensch und Musik

Eine Philosophie klangzeitlicher Selbstverwirklichung

Königshausen & Neumann

Umschlagabbildung:

August Macke: Farbige Komposition
(Hommage à Johann Sebastian Bach), 1912

Wikicommons:
https://de.wikipedia.org/wiki/Datei:August_Macke_008.jpg

Bibliografische Information der Deutschen Nationalbibliothek

Die Deutsche Nationalbibliothek verzeichnet diese Publikation in der Deutschen Nationalbibliografie; detaillierte bibliografische Daten sind im Internet über http://dnb.d-nb.de abrufbar.

Gedruckt auf säurefreiem, alterungsbeständigem Papier
Umschlag: skh-softics / coverart

Printed in Germany

ISBN 978-3-8260-8717-2
eISBN 978-3-8260-8718-9

www.koenigshausen-neumann.de
www.ebook.de
www.buchhandel.de
www.buchkatalog.de

Denn das Subjekt ist das einzige Moment von Nichtmechanischem, von Leben, das in die Kunstwerke hineinragt; nirgends sonst finden sie, was sie zum Lebendigen geleitet.

Theodor W. Adorno

Die Zeitlichkeit der Uhr und die Zeitlichkeit in der Musik. Sie sind durchaus nicht gleiche Begriffe.

Ludwig Wittgenstein

Music makes time audible,
and its form and continuity sensible.

Susanne K. Langer

Inhaltsverzeichnis

Was an der Musik begrifflich-begreiflich ist, ist gar nicht Musik selbst.

Rudolf Otto

Einleitung

Ist die Musik nicht so etwas wie eine verzauberte Zeitlichkeit?

Vladimir Jankélévitch

Liebe Leserin, lieber Leser,

mit der Musik verhält es sich wie mit der Zeit. Wenn wir uns mitten in ihr befinden oder sie aktiv gestalten, wissen wir immer genau, womit wir es zu tun haben: einer Melodie, einer Improvisation oder einer Sinfonie dort, der Nacht, dem Monat Mai oder einem Urlaub hier. Aber wenn wir auch nur annähernd erklären sollen, was *die* Zeit und *die* Musik sind, reagieren wir erstaunlich ratlos. Und je länger wir darüber nachdenken, desto dunkler erscheint uns das, womit wir ständig umgehen. Was wir einigermaßen sicher zu wissen glauben, ist, dass sowohl die Zeit als auch die Musik flüchtig, vorübergehend und infolgedessen nicht wirklich *greif*bar sind. Aber sind sie deshalb auch nicht *be*greifbar?

Musik, zumindest tiefergehend faszinierende, große und gute, besitzt immer ein unbegreifliches, irrationales Moment. Rational kann nur ihre Theorie sein. So fragt unsere Musikphilosophie nach den *allgemeinen Bedingungen hörbaren musikalischen Erklingens*: Was sind die relativ stabilen Merkmale klingender Musik selber (I.), ihrer Erkenntnis (II.) und nicht zuletzt auch ihrer ästhetischen Bewertung (III.)? Die hier gesuchten Kategorien einer Theorie der Bedingungen möglicher Musiken haben alle einen anthropologischen Charakter: Sie lassen sich auf die Strukturen menschlicher Subjektivität zurückführen. Allgemein gesagt geht es um die theoretisch zu erbringenden Vorgaben, die begreiflich machen sollen, wie gelungen-stimmige Musik entsteht, wie sie erklingen kann und ebenso, wie sie gedeutet, erläutert und untersucht werden muss. Konkreter gesagt geht es dabei um die allgemeinen Begriffspaare Form und Gefühl, Fiktionsbildung und Materialbewusstsein, vorher und nachher, nacheinander und zusammen,

Innenwelt und Außenwelt, Tönen und Klingen, Selbst und Anderes, subjektive Einbildung und objektive Verwirklichung, Hören und Gehörtes, Einheit und Vielfalt, Ordnung und Chaos, um nur die wichtigsten zu nennen.

Und hat nicht Musik, die allen Philosophierenden als *die typische Zeitkunst* gilt, notwendig auch einen Raum: einen *äußeren*, in dem sie erklingt, und einen *inneren*, der durch verschiedene Tonhöhen sowie Zusammenklänge ausgefüllt ist? Je nach Verlauf der Musik können ihre hörbare Form der Zeit, das *lineare Nacheinander*, und ihre hörbare Form des Raums, das *vertikale Zusammen*, beliebig ausgedehnt sein. So bezeichnen wir Melodien mit großer zeitlicher Ausdehnung als „unendlich", während wir solchen, die eine hohe räumliche Ausdehnung haben, einen großen Tonumfang (Ambitus) bescheinigen. Beide Formen musikalischer Ausdehnung lassen sich musikwissenschaftlich präzise messen, bzw. bestimmen.

Doch was bedeutet es eigentlich, dass sich Musik zeitlich und räumlich ausdehnt, so wie sich nach gängiger Auffassung der Kosmos seit dem Urknall zeiträumlich ausgedehnt hat? Und wie verhalten sich die beiden grundverschiedenen Arten musikklanglicher Ausdehnung von Zeit und Raum, z.B. Länge und Ambitus einer Melodie, zueinander? Treten beide zusammen auf oder nacheinander? Und wenn letzteres, in welcher Reihenfolge? Schließlich: Warum gibt es zu Zeit und Raum kein Drittes, Viertes oder Fünftes und stattdessen nur Eines?

Solche grundlegenden Fragen stellen nicht nur Philosophen, sondern auch Mathematikerinnen, Physiker und Historikerinnen. Allein deshalb wird sich das Raumzeitliche der Musik nicht *mono*disziplinär, sondern nur *inter*disziplinär erklären lassen. Insbesondere die Neurowissenschaft bringt sie mit verschiedensten Hirnarealen in Verbindung. Musik ist eben kein ausschließlich physikalisches Phänomen, das wir in Dezibel und akustischen Schwingungsverhältnissen zureichend ausmessen können. Genauso wenig ist sie nur nach dem geometrischen Idealmaß des Goldenen Schnitts zu verstehen. Auch durch die bloß historische Einordnung ihrer Formen, Techniken und Materialien lässt sie sich kaum erklären: Indem wir etwa Beethovens *E-Dur-Sonate Opus 109* daraufhin untersuchen, welche überlieferten Formmodelle und Techniken darin verwendet werden (frühromantisches *Fantasiestück*, *lombardischer Rhythmus* und *Kontrapunktik* im Kopfsatz, ein *Passacaglia*-Thema im Bass des 2. Satzes, *Variationen*- und *Nocturne*-

Formen im 3. Satz etc.), behandeln wir das Werk zwar als Kulturprodukt, das in seinen verschiedenen Dimensionen historisch beschreibbar ist. Doch wir erklären es damit noch nicht in seiner *individuellen Besonderheit* als *subjektiv hervorgebrachtes*, Gefühle wie Gedanken auslösendes Kunstwerk.

Nun könnten Sie, liebe Leserin und lieber Leser, hier zurecht einwenden, dass doch auch historisch gewachsene Musikformen geistige Hervorbringungen seien, die von Individuen, wenngleich von vielen und zu verschiedenen Zeiten, entwickelt worden sind. So richtig dieser Einwand ist, er übersieht zwei wichtige Aspekte: Zum einen erfolgt die historische Beschreibung immer aus der Außenperspektive einer dritten Person, die das betrachtete Werk nach standardisierten Gesichtspunkten (Fugentechnik, Liedform, Blues-Schema etc.) analysiert. Wenn sich nun Musik, Kunst überhaupt, im historisch Beschreibbaren erschöpfte, dann gäbe es in ihr nicht wirklich *Neues*. Das Neue ist aber gerade ein Lebenselixier der Künste, wie alles Ästhetischen und Kreativen. Und was natürlich noch viel wichtiger ist: Die ausschließlich historische Betrachtung eines Musikstücks vernachlässigt dessen *Einmaligkeit* und *Einzigartigkeit*. Deren mehr oder weniger starke Ausprägung dürfte auch für den ästhetischen Wert des jeweiligen Produkts verantwortlich sein. Es handelt sich dabei ja schließlich um die klangzeitlich-emotionale und -geistige Selbstverwirklichung eines lebendigen Subjekts. Und dieser Vorgang kann nur aus der Innenperspektive der ersten Person angemessen erfasst werden, die eigentlich gar keine Perspektive ist, sondern vielmehr ursprünglich-zeitliches Erleben. Denn hier ist immer schon der Mensch im Spiel: Das eigentümlich Menschliche betrifft zentral jene beiden zusammengehörigen Aspekte alles Künstlerischen, das *Kreative* und das *Individuelle*, das sich weder aus historischer, noch sonstiger wissenschaftlicher Perspektive zureichend erklären lässt. Dafür benötigen wir neben einem feinen *Wahrnehmungssensorium* notwendig auch philosophische *Reflexion* im Sinne von Argumentation. Nur sie ermöglicht uns spezifisch-subjektive, erlebnisgegründete, *Interpretationen*, aus denen dann auch noch musikwissenschaftlich begründete *Er-Deutungen* des musikalisch Gehörten, bzw. des analysierten Notentextes, werden können.

Dessen unbeschadet lässt sich die subjektive *Erlebnis*perspektive betroffener Hörer*innen nie vollständig in die objektivierende *Beobachter*perspektive analysierender Musikwissenschaftler*innen übersetzen. Ansonsten bräuchten wir Musik ja gar nicht mehr *anhören*, sondern nur noch *untersuchen*, was allen Musizierenden wie Musikinteressierten vollkommen unsinnig erscheinen muss. Liegt ihre Faszinationskraft doch gerade im begrifflich Unfassbaren von hörbarer Atmosphäre, klingendem Spannungsreichtum und aufwühlender Gefühlswirkung, An- und Berührung. Davor sollte Philosophie aber keineswegs ins Irrationale ausweichen. Vielmehr obliegt ihr die vernünftige Anerkennung dessen, was sich an ästhetischen Wirkungen jenseits von Naturkausalitäten und in größtmöglicher Freiheit der beteiligten Subjekte wahrnehmen lässt. Eben dies hat sie zu reflektieren.

Solche Interpretationen musikalischer Bedeutung und Wirkung enthalten also geradezu zwangsläufig einen subjektiven Faktor. Daher sind sie auch selten alternativlos, aber keinesfalls willkürlich. Denn sie müssen sich, um plausibel *nach- und mit*vollziehbar zu sein, im Rahmen des empirisch Hör- und Beobachtbaren bewegen: Sie dürfen den wissenschaftlich belegten und historisch analysierten Fakten in der Musik zumindest nicht widersprechen. Dennoch können sie selbst als *argumentierende Deutungen* ein spekulatives Moment kaum vermeiden. Musikalische Interpreten wissen nie sicher und genau, ob sie den von der Komponistin gemeinten Inhalt auch „richtig" erfassen und ihre beabsichtigt wuchtige Wirkung wirklich erzielen können. Auch dann, wenn sie die Möglichkeit haben, sie darüber zu befragen, ist keineswegs garantiert, sogar eher unwahrscheinlich, dass deren konstruktive *Absichten* die tatsächlichen Interpretations*möglichkeiten* ihres Werks auch schon vollständig ausschöpfen. Vielmehr können wir *Kreativität* geradezu als die Fähigkeit definieren, solche neuen *Möglichkeiten zu entdecken*.

Ich schlage daher vor, auf Absichtlichkeit (oder *Intentionalität*) als Grundbegriff zu verzichten, weil er die ästhetische Interpretation zu sehr an eindeutigen Zielen orientiert, eine Idee, die der Kunst, insbesondere der inhaltlich abstrakten Musik, nicht wirklich angemessen ist. Denn in ästhetischer Einstellung handeln wir *kreativ*: aus größtmöglicher, weil uninteressierter und zielloser, *Freiheit* heraus. Statt mit *Intention* werde ich im Folgenden mit dem umfassenderen Begriff *Konstruktion* arbeiten. Demnach ist jedes Musikstück ein subjektives Konstrukt. Sie können, liebe Leser*innen, wenn Ihnen dieser Begriff zu handwerklich oder technisch klingt, dafür auch Komposition, Kreation, Hervorbringung, Erzeugung, subjektives Produkt, musikalisches

Artefakt oder schlicht menschlich-musikalische Erfindung sagen. Entsprechend handelt es sich auch bei jeder *Interpretation* von Musik, sei es eine aufführende, sei es eine hörende oder sei es eine verbale, um die *Re*konstruktion einer bereits geleisteten und bestehenden Klang*konstruktion*, also um die subjektiv-kreative *Neu*-Konstruktion einer subjektiv-kreativen *Erst*-Konstruktion.

In diesem Verständnis von Musik als *Konstruktion gewordener Kreativität* eines Subjekts, das sich in ihr durch zeiträumliche Ausdehnung tönend verwirklicht, folgen wir der Philosophie Kants, nach der Zeit und Raum etwas ursprünglich Subjektives sind: Als erfahrungsunabhängige Funktionen unserer Wahrnehmung müssen wir sie spontan aus uns selbst heraus erzeugen.[1] Danach bezeichnet die Subjektivität von Raum und Zeit auch die Möglichkeit, in der Musik Verhältnisse eines tönenden Nacheinanders (musikalische Zeit) und Zugleichs (musikalischer Raum) geistig-sinnlich, sozusagen mit Hirn, Herz und Hand, hervorzubringen.

Anders jedoch als Kant verstehen wir Zeit, gerade im Hinblick auf die von ihm unterschätzte Musik[2], nicht nur als einen bloß *formalen* Wahrnehmungsfaktor, sondern vielmehr auch als einen *inhaltlichen*, als die Gesamtheit psychischer Erlebnisse: Gefühle, Stimmungen, Wünsche, Triebe, Empfindungen und Gedanken. So verwirklicht, bzw. „verzeitlicht" sich ein Subjekt musikalisch nicht nur in formalen *Zeitverhältnissen* wie Rhythmen, Tempi, Beziehungen von Tondauern etc., sondern auch im *Ausdruck* von erfundenen mentalen Befindlichkeiten, Charakteren, Bewegungsantrieben etc., den Inhalten seiner klingenden Zeitsetzungen (System Z). Allerdings dürfen wir hier nicht dem Irrtum unterliegen, das musikalisch Ausgedrückte sei der *direkte Ausdruck des*

1 Immanuel Kant: *Kritik der reinen Vernunft*, Frankfurt a.M. 1974, S. 78, A 30, B 46: „Die Zeit ist kein empirischer Begriff, der irgend von einer Erfahrung abgezogen worden. Denn das Zugleichsein oder Aufeinanderfolgen würde selbst nicht in die Wahrnehmung kommen, wenn die Vorstellung der Zeit nicht a priori zum Grunde läge. Nur unter deren Voraussetzung kann man sich vorstellen: daß einiges zu einer und derselben Zeit (zugleich) oder in verschiedenen Zeiten (nach einander) sei."

2 Zu Kants ungerechtfertigter Abwertung der Musik siehe Albrecht von Massow: *Die unterschätzte Kunst. Musik seit der Ersten Aufklärung*, Köln 2019, insbesondere S. 13ff. und 176ff. Eine entgegengesetzte Auffassung vertritt in historischer Perspektive und unter besonderer Berücksichtigung von Kants Überlegungen zu Tonempfindungen Piero Giordanetti: *Kant und die Musik*, Würzburg 2005, insbesondere S. 156–188.

Selbst im Sinne der momentanen psychischen Situation der aktuell Komponierenden, Interpretierenden oder Hörenden. Gegen solche kurzschlüssigen Vorurteile hat Susanne K. Langer bereits Mitte des 20. Jahrhunderts darauf hingewiesen, dass der besondere Ausdruck einer Musik durch die tönend distanzierte „Formulierung und Darstellung von Gemütsbewegungen“[3], das heißt, durch „symbolische Formen“[4] kommuniziert wird. Und diese Tonformen sind ganz andere als die, mit denen dieselben Gemütsbewegungen im täglichen Leben ausgedrückt werden. Dasselbe gilt für die Ausdrucksfunktion des Raumes in der Musik, für Tonhöhenunterschiede, Akkordaufbauten, Positionierungen der Instrumente etc., die letztlich aus ihrer Zeit nur abgeleitet sind: Das räumliche Zugleich von Tönen und Klängen resultiert aus der *Negation ihres Nacheinanders*. Somit verkörpert beispielsweise ein Akkord das Nicht-Nacheinander seiner Einzeltöne. Aber auch noch als tönendes Zugleich, als Zusammen und also Nicht-Nacheinander, unterliegt er noch dem Nacheinander des gehörten musikalischen Flusses. Insofern ist die Zeit musikalisch elementarer, weil subjektiv ursprünglicher, als der Raum.

Folgerichtig ist auch nicht nur die Zeit in der Musik, sondern genauso ihr Raum an der außenweltlichen Gestaltung klingend vermittelter Emotionen beteiligt. So kann ein spannungsreicher Akkord, z.B. ein überlegt eingesetzter verkürzter Dominantnonakkord, Schmerz, innere Zerrissenheit oder Verzweiflung ausdrücken; die auf der Stelle tretende

3 Susanne T. Langer: *Philosophie auf neuem Wege. Das Symbol im Denken, im Ritus und in der Kunst*, Frankfurt a.M. 1984, S. 219.

4 Ibid., S. 221. Nach Langer liegt die ganze Kraft künstlerischer Symbolik letztlich darin, dass „the great examples of any art exhibit […] an image of life that suggests some new basic concepts for biology and psychology“, eine These, der ich mich in ganzem Umfang allerdings nicht anzuschließen vermag, siehe Susanne K. Langer: *Mind. An Essay on Human Feeling*, Vol. I, Baltimore 1967, S. 151. Gleichwohl stimme ich Langer voll und ganz zu, dass das musikalische Symbol von seinem jeweiligen *Klangkontext* und nicht von einem *Symbolsystem* abhängig ist: „A work of art is a single symbol, not a system of significant elements which may be variously compounded“, S. 84. Außerdem wurde zurecht hervorgehoben, dass „Philosophie laut Langer von der Analyse der Kunst lernen kann“, „die Kontinuität zwischen dem elementaren Gewahrsein und den abstraktesten Formen des Denkens“ zu erkunden, Christian Grüny: *Der Mythos des inneren Lebens. Susanne K. Langer über die Rolle der Musik für unser Selbstverständnis*, in: Daniel Martin Feige, Gesa zur Nieden (Hg.): *Musik und Subjektivität*, Bielefeld 2022, S. 207.

Melodiestimme des „Todes“ in Franz Schuberts Lied „Der Tod und das Mädchen“ empfundene Erstarrung. Aber auch eine noch so ausgeprägte musikalisch-räumliche Statik, ein lang ausgehaltener Klang[5] in Meditationsmusik, kann das Moment der zeitlichen Bewegung, die im Hintergrund stets präsent ist, nicht abstreifen.

Was nun bedeutet dieser *grundlegende Zeitcharakter der Musik* für ihr Verständnis? Wenn wir die Zeit, wie beschrieben, mit und gegen Kant in der Psyche von Subjekten verankern, so müssen wir die Musik, die stufenweise aus ihr heraus erschaffen wird, als die *zweckfrei und bewusst erfundene oder nachempfundene subjektive Zeit* von Musizierenden, Komponierenden, Ausführenden und Hörenden, begreifen, die im vollendeten Musikprodukt zur *objektiven Raum-Zeit* geworden ist. Das Hören ist an allen Phasen dieses musikalischen Handelns zentral beteiligt. Wenn der eine Partitur analysierende Musikwissenschaftler das jeweils Besondere des notierten Klanggebildes erfassen will, muss er es innerlich *hören*.

Um die *spezifisch individuelle Subjektivität* eines Musikstücks zu verstehen, dürfen wir uns daher auch nicht auf die *Analyse* seiner Form beschränken. Denn die technisch beschreibbaren Details seiner Struktur und die historisch ableitbaren Bestandstücke seines Aufbaus erklären die besondere emotionale und kognitive *Bedeutung* des subjektiv Hervorgebrachten noch längst nicht. Dazu müsste vielmehr das gesamte Spektrum der Gefühle und gedanklichen Assoziationen, das von den immer wieder anders *klingenden* Formverhältnissen musikalisch ausgelöst wird, als deren *hörend nach- und mitvollziehbare Deutung* hinzugezogen werden. Denn „Musik ist“, wie Nietzsche richtig sieht, „nicht an und für sich so bedeutungsvoll für unser Inneres, so tief erregend, daß sie als *unmittelbare* Sprache des Gefühls gelten dürfte; sondern

5 Zum Begriff des musikalischen Klangs siehe Gunnar Hindrichs: *Die Autonomie des Klangs. Eine Philosophie der Musik*, Berlin 2014, S. 107: „Ein musikalischer Klang ist ein identifizierbares tonsystematisch Hörbares von bestimmtem Typ mit einer meist variierenden Gesamtphysiognomie. […] Das musikalische Kunstwerk […] beinhaltet viele musikalische Klänge als seine Momente und fügt sie zu einem umfassenden Klang zusammen.“ Allerdings sollten wir das Klangobjekt nicht als selber „zusammenfügende“ Klangkraft *ver*menschlichen, sondern vielmehr als die objektive Verwirklichung menschlichen Tönens *durch* ein musikalisch aktives *Subjekt* begreifen. Überdies bezeichnet das *Kunstwerk* nicht die einzige Möglichkeit für ein musizierendes Subjekt, sich klangzeitlich zu verwirklichen.

ihre uralte Verbindung mit der Poesie hat so viel Symbolik in die rhythmische Bewegung, in Stärke und Schwäche des Tones gelegt, daß wir jetzt *wähnen*, sie spräche direkt *zum* Inneren und käme *aus* dem Inneren."[6]

Da erklingende Musik jedoch auch nicht aus *diskreten*, voneinander getrennten, Formelementen besteht, sondern aus deren *lückenloser zeitlicher Verknüpfung*, muss auch dem kontinuierlichen In-einander-Übergehen verschiedenen, mit musikalischen Mitteln ausgedrückten, Fühlens, Denkens und Gestimmt-Seins in den Hörer*innen Rechnung getragen werden. Der mehr oder weniger schnelle Wechsel von Klangkonstellationen bewirkt auch einen entsprechenden Wechsel der dadurch freigesetzten Ausdrucksnuancen. Letztlich bildet ein Musikstück also das durch und durch dynamische Klangkontinuum eines zwar begrenzten, aber in sich einheitlichen Ganzen der Zeit – gewissermaßen einen psychophysischen Kosmos im Kleinen. Doch wie kann solch ein „kosmisches" Ganzes, das nicht nur *mehr*, sondern auch wesentlich *anders* ist als die Summe seiner analysierbaren Einzelelemente, ohne analytische Verkürzungen erklärt werden? Anders gefragt: Wie lässt sich das klingende Kontinuum angemessen verstehen, ohne es in getrennte Formelemente, gar Urelemente, und ihnen korrelierende Ausdrucksarten zu *zerschneiden*?

Meine vorläufige Antwort in Kurzform lautet: Wir dürfen die Formelemente des klingenden *Ganzen*, ganz gleich, ob es sich dabei um ein geschlossenes Werk oder um eine offene Improvisation, Klanginstallation oder auch nur ein Vor-sich-hin-Summen handelt, weder als selbstständige, noch als voneinander getrennte *Teile*, sondern nur als *Glieder* der besonderen *Einheit des Ganzen* auffassen. Als Glieder eines Liedes etwa müssten sich Einleitung, A-Teil, B-Teil und Schlussteil sowohl voneinander als auch vom Liedganzen *unterscheiden* lassen, nur eben, ohne klangliche und psychische Lücken zwischen ihnen anzunehmen. Und dann dürften wir solche Glieder eben nicht mehr *quantitativ*, sondern nur noch *qualitativ*, in größtmöglicher Differenzierung, voneinander unterscheiden und bestimmen.

Wie wichtig ein solches Vorgehen ästhetisch ist, zeigt der musikspezifische *Rätselcharakter*. Was *bedeutet* das begriffslose Erklingen

6 Friedrich Nietzsche: *Menschliches, Allzumenschliches. Ein Buch für freie Geister*, in: Werke Bd. I, Frankfurt a.M., Berlin, Wien 1979, S. 573.

von Musik? Wie erklären wir ihre hörbaren *Wirkungen*? Was hat dies mit der Zeit und dem Raum in ihr zu tun?

Problemlos sprechen wir von Musikstücken wie von dreidimensionalen Gegenständen, etwa Statuen: die „Appassionata", das Fantasiestück, der Tango, und nicht wie von Prozessen und Tätigkeiten, um die es sich ja bei der aktuellen, lebendigen Realisierung von Musik wirklich handelt, etwa das „Appassionieren", das „Fantasieren" oder das „Tanguieren". Natürlich besitzt die Partitur einer Sinfonie drei verschiedene Dimensionen. Aber ein wirklich räumlicher Abstand zwischen ihnen lässt sich auch beim besten Willen nicht erkennen. Es handelt sich lediglich um nachträgliche Linienziehungen zwischen ihnen, so, als ob sich der Partitur-Raum in drei verschiedene Teile zerschneiden ließe, was zu versuchen natürlich Unsinn wäre. Nicht nur die musikalische Zeit, auch der musikalische Raum muss demnach als ganzheitliches Kontinuum behandelt werden; so wie z.B. Höhe, Breite und Tiefe eines Cellos nur *Glieder* dieses *ganzen* Streichinstruments sein und als solche auch nur *qualitativ*, z.B. hinsichtlich der Art des Instrumentenbaus, der Spieltechniken und Klangentfaltungsmöglichkeiten oder des Tonambitus, begriffen werden können.

Wie verhält sich nun zu solchem musikalischen Raum die musikalische Zeit? Nun, wenn eine Hörerin dem Verlauf der Musik, sagen wir einer Suite für Streichorchester, folgt, dann steht sie als wahrnehmendes, sich in der Zeit verwirklichendes, „verzeitlichendes", Subjekt dem dreidimensionalen Klangobjekt „Streicher-Suite" gegenüber, ohne dass es einen trennenden Bereich zwischen der Wahrnehmenden und dem Wahrgenommenen gibt. Abgesehen von unvorhergesehenen Störungen des Hörprozesses ist das hörende Bewusstsein lückenlos beim Gehörten. Es liegt keinerlei *Grenze* oder gar *Abstand* zwischen Hörerin und Musik. Ein *Unterschied* kann nur bestehen zwischen den *Gliedern des Hörprozesses*, den erklingenden Tönen, dem Streichorchester, seinen Spielbewegungen, der aufmerksamen Hörerin, ihren sowie den durch die Musik ausgedrückten Gefühlen, Stimmungen, Wünschen und Gedanken innerhalb eines einheitlichen musikalischen Ganzen, einem raumzeitlichen Kontinuum von Spielen, Klingen, Hören, und dem Bewusstsein der drei beteiligten Seiten von Subjektivität: der Musik, der Spielenden und der Hörenden.

Darauf bezogen lässt sich auch der Titel dieses Buches auf zweifache Weise auslegen: Das „und" in „Mensch und Musik" steht erstens für die *Wechselbeziehung* zweier geistig-physischer Einheiten, die Mensch und Musik *für sich selbst* darstellen. Aber es steht zweitens auch für die *Zusammengehörigkeit*, die sie *miteinander* bilden, wenn irgendwann irgendwo irgendwie irgendwelche Musik gehört, aufgeführt oder komponiert wird. Es gibt und gab bisher keine musik*lose* Gesellschaft. Diese Verbundenheit des Menschlichen mit dem Musikalischen kann durch dessen wissenschaftliche Reduzierung auf Physi(kali)sches oder Historisches unmöglich erfasst werden. Eine noch so detaillierte Strukturanalyse würde das Wichtigste der Musik verfehlen. Denn ihr *grundlegend menschlicher Ausdruckscharakter* kann nicht analytisch-zerlegend, sondern nur synthetisch-ganzheitlich erklärt werden. Keine Einzelwissenschaft allein, nur philosophische Reflexion im Verbund mit Wissenschaft können solche ganzheitlichen Synthesen von Musik erfolgreich erschließen.

Anders als die herkömmliche Musik*wissenschaft* ist die Musik*philosophie* eine *nichtempirische* Disziplin. Das heißt, ihre Methode der Erkenntnisgewinnung ist nicht eindeutige *Beobachtung*, sondern mehr oder weniger gut begründete *Argumentation*. Genauigkeit erlangt sie nicht primär im Quantifizieren von Musik (Wie viele Themeneinsätze und Themenverarbeitungen gibt es in wie vielen Stimmen und in welcher zählbaren Reihenfolge?), sondern überwiegend im Qualifizieren, durch Finden einer angemessenen Begriffsbildung (Was ist das besondere Merkmal des dritten Themeneinsatzes und welche emotionale Wirkung, welche gedankliche Assoziation möglicherweise auch, kann er in hörenden Subjekten auslösen?) Demnach geht es der Musikphilosophie um eine *ganzheitliche Erklärung* der musikalisch-einheitlichen „Sachen selbst". Was nun allerdings „Sache selbst" in der Musik *heißt*, muss der philosophischen Erforschung ihrer Grundbegriffe vorbehalten bleiben. Dabei darf sich die Philosophie jedoch nicht einfach über die einzelwissenschaftlich ermittelten „Fakten" des Musikalischen hinwegsetzen. Sie muss dieses Faktische vielmehr behutsam, sozusagen in kooperativer Tuchfühlung mit der Wissenschaft, *er-deutend übersteigen*. Musikalische Wissenschaft ist also eine *notwendige, aber nicht hinreichende Voraussetzung* für die *Philosophie* der Musik.

Ob die in diesem Buch verwirklichten Überlegungen schließlich auch zu einer „ursprünglichen" oder „letztbegründeten" Musikphilosophie kommen, die Beantwortung dieser ebenso heiklen wie spannenden Frage möchte ich Ihnen, liebe Leser*innen, überlassen. Nur soviel können wir hier bereits gesichert sagen: Ohne die Einbeziehung menschlicher Subjektivität und ihrer grundlegenden Zeitlichkeit lässt sich die Zeitkunst Musik weder zureichend erklären, noch angemessen verstehen. Denn im lebendigen Vollzug des Musizierens, welches hier nicht nur das Spielen, sondern auch das Komponieren und Hören umfassen soll, drückt sich etwas Menschliches in der Zeit hörbar aus. Es ist nicht das Menschliche der aktuell Musizierenden. Diese sind natürlich mit ihrer momentanen Befindlichkeit am musikalischen Ausdruck beteiligt. Aber ganz zentral handelt es sich dabei um die *tönend-abstrakte Erfindung* der Komponierenden, eine Klang*kon*struktion also, die von Musizierenden und Hörenden *re*konstruiert wird. All diese müssen das Ausgedrückte selber nie so erlebt haben, wie es sich ihnen in den Klangkonstellationen darstellt. Entsprechend darf eine Philosophie der Musik auch nicht in der Zeitlichkeit ganz *bestimmter Subjekte*, sie muss in der Zeitlichkeit *menschlicher Subjektivität überhaupt* zentriert sein. Denn ausgedrückt und dargestellt wird ja jeweils eine *abstrakte* Subjektivität, z.B. eine leidende, feiernde oder erhaben gestimmte, - dies allerdings in sinnlich-konkreten und individuell tönenden Formen.

Allein deshalb schon können weder die musikalische Zeit, noch der musikalische Raum als etwas von Natur Gegebenes betrachtet werden. Stattdessen müssen diese Kontinua erklärt werden als etwas *ursprünglich Subjektives von Subjekten.* Deren Subjektivität äußert sich in höchster Ausprägung als ihr *kreatives Handeln.* Sie erzeugt das musikalische Kontinuum als das Formale von ihr aus sich selbst heraus. Im Sinne einer aktual hörbaren Wirklichkeit bezeugt der musikalische Zusammenhang die Wirksamkeit der dynamischen Kreativität des musikalischen Subjekts. Dessen Art und Weise, aus vorgefundenen Materialien Klanggestalten zu formen, verwandelt zum einen Natur oder vorhandene Kultur in neue Kultur und zum anderen Geschichtliches in Gegenwärtiges. Daher kann die kontinuierlich fließende Musik auch nicht auf ihr physi(kali)sches Klanggeschehen, ihre biologischen Wirkungen oder ihre historisch gewachsenen Formtypen reduziert werden. *Unser Erklärungsmodell ist vielmehr ihre stufenweise Hervorbringung aus menschlicher Subjektivität heraus: Musik verstehen wir als die raumzeitlich objektivierte kreativ-konstruktive Klangausdehnung eines selber zeitlichen Subjekts in der Außenwelt.*

Am Schluss dieser Einleitung sei uns ein ontologischer Vorgriff in Form einer spekulativen These gestattet: Die Natur des lückenlosen und *empirisch-endlichen* Erklingens wie Verklingens von Musik kann letztlich nur ermöglicht sein durch das *nichtempirisch-unendliche* Kontinuum *in* der Natur, auch in unserer eigenen. Erschließbar ist dieses unendliche Kontinuum der Dinge selbst (Kants „Ding an sich") allerdings nicht mathematisch, physikalisch oder anders wissenschaftlich, sondern nur philosophisch-ganzheitlich. Es geht hier um nicht weniger als die klassisch-philosophische Frage, was Zeit als solche denn eigentlich ist. Und da Musik nun einmal eine typische, wenn nicht sogar *die mustergültige* Zeitgestalt ist, lässt sie sich auch nur im Zusammenhang mit der philosophischen Frage nach dem Wesen und der Struktur von Zeit erklären.[7]

---

7 Gegen Schopenhauers einflussreich gewordene Metaphysik der Musik soll hier allerdings nur eine *Besonderheit*, aber kein „Monopol" des Musikalischen in Bezug auf die Möglichkeit von Transzendenz-Erfahrungen behauptet werden: „Warum sollte allein unter allen Sinnen das Gehör dieses Vorrecht haben, uns einen Zugang zum Ding an sich zu eröffnen und so die äußerste Grenze unserer Endlichkeit zu überschreiten?", Vladimir Jankélévitch: *Die Musik und das Unaussprechliche*, Berlin 2016, S. 27. Schopenhauers Aktualität liegt offensichtlich woanders: Er spricht „Allgemeinheit der Musik selbst zu, statt sie konventionell als Domäne der Philosophie zu unterstellen. Er sieht in ihr eine Grundspannung angelegt, die Musik erst zu dem macht, was sie ist. Es geht nicht um eine Allgemeinheit, die verschiedenartige Merkmale von Dingen subsumiert, sondern um eine, die kraft der eigenen Vielfalt Verhältnisse des In-der-Welt-Seins zum Ausdruck bringt: z.B. einen komplexen Gefühlsraum, der uns die Macht von Lebensbedingungen über unsere konkreten Intentionen und Projekte vorführt – oder eine spezifische Zeitkonstruktion, welche es erlaubt, inmitten der Fülle zeitlicher Ereignisse ‚Zeit als solche' zu erfahren, wie es ‚im Leben' nicht möglich ist", Richard Klein: *Musikphilosophie zur Einführung*, Hamburg [2]2019, S. 73f.

I. Zur Existenzweise von Musik: Die hörbar fließende Zeit

Swann hatte nicht unrecht zu glauben,
dass das Thema der Sonate wirklich existiere.

Marcel Proust

1. Zu den Unterschieden zwischen musikzeitlichem Nacheinander und musikräumlichem Zusammen

Es gäbe keine Musik, wenn die Töne sich nicht sehr schnell abschwächten,
und es gäbe wohl keine Musik, wenn sie sich zu schnell abschwächten.

Paul Valéry

Zeit und Raum, die Kant als angeborene Wahrnehmungsfunktionen des inneren und äußeren Sinns begreift[8], führen zu unterschiedlichen Arten unserer musikalischen Selbstverwirklichung. Indem wir uns tönend verwirklichen, dehnen wir uns in unserer *psychischen Innenwelt* zunächst nur in *Form von innerlich hörbarer Zeit* aus. In interesseloser, nicht an bestimmte Zwecke gebundener, *Freiheit* erzeugen wir innerlich Tonfolgen. Deren ästhetische *Inhalte* können vorgestellte

---

8 Immanuel Kant: *Kritik der reinen Vernunft*, a.a.O., A 37: Mithilfe „des äußeren Sinnes (einer Eigenschaft unseres Gemüts) stellen wir uns Gegenstände als außer uns, und diese insgesamt im Raume vor. Darinnen ist ihre Gestalt, Größe und Verhältnis gegeneinander bestimmt, oder bestimmbar. Der innere Sinn, vermittelst dessen das Gemüt sich selbst, oder seinen inneren Zustand anschauet, gibt zwar keine Anschauung von der Seele selbst, als einem Objekt; allein es ist doch eine bestimmte Form, unter der die Anschauung ihres innern Zustandes allein möglich ist, so, daß alles, was zu den innern Bestimmungen gehört, in Verhältnissen der Zeit vorgestellt wird." Vgl. auch ibid., A 20, meine Fußnote 18.

Gefühle, erfundene *Stimmungen*, ausgedachte motorische *Impulse* oder imaginierte *Befindlichkeiten* sein. Eine *räumliche Gestalt* nehmen unsere musikalischen Hörwahrnehmungen erst dann an, wenn wir sie als Komponierende, Spielende oder Zuhörende objekthaft gliedern, etwa zu Motiven, Melodien oder rhythmischen Schemata. Dabei helfen uns die angeborenen *Gestaltgesetze* unseres Wahrnehmungsapparats. Der Gestaltpsychologe Ehrenfels hat sie am Beispiel der Melodie erklärt und nachgewiesen, dass diese nicht als sukzessive Summe ihrer Einzeltöne, sondern als neue und eigenständige Tongestalt, in der Form von Raum also, gehört wird.[9] Wie bereits gesagt, die räumliche Ausdehnung ist aus der zeitlichen abgeleitet, und zwar per Negation: als ein *Nicht-Nacheinander* im Sinne eines *Zugleich.* Dadurch verschwindet die Zeitform jedoch nicht. Sie bleibt hintergründig stets erhalten und zeigt sich z.B. im *Andauern* ausgehaltener Akkorde oder im *Nacheinander verschiedener Akkorde.* In solcher musikalischen Gestaltbildung erfinden und hören wir zeitlich nacheinander und räumlich zusammen Klingendes oft *gleichzeitig*, etwa als Akkordfortschreitung. Dies ist aber kein Widerspruch zu unseren erkenntnistheoretischen Ausführungen: Nur *logisch* muss die musikalische Zeit dem musikalischen Raum, der aus ihr abgeleitet ist, vorausgehen und dieser ihr nachfolgen.

Logisch muss daher auch jeder in der *Außen*welt auftretende musikalische Raum, z.B. der Tonumfang einer Melodie oder ein Akkordaufbau, gleichzeitig immer noch ein *Zeit*-Raum sein, ein Sukzessives. Denn als solcher drückt der musikalische Raum nichts nur Statisches, sondern immer auch etwas *Dynamisch-Aktuales, Subjektivität* eben, aus. Indem solche lebendige Subjektivität sich demnach nicht nur als hörbare Zeit in ihrem *Inneren* ausdehnt, sondern darüber hinaus auch noch als hörbarer Raum *außerhalb* von sich, *verwirklicht* sie sich in der musikalischen Außenwelt als ein *musikalisch Anderes ihrer selbst.* Diese objektivierte musikalische Selbstverwirklichung kann in einer Partitur, in einem Tonträger oder im klangzeitlichen Geschehen eines Konzerts bestehen.

Selbstverständlich kann ein Subjekt das Musikalisch-Räumliche auch bereits in der inneren *Vorstellung* als etwas außerhalb von sich, als

9 Carl F. Gethmann: *Artikel „Gestalttheorie“*, in: Jürgen Mittelstraß (Hrsg.): *Enzyklopädie Philosophie und Wissenschaftstheorie* Bd. 1, Stuttgart 2004, S. 765f.

ein Objektiv-Anderes seiner selbst, *imaginieren*. Als derart bloß *Vor*gestelltes kann es allerdings noch kein *Her- und Aus*gestelltes, also *Wirklich*-Anderes, sondern nur ein *Hin- und Vor*gestellt-Anderes sein, weil es noch ganz in der Wirklichkeit des Subjekts verbleibt, wenngleich schon als *ein*gebildeter und erfundener Zeit-*Raum*. Bevor ein Musiker beginnt, sein einstudiertes Werk objektiv klingend aufzuführen, wird er dessen erste Akkorde oder Klänge in der Vorstellung problemlos auch als räumliches Zusammen verschiedener Töne innerlich bereits hören.

Ganz gleich jedoch, ob subjektiv vorstellend oder objektiv verwirklichend, musikalisch tätige Subjekte treten stets als *kreativ-dynamische Energie* in Erscheinung. Im Unterschied zur theoretischen und praktischen Einstellung ist die ästhetische Einstellung eine *primär und in besonderem Ausmaß hervorbringend-autonome*. Denn in ihr werden die erfundenen Objekte und Strukturen von ihren gewöhnlichen Erkenntnis- oder Handlungs*zwecken* befreit. Van Goghs gemalte „Schuhe“ werden um ihrer selbst willen betrachtet und nicht im Hinblick darauf, ob sie noch wandertauglich sind. Mozarts „Requiem“ festigt nicht den Glauben, löst aber erhabene Gefühle aus. Und auch als musikalisch-*re*produktive oder bloß *re*zeptive muss die ästhetische Einstellung als eine in höchstem Maße *aktive und zweckfreie* verstanden werden. Ihre tatsächliche oder imaginative Erzeugung oder Rezeption von Tönen und Klängen erfolgt als stetiges Agieren. So vollzieht sich musikalische Selbstverwirklichung in einem ununterbrochenen *Konstruieren* und *Dekonstruieren* von hörbarer Zeit, was sich objektiv wiederum zeigt am aktualen *Erklingen* und *Verklingen* hervorgebrachter Musik im empirischen Raum.

Es sei hier erneut darauf hingewiesen, dass die abstrakt-komplexe *Subjektivität*, die ein Komponist aktiv *erzeugt*, die eine Musizierende engagiert in der von ihr interpretierten Musik *zur Geltung bringt*, oder die eine Hörerin innerlich bewegt *erlebt*, nicht identisch ist mit der Subjektivität des Komponisten, der Musizierenden oder Hörenden *selbst*. Es handelt sich vielmehr um eine *kreativ hervorgebrachte Subjektivität* als musikalisch-symbolische *Form* und genauso um *kreativ hervorgebrachte Gefühle, Stimmungen und Assoziationen* als musikalisch-symbolische *Inhalte* solcher klingenden Subjektivität. Dementsprechend ist die *klang*zeitliche Selbstverwirklichung einer Komponistin, einer Interpretin oder einer Hörerin nicht identisch mit ihrer *selbst*zeitlichen, der Verwirklichung ihres eigenen Selbst, zu der sie gleichwohl indirekt beiträgt. Indem die Musikerin ganz bewusst durch frei gewählte Tonkombinationen und damit einhergehende Klangkonstellationen bestimmte Ausdrucksarten und Charakterdarstellungen *erfindet* oder als bereits erfundene *interpretiert*, praktiziert sie ihre *zwecklose ästhetische Freiheit*. Ihre durch höchste Energie, aus Autonomie zu größter Freiheit, geprägte *ästhetische Einstellung* führt im Erfolgsfall zu einer Reaktion von *freier Freude* und *beifälliger Bewunderung*.

Im Unterschied zu den praktisch nützlichen Konstruktionen des Erkennens und Handelns erfolgen die ästhetischen Konstruktionen *ohne jedes Interesse*.[10] Das kreative Subjekt wird sich im Erfolgsfall seiner *interesselosen Lust* an gelungenen ästhetischen Produkten voll bewusst: Indem es die zu bestimmten theoretischen oder praktischen Zwecken hervorgebrachten Objekte durch ästhetisch-kreative Akte von deren Zwecken wiederum *befreit*, erfreut es sich in größtmöglicher zweckloser Freiheit an diesen Objekten *selbst*, ohne mit ihnen noch irgendwelche anderen *Absichten oder Ziele* zu verbinden.

In diesem Sinne bedeutet *zweckfreies musikalisches Klingen*, das an ein ebenso zweckfreies *Ver*klingen sich anschließt, ein *Er*klingen, das zur zeiträumlichen Ausdehnung von Musik als dem *Bestehen* ihres Erklingens führt. Dies betrifft die *Zukunft* des musikalischen Klingens. Dessen *Vergangenheit* besteht in der *Ablösung* des *Er*klingens durch das *Ver*klingen. Solches *Sich-Anschließen* des Verklingens an das Erklingen ist nun aber nicht als *Zusammensetzung* beider zu denken, weil es ja das Erklingen und Verklingen *ein und desselben Klangs* bedeutet. Deshalb muss es von vornherein die bestimmte *Einheit* beider bilden: die Vereinigung des *Entstehens* von raumzeitlichem *Er*klingen mit dessen raumzeitlichem *Vergehen* im Sinne von *Ver*klingen.

Der Gesamtsinn musikalischen Klingens besteht also darin, dass es der Hör*erwartung* zufolge die *Einheit von Entstehen und Bestehen des*

10 Immanuel Kant: *Kritik der Urteilskraft*, Hamburg 1974, S. 48, A 16: „*Geschmack* ist das Beurteilungsvermögen eines Gegenstandes oder einer Vorstellungsart durch ein Wohlgefallen, oder Mißfallen, *ohne alles Interesse*. Der Gegenstand eines solchen Wohlgefallens heißt *schön*." Was Kant hier noch für das Schöne reserviert, müsste genauso gelten für die *gelungenen* oder *stimmigen* Produkte der nicht mehr „schönen" Künste in der Moderne, etwa atonale oder dissonante Musiken. Eine angemessene Interpretation findet sich bei Gerold Prauss: *Kant über Freiheit als Autonomie*, Frankfurt a.M. 2017, S. 291ff.

Klingens, der musikalischen Hör*erfahrung* zufolge die *Einheit von Erklingen und Verklingen* bildet. Dabei hinterlässt das Vergehen des musikalischen *Raums* keinerlei Leere, sondern musikalische *Zeit*. Denn das zeitliche Kontinuum liegt ja, wie wir gesehen haben, der räumlichen Ausdehnung immer schon, und zwar lückenlos, *zugrunde*. Das heißt, die Erzeugung eines dreidimensionalen musikalischen Objekts aus der nicht dimensionierten subjektiven Zeit heraus ermöglicht allererst auch die Erzeugung einer eindimensionalen Ton*folge*, einer zweidimensionalen Klang*fläche* oder eines dreidimensionalen Klang*raums*. Dabei setzt sich jedoch keineswegs die zeitliche Ausdehnung mit der räumlichen auf synthetische Weise zusammen. Denn es ist ja das musikalisch tätige Subjekt, das an die *erste, nicht dimensionierte, zeitliche Ausdehnung* noch eine *zweite, eingebildet eindimensionale,* und *dritte, eingebildet zweidimensionale*, dann jeweils auch eingebildet *räumlich-dreidimensionale*, Ausdehnung musikalischen Klingens in der mentalen Innenwelt nahtlos anschließt. Eben diese bezeichnet das *Bestehen* als Nicht-Vergehen des Erklingens, das an ein Verklingen sich anschließt. Wichtig ist dabei, dass wir uns dieses Bestehen des Erklingens nicht als etwas *Be*ständiges, weil *äußerlich Andauerndes*, sondern als etwas *In*ständiges, weil *innerlich Eindringliches*, denken.

Bei all dem ist das *Erzeugen* des Erklingens als *Gattung* der beiden *Arten* bestehendes und vergehendes Klingen also immer schon vorausgesetzt. Widerspruchsfrei kann andauerndes Klingen demnach nur in nahtlosem Anschluss an nicht andauerndes Verklingen gedacht werden. Beide Arten des Klingens bilden eine Einheit miteinander, die durch das tönende Sich-Ausdehnen eines musikalisch tätigen Subjekts gestiftet wird. Demnach arbeiten wir mit einem Modell musikalischer Zeit, nach dem sowohl das Erklingen als auch das Verklingen ein und desselben Klangs in ein und dieselbe Richtung fließen: Musik fließt sozusagen immer von links nach rechts wie das Wasser eines Stroms vom rechten Ufer aus betrachtet.

Unabhängig von dieser generellen Richtungsgleichheit jeglichen musikalischen Klingens können wir hier eine weitere Unterscheidung einführen. Einerseits sprechen wir von *monodirektionalen Zeitklängen*: rückwärts gespielt verliert eine Melodie ihren individuellen Einheits- und Ganzheitscharakter sowie ihre hörend mit- und nachvollziehbare Verständlichkeit; andererseits von *polydirektionalen Raumklängen*: ein Akkord kann von unten nach oben oder von oben nach unten gelesen und aufgebaut werden, ohne seine spezifische Klangidentität zu verlieren. Der inneren wie äußeren Zeit nach bewegt sich ein Musikstück in nur eine Richtung, dem inneren Raum nach in mehrere (bei Lautstärkewechseln oder Transpositionen), dem äußeren Raum nach in beliebig viele Richtungen (Konzertsaal, Wohnzimmer, Freiluftaufführung).

Darüber hinaus ist der *äußere Raum* der Musik ein *ubiquitärer*: Er ist paradoxerweise nicht verortbar, auf keinen bestimmten Ort festgelegt, sondern *potentiell* allgegenwärtig. Das bequeme Umhertragen-Können von Musik auf kleinen Tonträgern hat ihre Allgegenwärtigkeit auch *real* erhöht. Letzteres wiederum hat zu einer Individualisierung des Musik*hörens* geführt, das immer weniger in Sälen zusammen mit anderen Menschen und stattdessen verstärkt am Mobiltelefon oder Computer praktiziert wird. Eben dies hat Folgen für die Kommunikation zwischen Subjekt und empirischem Klangobjekt. Das sozial ungeteilte Klangerlebnis kann genauso intensiv sein, hat sogar den Vorteil, nicht durch musikfremde Motive beeinträchtigt zu sein. Nachteilig auf die Mitvollziehbarkeit des individuell Gehörten kann sich allerdings das dazwischen geschaltete technische Medium auswirken, das keine lebendig-leibhaftige, auch visuell unterstützte, Vor-Ort-Kommunikation zwischen Musizierenden und Hörenden im Sinne eines „Live"-Erlebnisses mehr zulässt. Dagegen macht Günther Anders m.E. jedoch zurecht geltend, dass im Unterschied zum Sehen *jegliches Hören* dreidimensionaler Musiken „immer schon einfach da; nämlich dort, wo ich bin"[11], ist, und zwar aufgrund des polydirektionalen, von allen Seiten, Orten, herkommenden, musikalischen Raums. Ich kann meinen Blick von einem Gemälde oder literarischen Text abwenden und in eine andere Richtung lenken, aber nicht gleichermaßen mein Ohr vom Gehörten. Ich müsste das Hörorgan schon verstopfen oder zuhalten.

Innerhalb ein und desselben musikalischen Zusammenhangs bilden Zeit- und Raumklänge also verschiedene, d.h. *unterscheidbare*, aber nicht voneinander *trennbare*, Glieder einer gerichtet *fließenden Einheit und Ganzheit* von Klängen. Als Formen des monodirektionalen Nacheinanders und des polydirektionalen Zusammen handelt es sich zwar um jeweils andere *kreative und interesselose* Klangausdehnungen eines musikalisch tätigen Subjekts. Jedoch gibt es keine

11 Günter Anders: *Musikphilosophische Schriften. Texte und Dokumente*, München 2017, S. 138.

Lücken, Schnitte oder Grenzen *zwischen* diesen Klang*arten*, die das Klang*kontinuum* als solches und grundsätzlich aufheben könnten. Möglich sind lediglich mehr oder weniger *integrale*, bzw. *disparate Aus*gestaltungen des ununterbrochenen musikalischen Fließens als solchem.

Bereits die vom ästhetisch-kreativen Subjekt konstruierte *Form* der Musikwerke bezeichnet ein objektives *Raum*moment, das deren immanenter Prozesscharakter, der ihm zugrunde liegt, nicht abstreifen kann. Sogar der Inbegriff musikalischer Dynamisierung, die Sonatendurchführung, setzt ein statisches Formmodell voraus, das durch die drei Hautteile Exposition, Durchführung und Reprise strukturiert wird. Mit dem Ende der Exposition beginnt die durch und durch dynamische Durchführung, die wiederum mit dem Einsatz der Reprise endet: Jenes *Werden* wird gewissermaßen durch das wiederholte *Sein* des Hauptthemas als eines zeitüberdauernden und insofern statischen Moments begrenzt. Gleichwohl zeigt sich an jedweder Musik wie an keiner anderen Kunst die *elementare Prozessualität* ihrer Gebilde. Nur als durchgehend in sich bewegte werden sie zu lebendigen, sprachähnlichen Sinneinheiten. Und von dieser Dynamik sind auch noch alle sich wiederholenden, relativ statischen, Musikmomente betroffen. Erkenntnistheoretisch formuliert bezeichnet ein Musikstück also den typischen *Bewegungs*fall eines ästhetischen Objekts, eine Statue hingegen dessen typischen *Ruhe*fall.

Deswegen kann die musikalische Analyse ein Werk auch nur dann wirklich erschließen, wenn sie die Beziehung seiner notwendig räumlichen Formmomente zueinander als ein *zeitliches Kontinuum* begreift. Als einzelne wären sie unvollständig und oft auch unerheblich. Dank ihrer zeitlichen Beschaffenheit gehen Motiv, Thema, Überleitung und zweites Thema nahtlos in ihr jeweils Anderes über, indem sie sich in ihm fortsetzen, darin untergehen und durch ihr *Ver*klingen das ihnen folgende *Er*klingen eines Anders-Klingenden vorausbestimmen. Solcher lückenlosen Prozessualität zugrunde liegt die musikalische *Kreativität* der zeiträumlichen Selbstausdehnung einer tönend sich verwirklichenden *Subjektivität* als *Konstruktivität*. Und erst in ihrem letzten Schritt der *musikalischen* und nicht etwa *nur eigenen* Selbstverwirklichung durch objektive klangzeitliche *Verwirklichung* des bislang lediglich nur subjektiv *eingebildeten* dreidimensionalen Musikraums wird die tönende Subjektivität zu einer *wirklich*-musikalischen, nicht nur *vorgestellt*-musikalischen, und anderen ihrer selbst, eben zu der einer *empirisch-wirklichen* Musikkonstruktion. Alle ihr vorausgehenden Schritte musikalisch-kreativer Ausdehnung sind *Glieder des Ganzen* einer musikalisch-klangzeitlichen Selbstverwirklichung. Diese stellt einen einheitlichen Vorgang dar. Dessen verschiedene Phasen lassen sich zwar ihrer Reihenfolge nach *unterscheiden*, aber nicht voneinander *abtrennen*. Als solche bezeichnen sie Aufbaubestandteile, besser *Momente* und nicht bloß *Elemente*, innerhalb des vollständigen Ganzen musikalisch-objektiver Selbstverwirklichung eines kreativ handelnden, erfindenden und konstruierenden Subjekts.

Daher ist ohne Zweifel bereits jedes *Einzel*moment dieses kreativen Vorgangs etwas Subjektives, ohne jedoch mit der Subjektivität der musikalischen *Gesamt*konstruktion identisch zu sein. Vielmehr weist jeder ihrer einzelnen Momente über sich selbst *hinaus auf* ein anderes, *zu* dem es selbst erst noch *wird*. Jedes tönende Sich-Ausdehnen eines musikalisch tätigen Subjekts durchläuft also verschiedene Verwirklichungsphasen, bis es sich zuletzt im dreidimensionalen Musikgebilde vervollständigt. Und jede Phase dieses musikalischen, zeitsetzenden und klangerzeugenden Vorgangs ist als *kreative Ausdehnung* der *aktiven Bewegung* eines *freiheitlich konstruierenden* Subjekts in ästhetischer Einstellung zu verstehen. Wenn Adorno richtig sagt: „Der Prozesscharakter der Kunstwerke ist nichts anderes als ihr Zeitkern“[12], so meint dieses Zeitliche, hier mit der Raummetapher „Kern“ Bezeichnete, eben das in sie eingegangene, subjektiv Auskonstruierte. *Formal* besteht es in Tonbewegungen, einem Hin und Her zwischen hohen und tiefen, lauten und leisen, langen und kurzen, gespannten und entspannten, gebundenen und unverbundenen, schnellen und langsamen, stehenden und vorwärtsdrängenden Tonfolgen; inhaltlich in den durch sie ausgedrückten oder von ihnen ausgelösten, Gefühlen, Stimmungen und Gedanken. Wie oben bereits betont, kann diese ausgedrückte Subjektivität im ästhetischen Bereich immer nur eine *erfundene* und nicht die tatsächliche oder authentische des *erfindenden Subjekts* sein. Folglich liegt der objektiv gewordenen Zeit klingender Musik eine *fiktive subjektive Zeitform* mit ebenso *abstrakt-fiktiven Gefühlsinhalten* zugrunde. Möglich sind solche musikalischen Erfindungen von Subjekti-

12 Theodor W. Adorno: *Ästhetische Theorie*, Darmstadt 1998, S. 264.

vität jedoch nur einem *erfindenden* und nicht selber wiederum *erfundenen* Subjekt.

Ich möchte das Gesagte vorerst so zusammenfassen: Die Zeit bezeichnet das *Zentrum* einer jeden musikalischen Gestaltung. Denn der musikalische Raum ist aus der musikalischen Zeit nur per Negation, als ein Nicht-Nacheinander, abgeleitet. Gleichwohl bildet auch er nicht nur unverzichtbare *objektive* Momente des *fertigen* musikalischen Produkts in der *Außen*welt (Phase 3); bereits in der *Innen*welt, in der mentalen *Ein*bildung des geplanten Musikstücks, tritt er als *vorgestellte Aus*bildung eines subjektiven Zeit-*Raums* auf (Phasc 2); nur im kreativen Anfangsstadium dehnt sich das musikalisch tätige Subjekt noch *raumlos* durch eine *ursprünglich-tönende Zeiterzeugung* in der Innenwelt aus (Phase 1).

Alle drei Phasen[13] zusammen machen die Einheit und Ganzheit des Kontinuums zwischen dem ästhetisch schaffenden, klangzeitlich

---

13 Unsere Theorie der drei musikalischen Selbstverwirklichungsphasen kann sich auf verschiedene neu-kantianische Vorläufer-Positionen berufen: zunächst auf Husserls dreistufige, am Standardbeispiel der Melodie veranschaulichte, Phänomenologie der Zeit, die von den Dingen der Außenwelt *aus-* und zum Subjekt *zurück*geht: „1) die Dinge der Erfahrung in der objektiven Zeit [...]; 2) [...] die immanenten Einheiten in der präempirischen Zeit; 3) den absoluten zeitkonstituierenden Bewusstseinsfluss“, Edmund Husserl: *Zur Phänomenologie des inneren Zeitbewusstseins*, Den Haag 1966, S. 73; in gleicher Bedeutung an anderer Stelle: „Wesensnotwendig ist offenbar die Stufenfolge: ‚äußerer‘ Gegenstand, immanenter Gegenstand erster Stufe, urkonstituierender Prozess des Immanenten“, Edmund Husserl: *Die Bernauer Manuskripte über das Zeitbewusstsein*, Dordrecht 2001, S. 191. Eine detaillierte Interpretation von Husserls Theorie der Zeit und der Zeitobjekte, wie die Musik, bietet Luis Niel: *Absoluter Fluss – Urprozess – Urzeitigung. Die untersten Stufen der Konstitution in Edmund Husserls Phänomenologie der Zeit*, Würzburg 2011. - Günther Anders wiederum verwendet ein dreistufiges Modell der Entwicklung des musikalischen Gegenstandes, „die in der Unmittelbarkeit der Stimmung ihren Ausgang nimmt, in der Stimme als Gelöstheit der Unmittelbarkeit ihr zweites Stadium findet“, um schließlich in das unabhängig vom Menschen bestehende Klangobjekt zu münden, das jener „mitvollzieht“, ders.: *Musikphilosophische Schriften. Texte und Dokumente*, München 2017, S. 129. Trotz seiner reichhaltig-phänomenologischen, an Heidegger angelehnten, Begrifflichkeit unterscheidet Anders nicht klar zwischen (nicht-empirischer) Innenwelt des musikalischen Subjekts und dessen (empirisch-musikalischer) Außenwelt. Auch lässt seine „Betonung des Mitvollzugs“ von Musik die Rezeptionsweisen des analytisch-distanzierten oder auch befremdeten Hörens als angeblich veraltete, weil visuell vergegenständlichende, Sichtweise m.E. zu Unrecht außer Acht, vgl.

sich verwirklichenden, Menschen und der von ihm geschaffenen, klangzeitlich verwirklichten, Musik aus. In der *ersten* Schaffensphase kommt es noch zu keiner *Objekt*bildung im Sinne der musikalischen Verwirklichung zu und in einem *Anderen des Selbst*, es bleibt bei der *nur zeitlichen* Klangausdehnung (System Z). Erst in der *zweiten* Schaffensphase wird ein Klangobjekt und damit *auch ein räumliches* Moment in der psychischen Innenwelt imaginativ erzeugt. Durch das Raummoment kommen hier zusätzlich zur inneren Höranschauung (System A) auch Begriffe (System B) für das Hörobjekt hinzu. In dieser Phase der *Gestaltbildung* steht noch keineswegs fest, ob die Verwirklichung des bislang nur *in der Einbildung* antizipierten Musikstücks in der Außenwelt auch tatsächlich gelingt oder nicht vielmehr scheitert. Nur im Fall des Gelingens kommt es dann als *dritter* Phase zu einer *empirisch-wirklichen* Musik, sei es als Klangereignis oder sei es als Partitur, die ihrerseits zum Klingen gebracht werden kann.

Das Spezifische der subjektiv-musikalischen Zeit im Unterschied zum subjektiv-musikalischen Raum ist also, dass sie als tönende Ausdehnung eines Subjekts *nur innerhalb* von diesem auftritt. Die Verneinung dieses tönenden Nacheinanders, das tönende Zusammen, ergibt dann den Raum, der nicht mehr nur innerhalb des sich ausdehnenden Subjekts angesiedelt ist, sondern als vorgestellte eindimensionale Klanglinie, zweidimensionale Klangfläche oder dreidimensionale Klanggestalt *auch außerhalb* von ihm. Jeder solche Musikraum kann daher nicht mehr nur einfach und ganzheitlich subjektiv sein, wie die Musikzeit stellt, jedoch noch immer etwas Subjektives dar, sei es als subjektiv vorgestellte Klanglinie, Klangfläche oder Klanggestalt. Sie alle unterliegen insofern der Zeit, als sie im musikalischen *Bewegungs*zusammenhang eine *immer wieder neu* klingende Linie, Fläche oder Gestalt *werden*. Daher bilden ursprünglich-subjektive Musikzeit und ursprünglich-subjektiver Musikraum jeweils untrennbare Einheiten

---

ibid., S. 186. – Auch das Drei-Formen-Modell der Sprache von James Joyce (Lyrik – Epik – Dramatik) lässt sich auf unser Musik-Modell beziehen, vgl. die Anmerkungen 62 und 63. - Schließlich errichtet Gerold Prauss eine umfassende und detailliert erklärte Theorie dreier verschiedener Arten von Raum- und Zeitbewusstsein, in: ders.: *Die Einheit von Subjekt und Objekt. Kants Probleme mit den Sachen selbst*, Freiburg/München 2015. Allerdings kann uns Prauss' letzter Begründungsanker in der Erklärung von Subjektivität, die „Grundgeometrie" des Verhältnisses von „Punkt und Ausdehnung", nicht wirklich überzeugen.

zwischen dem Subjekt und seiner inneren Ausdehnung zu eingebildet *nicht-dimensioniert-zeitlichem* und *ein-, zwei- oder dreidimensional-räumlichem* Tönen. Dabei ist mit dem *Subjekt* die begriffsbildende Kraft des *Verstandes* und mit seiner tönenden *Ausdehnung* die hörbezogene Kraft der *Anschauung* verbunden. Diese führt zu *Klangvielfalt*, jene zu Klang*einheit*.

2. Zu den Gemeinsamkeiten von musikzeitlichem Nacheinander und musikräumlichem Zusammen

Musik – ihre Kontinuität rührt daher, daß sie nur existieren kann, wenn der Ton n auftritt, solange der Ton (n – 1) noch im Gedächtnis weiterklingt; und wenn nichts sich dazwischenschiebt. Dann ist sie kontinuierlich – der zweite Ton verdrängt unmittelbar den ersten und verbindet sich dennoch mit ihm. Eine Reihe von Brücken, die über die Zeit geschlagen werden.

Paul Valéry

Weil das ununterbrochene Klingen sowohl der musikalischen Zeit als auch des musikalischen Raums ursprünglich von einem Subjekt in ästhetischer Einstellung allererst hervorgebracht wird, muss es zunächst auch als etwas Dynamisch-Subjektives betrachtet werden. Erst im dritten und letzten der drei Kreationsschritte des Subjekts terminiert dessen ästhetische Erfindungskraft in der Form eines ästhetischen Objekts, einem Statisch-Objektiven, dem das Subjektiv-Dynamische ursächlich immer schon zugrunde liegt. Eben deshalb kommt es nun insbesondere darauf an, die Art des Zusammenhängens von zeitlichem Nacheinander und räumlichem Zugleich auch in der statisch objektivierten Musik außerhalb des Subjekts noch als eine durch und durch dynamische zu begreifen.

Dementsprechend lässt sich musikalische Zeit nun auch definieren als tönende Ausdehnung, die ein Subjekt *nur* in seiner Innenwelt erzeugt, und musikalischer Raum als dessen tönende Ausdehnung in der Innen- *und* Außenwelt. Diese Definition räumt das Missverständnis aus, das die andere, oben gegebene, Definition von musikalischer Zeit als tönendem Nacheinander und musikalischem Raum als tönendem Zugleich durchaus noch zulässt: die Auffassung, Raum und Zeit könnten analytisch in ihre Einzelteile, verschiedene aufeinander folgende oder zusammen auftretende Klangelemente, etwa Melodien, Akkorde oder Rhythmen, zerlegt werden, während sie doch tatsächlich nur synthetisch-ganzheitlich erschließbar sind. Dieses Ganzheitliche der Ausdehnung von Musik zeigt sich insbesondere daran, dass an ihr *Er*klingen ihr *Ver*klingen *nahtlos* sich anschließt. Denn zugrunde liegt dem *Entstehen* des Erklingens ein Subjekt, das in bewegten Tonformen sich ausdehnt. Und an diese erklingende Ausdehnung schließt das verklingende Vergehen dieser Ausdehnung lückenlos sich an. Da beides, *Er*klingen wie *Ver*klingen, nur in der subjektiven Innenwelt des klangerzeugenden Subjekts tönend *entstehen*, aber noch nicht klingend sich *verwirklichen* können, lassen sich *in* ihm auch noch keine *nacheinander* klingenden Elemente unterscheiden, die im Verhältnis eines zeitlichen „Vor" und „Nach" zu einander stehen. Genauso bilden *Er*klingen und *Ver*klingen innerhalb des Subjekts kein Verhältnis eines Nacheinanders der *Zeit* nach. Nur der *Logik* nach geht das *Er*klingen dem *Ver*klingen voraus und folgt das *Ver*klingen dem *Er*klingen nach.

In jedem Fall aber gilt: Ohne ein kreativ konstruierendes Subjekt kann es zu keiner klingenden Ausdehnung, weder einer zeitlichen, noch einer räumlichen, kommen. So befremdlich Ihnen, liebe Leser*innen, diese Auskunft im Zeitalter künstlicher Intelligenzen und elektronischer Musikerzeugungen auf den ersten Blick vorkommen mag, ihr Wahrheitsgehalt ergibt sich doch ganz offensichtlich daraus, dass es ja schließlich wieder Subjekte sind, die Computer mit musikalischem Datenmaterial füttern und dieses dann von einem Algorithmus „lesen", aufteilen, verändern und neu zusammensetzen lassen. Subjekte dehnen sich hier also kreativ aus mit Hilfe von menschengemachten Maschinen, die herkömmlich kreierte Klangkonstellationen technisch reproduzieren sollen. Computer werden darauf und dazu programmiert, menschliche Kreativität mehr oder weniger erfolgreich zu *simulieren*. Als solche sind und bleiben jene von dieser dauerhaft abhängig. Daher sind sowohl tönendes Nacheinander als auch tönendes Zugleich Kreationsweisen eines aus eigenem Antrieb erfindenden, freiheitlich gestaltenden, Subjekts. So setzen sich Subjekt und musikalische Ausdehnung keineswegs zur Einheit der musikalischen Zeit allererst zusammen, weil sie ja schon von sich aus eine Einheit bilden. Das heißt, ein tönend sich ausdehnendes Subjekt erzeugt durch seine Einbildungskraft in der Innenwelt die konkrete musikalische *Form*, sagen wir eines Walzers. In größter ästhetischer Autonomie konstruiert es ein tönend Anderes seiner selbst, indem es eine *allgemeine Struktur* der Walzerform, z.B. den Dreiviertel-Takt, durch individuelle Bearbeitung mittels Pausen, Betonungen, Verschiebungen, Synkopen etc. in eine *besondere musikalische Gestalt* verwandelt.

Die individuell strukturierte musikalische Zeit ist also eine ursprünglich subjektive wie auch der spezifisch ausgedehnte musikalische Raum als ein- und zweidimensionaler nur ein subjektiver sein kann, der von der ursprünglich subjektiven und nichtmessbaren Zeit abgeleitet ist. Als dreidimensionaler kann er in der subjektiven *Innen*welt lediglich *ein*gebildet und erst in der objektiven *Außen*welt auch *aus*gebildet werden. Das ursprünglich Subjektive, das der Musikzeit und dem Musikraum gemeinsam eignet, bestimmt beide als ein durch und durch Dynamisches, das von aktiven Menschen aus eigener, lebendiger Antriebskraft heraus erzeugt wird. Somit handelt es sich dabei nicht um eine Kraft des *Zusammensetzens*, sondern vielmehr um eine Kraft des *Ausdehnens*. Indem sich das Subjekt auf kreative Weise musikalisch-zeitlich wie musikalisch-räumlich *formal*-anschaulich ausdehnt, öffnet es sich zugleich für mögliche und bestimmte *Inhalte*: Nur in Form eines Nacheinanders oder eines Zusammen von Tönen kann ihm etwa ein Klage-Gehalt in Abgrenzung von einem Jubel-Gehalt oder ein Hell-Gehalt im Unterschied zu einem Dunkel-Gehalt hörbar erscheinen. So ist das unbestimmt-offene *Sich-Ausdehnen* eine unabdingbare Vorbedingung für die Bestimmtheit dieser oder jener abgrenzbaren *Ausdehnung*. Im musikalischen Klanggeschehen bildet beides jedoch eine untrennbare Einheit. Denn das unbestimmte und *unaufhörlich fortlaufende* musikalische *Sich-Ausdehnen* geht über die bestimmte und *begrenzt-statische* musikalische *Ausdehnung* immer schon hinaus. So erleben wir eine Melodie ursprünglich noch nicht als begrenzt-ausgedehnte musikalische *Einheit*, die begrifflich bestimmbar wäre, sondern als unbestimmte *zeitliche Empfindung*. Die einzige subjektive Voraussetzung für solches ursprünglich-zeitliche Empfinden ist das Sich-selber-Fühlen und -Wahrnehmen.

Wenn hier mit Bezug auf die ästhetische Einstellung eines Menschen von Ausdehnung die Rede ist, liebe Leser*innen, sollten Sie die

Bedeutung dieses Ausdrucks nicht im umgangssprachlichen Sinne, d.h. als *quantitative* Vergrößerung, missverstehen. Denn eine solche könnte es nur dann sein, wenn eine bereits vorliegende Ausdehnung zu einer anderen und noch größeren Ausdehnung ausgedehnt würde. In unserem Fall handelt es sich jedoch um ein selber musikalisch *nicht ausgedehntes Subjekt*, das sich zu einer musikalischen Ausdehnung allererst konstruierend aus*dehnt*. Und solches Entstehen von musikalischer *Ausdehnung* aus musikalischer *Nicht*ausdehnung heraus kann kein *quantitatives Ausdehnen* von Ausdehnungen, sondern nur ein *qualitatives Sich-Ausdehnen* musikalisch kreativer Subjekte bedeuten. Diese produzieren die musikalische Ausdehnung nicht als Ableitung aus einer anderen, bereits bestehenden, heraus. Stattdessen konstruieren sie sie *ursprünglich aus sich selbst heraus*. Und das bedeutet ebenso: Sie setzen die musikalische Klang*gestalt* beim Erzeugen nicht aus verschiedenen Klang*teilen* zusammen. Vielmehr muss dieses tönende Sich-Ausdehnen als *einheitliche und ganzheitliche Tätigkeit der produktiven Einbildungskraft* des erfindend komponierenden, spielend reproduzierenden oder hörend rezipierenden Menschen verstanden werden. Entsprechend vollzieht sich das Erfinden, Spielen und Hören einer Melodie nicht als schrittweises *Addieren* oder *Aneinanderreihen* ihrer einzelnen Töne, sondern als Erzeugung ihrer *gesamten Gestalt*. Erst in *nachträglicher Analyse* können die Einheit und Ganzheit der Melodie in ihre diskreten Einzelelemente, z.B. Motive, Bewegungsrichtungen oder Spannungsphasen, zerlegt werden. Dann erst kann eine Aufeinanderfolge verschiedener *Elemente* entstehen, die als *Momente* in der Melodie enthalten sein mögen und nur von der Analyse als *diskrete Teile* behandelt werden.

Wenn nun sowohl die musikalische Zeit als auch der musikalische Raum Ausdehnungen der Qualität und nicht etwa der Quantität nach sind, wie ist diese Qualität raumzeitlicher Musik genau zu erklären? Eine solche Erklärung müsste zumindest die Einheit und Ganzheit von nichtausgedehntem Subjekt und ausgedehnter Musik widerspruchsfrei enthalten können. Denn weder kann der musikalische Erzeuger, ein Mensch, selber bereits eine klingende Ausdehnung *sein*, noch kann umgekehrt eine klingende Ausdehnung ein nichtausgedehnter klangerzeugender Mensch *sein*. Stattdessen muss es sich vielmehr so verhalten, dass der Mensch, wenn er sich tönend ausdehnt, eine Tonfolge allererst *hervorbringt*, wodurch sie als eine klingende Ausdehnung aus ihm selber als einer tönenden Nichtausdehnung heraus nur *entsteht*. Somit besteht die widerspruchsfreie Einheit von Musik und Mensch in dessen tönend-lebendigem Sich-Ausdehnen im Sinne eines musikalischen *Werdens hin zu* einem ganzheitlichen und einheitlichen musikalischen *Sein*. Dies bedeutet zum einen: Dem *aktual* erklingenden musikalischen Kontinuum eignet die nicht fixierbare *Dynamik* eines ununterbrochenen Werdens, während die erst *danach* analysierten Formabschnitte und Teilelemente die *Statik* eines stillgestellten Seins aufweisen.

Und dies alles bedeutet weiterhin: Der Mensch geht in die von ihm erzeugte musikalische Ausdehnung nur in verwandelter Gestalt, als sich selbst verborgener, ein. Allerdings ist er auch in dieser seiner Verborgenheit indirekt noch hörbar: als musikalischer *Personalstil*. Die Zusammensetzung dieses musikwissenschaftlichen Fachbegriffs zeigt uns plastisch, worum es sich bei einer individuell gestalteten *allgemeinen* Musik*struktur* im Sinne einer *besonderen* Musik*gestalt* handelt: Es ist der vom Individuum erfundene *Tonzusammenhang*, der von jenem individuell stilisiert wird, und nicht etwa das erfindende *Individuum*, welches sich selbst musikalisch stilisieren würde.

Obwohl sich also der Mensch als Urheber musikalischer Ausdehnung in dieser immer auch verbirgt, ist doch er allein es, der die *Art* ihrer Qualität bestimmt. Dieses Menschlich-Individuelle der klanglichen Gestaltungsweise zeigt sich auf jeder der drei grundlegenden Kreationsstufen wieder neu: zunächst als das Individuelle der *nur zeitlich-nichtdimensionierten* Tonausdehnung in der subjektiven *Innen*welt; danach als das Individuelle der erst nur innerlich eingebildet-*raumzeitlichen* Klanggestalt; und schließlich als das Individuelle des verwirklicht-dreidimensionalen Tonraums in der empirischen *Außen*welt. Und solches dreifache musikalische Sich-Ausdehnen eines Subjekts von einem nichtdimensionierten Tönen zu einer ein-, zwei- oder dreidimensionalen Klangausdehnung kann nur erfolgen als ein individuelles *Auskonstruieren* des Tonraums seiner Qualität nach und nicht als eine quantitative *Vergrößerung* oder *Zusammensetzung* der Dimensionen des Tonraums aus verschiedenen, voneinander unabhängigen Teilräumen. Jegliche musikalische Ausdehnung ist daher angemessen zu verstehen nur als spezifisch-individuell erzeugter und gestalteter Ton*zusammenhang*.

Die besondere Qualität einer solchen, in sich zusammenhängenden, Tonkonstellation wird daher nicht erfasst, wenn wir nur die Quantität ihrer Dimensionen, etwa anhand der musikalischen Parameter Rhythmus, Melodie, Harmonie, Dynamik, Klangfarbe etc. betrachten: z.B. zwei rhythmische Modelle, fünf melodische Gebilde, zehn verschiedene Akkorde, drei dynamische Unterschiede, vier Klangfarbenwechsel etc. Vielmehr muss dazu das vielfältige *Zusammenspiel* der Parameter, ihr wechselseitiges Sich-*Ergänzen*, Einander-*Durchdringen* und -*Überlagern* zu einem komplexen *Klangzusammenhang*, beachtet werden. Weiterhin müssen die *durch* ihn ausgelösten Empfindungen, die *in* ihm ausgedrückten Gefühle sowie die *mit* ihm assoziierten Bilder und Gedanken für seine qualitative Bestimmung herangezogen werden. *Musikalische Qualität* ist demnach die Konstellation zweier Konstellationen: die Konstellation von parameter-*formaler Ton*konstellation einerseits und expressiv-*inhaltlicher Bedeutungs*konstellation andererseits.[14] Sowohl die formale Tonkonstellation als auch die inhaltliche Bedeutungs- oder Wirkungskonstellation bezeichnen individuelle Kreationen, die aus der kreativ-personalen Bearbeitung allgemeiner Ton- und Wirkungsstrukturen hervorgegangen sind.

Subjekttheoretisch formuliert besteht der Zusammenhang zwischen dem musikerfindenden *Subjekt* und der zeiträumlichen *Musikausdehnung* darin, dass diese die Ausdehnung von jenem, einem selber Nichtausgedehnten, ist. Nicht musikalische Ausdehnung als solche kann also der übergeordnete *Gattungs*begriff für die verschiedenen *Arten* der Klangausdehnung wie musik*zeitliche*, z.B. rhythmische, dynamische oder dramaturgische, oder musik*räumliche*, z.B. melodische, harmonische oder architektonische, sein. Stattdessen kann nur der Zusammenhang zwischen erfindendem Subjekt, bzw. von ihm erfundener Subjektivität, und musikalischer Ausdehnung ein solcher Gattungsbegriff sein, unter den dann ganz verschiedene Arten von Aus-

14 Vgl. Jürgen Stolzenberg: *Musik und Subjektivität, oder: Vom Reden über das Musikalisch-Schöne. Ein Versuch mit Blick auf Kant*, in: Georg Mohr und Johann Kreuzer (Hrsg.): *Vom Sinn des Hörens. Beiträge zur Philosophie der Musik*, Würzburg 2012, S. 91: „Der Gegenstand der ästhetischen Reflexion ist [...] in einem Verhältnis von Verhältnissen zu sehen, und das heißt, in demjenigen Verhältnis, das zwischen der formalen Konstellation der musikalischen Elemente auf der einen Seite und dem Zusammenhang der durch sie hervorgerufenen Empfindungen und Stimmungslagen auf der anderen Seite besteht."

dehnung fallen. Diese besitzen gemeinsam nicht nur einen subjektiven *Ursprung*, sondern immer auch noch einen subjektiven *Faktor*. Die Individualität der Subjektivität einer jeden solchen Klangausdehnung nicht nur anschaulich-intuitiv vorauszusetzen, sondern auch begrifflich-diskursiv zu bestimmen, das ist nun die eigentliche Aufgabe der Musik*philosophie* – im Unterschied zu den *Wissenschaften* von der Musik, wie Musikgeschichte, Musikpsychologie, Musiksoziologie, Musikethnologie oder Musikphysiologie etc., die das Musikalisch-Subjektive nicht individuell, d.h. in seiner spezifischen Qualität bestimmen, sondern als allgemein Klassifizierbares behandeln, das an generellen, historischen, formalen oder physischen Standards gemessen wird. Daher entgeht ihnen auch der einheitliche *Zusammenhang* zwischen den verschiedenen klanglichen Ausdehnungen innerhalb einer Musik, die ja einen einzigartigen Klang*fluss* bildet. Dessen spezifische *Lückenlosigkeit* lässt wissenschaftliche Versuche, ihn durch analysierendes *Auseinandernehmen* und *Zusammensetzen* zu erklären, als unzureichend erscheinen. Einheit und Ganzheit des musikalischen Kontinuums werden eben dann zerstört, wenn es als eine analytisch zerlegbare Summe oder Vielfalt von zusammengesetzten Einzelelementen verstanden wird. Denn in einem aktualen Klangzusammenhang erklingt eine stets sich verändernde Subjektivität, die sich in ihm musikalisch-individuell darstellt und ausdrückt. Deshalb sind klingende Ausdehnung und sich ausdehnende Subjektivität auch untrennbar miteinander verbunden.

In musikalischer *Analyse* dagegen wird der aktuale Klangzusammenhang in Teile zerlegt, die dadurch zwar nicht ihre Subjektivität verlieren. Diese tritt dabei allerdings nur noch als eine aus dem musikalischen Fluss herausgeschnittene *Teil*ausdehnung auf und nicht mehr als ausdehnend sich entfaltende im einheitlichen und ganzheitlichen Sinne. Außerdem wird ein Teil der gesamten Ausdehnung zum Zweck seiner Analyse von ihren anderen Teilen, die mit ihm lückenlos zusammenhängen, *isoliert* und damit seines *Bewegungs*charakters entledigt. Was sich im Ruhezustand als subjektive Bedeutung des *isolierten* und *still*gestellten musikalischen Moments herausstellt, ist in der aktualen Hörsituation nur eine flüchtige Assoziation oder ein plötzlich erregtes Gefühl, aber keine bleibende und als solche kommunizierbare Bedeutung. In Musik lassen sich immer nur momentane Bedeutungsgehalte hörend *auffassen* oder *erfassen*, aber nicht etwa *anhalten* oder *festhalten*. Die aktuale Sukzession von Tönen und Klängen erlaubt nur spontane Deutungen, die so schnell hinfällig werden, wie das fortlaufende Klanggeschehen neue, flüchtig einander ablösende und sich durchkreuzende Inhalte herbeispielt. Eine einzige Modulation, ein plötzlicher Lautstärkewechsel oder eine überraschende Pause können eine vollkommen neue Atmosphäre erzeugen.[15]

Die Analyse eines herausgeschnittenen Teils von einer musikalischen Gesamtausdehnung macht dessen Subjektives nun einseitig abhängig vom Ausgedehnten, während doch tatsächlich gerade umgekehrt dieses von jenem abhängig ist, weil es ursprünglich von ihm erzeugt wurde und auch noch weiterhin erzeugend von ihm fortentwickelt wird. Nun könnten Sie, liebe Leserin und lieber Leser, hier vielleicht einwenden, dass dann eben das aktuale Kontinuum eines musikalischen Werks, bzw. Produkts, aus der Gesamtheit seiner isolierbaren Teile bestehe. Entsprechend könnten die mit diesen Teilausdehnungen korrelierten subjektiven Ausdrucks- und Darstellungsgehalte ebenfalls gleichsam addiert und zur umfassenden Bedeutung der einen und ganzen Musik *zusammengesetzt* werden. Eine solche Auffassung geht jedoch an der essentiellen *Kontinuität* und an der klingenden *Aktualität* des Musikalischen vorbei, indem sie beides in selbstständige und ruhende Einzelelemente zerlegt.

Um einzusehen, was an dieser Praxis des Auseinandernehmens und Zusammensetzens von Musik falsch ist, müssen wir spätestens hier auch über die Sprache unserer Musikbeschreibungen und -erklärungen nachdenken. Weder das *Teilen* in Einzelelemente, noch das *Zusammenfügen* von Einzelelementen wird dem fortlaufenden *Werden* der Musik gerecht, ganz gleich, um welche Elemente es sich dabei handeln mag. Derartige Begriffe des musikalischen *Seins*, die sich auf Musik im Sinne einer Summe von Teilen beziehen, werden eben ihrer besonderen *Zeitgestalt* nicht gerecht. Für eine angemessene Thematisierung ihrer Verlaufsform bedarf es vielmehr Begriffe des musikalischen *Werdens*, die

---

15 Vgl. Susanne T. Langer: *Philosophie auf neuem Wege. Das Symbol im Denken, im Ritus und in der Kunst*, Frankfurt a.M. 1994, S. 236: „Die eigentliche Bedingung für Bedeutung, nämlich sich gleichbleibende Inhalte, wird von der Musik insofern nicht erfüllt, als der einzelnen Form niemals ausdrücklich eine von mehreren möglichen Bedeutungen beigelegt wird." Musik zeichnet eben aus, dass „sie nicht nur *einen* Inhalt haben kann, sondern viele flüchtig ineinander spielende Inhalte zugleich", ibid., S. 238.

sich auf Musik im Sinne einer Einheit und Ganzheit beziehen. So mögen Ausdehnung, Verbreitung, Entwicklung, Fortsetzung, Auflösung, Verdichtung, Verwicklung, Übergang, Veränderung, Entfernung, Wiederkehr, Gefüge, Zusammenhang etc. geeignete, nicht verkürzende, Begriffe für die Erklärung der musikalischen *Prozessualität* sein. Solche Begriffe tragen ebenfalls der Einheit von musikalischer Ausdehnung, dem Klingen, und tönender musikalischer Subjektivität, dem Bedeuten, Rechnung. Aus der schlichten Zusammensetzung isolierter Teile des tönenden Zusammenhangs und der ihnen jeweils zugesprochenen Bedeutungsgehalte lässt sich das musikalische Kontinuum nicht gewinnen. Denn dieses besteht gerade in der unauflösbaren Einheit der analysierbaren Klang- und Ausdrucksmomente. Und diese Einheit besteht in nichts Statischem, das durch analysierendes Teilen oder Absondern erstellt wird. Sie bildet dagegen etwas *durch und durch Dynamisches*, das von dem autonomen Sich-Ausdehnen eines Subjekts in Form einer von ihm erfundenen und abstrakten Subjektivität immer neu erzeugt wird. Insofern müssen wir auch die *einseitige Abhängigkeit* einer Ausdehnung von einem Subjekt und dem von diesem geschaffenen Subjektiven, das sich zu ihr ausdehnt, zugrunde legen. Und in diesem einseitigen Abhängigkeitsverhältnis bilden die beiden Glieder des Verhältnisses, Subjekt und Ausdehnung, eine ursprüngliche Einheit. In ihr lassen sie sich zwar als grundlegende Aspekte der musikalischen Ausdehnung *unterscheiden*, aber eben nicht voneinander *trennen*.

Jegliches Analysieren von Musik ist also bereits abhängig von dem freien, zweck- und ziellosen, Sich-Ausdehnen eines Subjekts zu einem musikalischen Kontinuum. Denn die objektive raumzeitliche Wirklichkeit eines Klanggeschehens (die dritte Stufe der musikalischen Selbstverwirklichung eines Subjekts) ermöglicht ja allererst das analysierende Teilen desselben in selbstständige Einzelelemente. Dieses Zerlegen-Können des Klangkontinuums ist demnach abhängig von seiner autonomen Hervorbringung. Doch nach welchem Prinzip erfolgt eigentlich dieses autonome tönende Sich-Ausdehnen des Subjekts?

Klar ist, dass dieses Prinzip nur ein subjektives sein kann, weil jeder Klangzusammenhang ein ursprünglich subjektiv erzeugter ist. Dies gilt sowohl für die musikzeitliche als auch für die musikräumliche Klangausdehnung. Denn nur zusammen bilden sie ja das Formale eines Klangkontinuums für das Anschauungsbewusstsein einer Hörerin oder eines Hörers. Dieser oder jene interpretiert die akustischen Sinnesdaten nach den angeborenen *Gestaltgesetzen*, die die Gestaltpsychologie experimentell ermittelt hat. Die formlos vorgegebenen Sinnesdaten werden geordnet und geformt. So wird die Raum- und Zeitgestalt einer Melodie nicht nach Kants Modell einer „sukzessive[n] Synthesis“[16], d.h. als die Summe nacheinander gehörter Einzeltöne wahrgenommen, sondern als *andere* und *neue* Empfindungsqualität einer einheitlichen und ganzheitlich aufgefassten Gestalt (Gesetz der *Übersummativität*). Wird sie in eine andere Tonart transponiert, ohne dass sich ihre Intervallstruktur verändert, wird sie als die gleiche Melodie empfunden (Gesetz der *Transponierbarkeit*). Weiterhin fassen wir akustische Sinnesdaten so *einfach*, *symmetrisch* und *regelmäßig* wie möglich zusammen (Gesetz der *Figurprägnanz*). Schließlich verankern wir unsere Wahrnehmungsinterpretation in einem, meist unbewusst bleibenden, Wahrnehmungsrahmen, der durch Kontext, Umgebung, Vorinformation und Erfahrung konstituiert wird (Gesetz des *Beziehungsrahmens*).[17]

Dies alles zeigt bereits deutlich: Die Wahrnehmung einer zeit- und raummusikalischen Ausdehnung kann nur eine *qualitative* nach den Gesetzen der *Gestalttheorie* und keine *quantitative* nach Kants *Synthesis-Modell*[18] sein. Eine Melodie besteht eben nicht aus 10 sukzessiv zusammengesetzten Einzeltönen plus 9 zugehörigen Intervallen, sondern aus der autonomen und individuellen Zeitgestaltung des tönend sich ausdehnenden Subjekts. Auch bedeutet Sich-Ausdehnen als wahrnehmendes Hervorbringen musikalischer Gestalten keine außenweltliche Vergrößerung des wahrnehmenden Subjekts, was völlig unsinnig wäre. Stattdessen bezeichnet es sie innenweltliche Selbst-Erzeugung eines tönenden Kontinuums *durch* dieses Subjekt und *innerhalb* dieses Subjekts.

---

16 Immanuel Kant: *Kritik der reinen Vernunft*, A 162.

17 Zur außenweltlichen Gestaltwahrnehmung siehe Ulrich Müller: *Friedensfreiheitliche Erkenntnis und Wissenschaft. Eine Kritik der neurophilosophischen Vernunft*, Würzburg 2021, S. 76–84.

18 Allerdings ließen sich die gestaltpsychologischen Gesetze grundsätzlich vereinbaren mit Kants Konzeption „reiner Anschauung“ von „Ausdehnung und Gestalt“: „Demnach wird die reine Form sinnlicher Anschauungen überhaupt im Gemüte a priori angetroffen werden, worinnen alles Mannigfaltige der Erscheinungen in gewissen Verhältnissen angeschauet wird“, Kant: *Kritik der reinen Vernunft*, A 20, B 34.

Das logisch *erste* Stadium, in dem Musik also existiert, ist die ursprüngliche, bloß zeitmusikalische, eben nichtmessbare, Ausdehnung, die ein Subjekt in seiner *Innen*welt erzeugt. Demzufolge entsteht eine tönende Ausdehnung, die danach vergeht. An ihr Vergehen schließt sich nahtlos eine neue Ausdehnung an und so fort, so dass *die klingende Gegenwart zu einer stetig neuen des tönend immer weiter und immer wieder anders sich ausdehnenden Subjekts wird.*

In einem logisch *zweiten* Stadium schließt sich an das *Ver*gehen, das einem *Ent*stehen klangzeitlicher Ausdehnung folgt, nun noch ein *Be*stehen von Ausdehnung derart an, dass zur stetig neuen Subjektivität musikalisch-zeitlichen Nacheinanders die stetig neue Subjektivität musikalisch-räumlichen Zugleichs hinzutritt. Somit dehnt sich das Subjekt in der Innenwelt *sowohl* musikzeitlich *als auch* musikräumlich stetig neu aus. Indem es mit dem musikalischen Zeit*raum* aus seiner eigenen Zeitlichkeit insofern heraustritt, als es sich eine klingende Ausdehnung *außerhalb* von sich als Tonzusammenhang, Tonfläche oder Tongebilde, *vorstellt*, bleibt es mit dieser Vorstellung gleichwohl noch *innerhalb* von sich.

Ein logisch *drittes* Stadium schließlich erreicht die Existenzweise der Musik als objektive zeiträumliche Ausdehnung *außerhalb* des sich ausdehnenden Subjekts. Hier hat sich das Subjekt zu einem empirisch-dreidimensionalen Kontinuum als *Tönend-Anderem seiner selbst* ausgedehnt: Es hat das zunächst nur in der Innenwelt konstruierte Klangkontinuum (*zweites* Stadium) nun auch in der Außenwelt konstruktiv *verwirklicht*. Konstruiert durch die freie Wahrnehmungsinterpretation des hörenden Subjekts bildet das musikalische Produkt eine Einheit und Ganzheit *mit* seinem hörenden Konstrukteur. Denn *verbunden* sind beide durch den ununterbrochenen Hörvorgang, *unterschieden* durch die räumliche Dreidimensionalität des verwirklichten Klangkontinuums gegenüber der zeitlichen Nicht-Dimensionalität des tönend sich verwirklichenden Subjekts in ein und demselben Hörzusammenhang.

Daher geschieht in empirisch erklingender Musik insofern etwas ganz Außergewöhnliches, als das tönende Subjekt sich in der musikalischen Bewegung im höchsten Maße autonom-tönend verwirklichen muss, indem es die subjektive Zeit seiner selbst auch noch als objektive des Klanggeschehens zum Ausdruck bringt. Dadurch nun gliedert sich letzteres in *zukünftiges*, *gegenwärtiges* und *vergangenes*: Die zeitliche

Bewegung, die das tönende Subjekt selber immer schon ist, verwirklicht es im Erfolgsfall als empirisch hörbarer Klangfluss, der immer erst noch *wird* oder *werden kann*, indem er als unaufhörlich neue Klang*gegenwart* an eine Klang*vergangenheit* sich *anschließt* und zugleich eine Klang*zukunft vorbereitet*. Das heißt, subjektiv erfundene und objektiv verwirklichte musikalische Zeit, z.B. eine Melodie, lässt sich nicht allein durch *räumliche* Dimensionen (ihre Länge, ihren Ambitus, ihre Intervallstruktur) erklären und verstehen. Als ganzheitliche *Zeit*raumgestalt ergibt sie nur dann einen Sinn, wenn in ihrer *stets neuen Gegenwart* ihre jeweils *wachsende Vergangenheit erinnernd mit*gehört und ihre jeweils *schrumpfende Zukunft* auf der Basis gemachter Melodieerfahrungen *erwartend* bereits *vor*gehört wird. Als mental sozusagen *an*klingende Zukunft und entsprechend *nach*klingende Vergangenheit ist das melodische Gebilde somit immer nur aus dem Sinn seiner jeweils aktual klingenden Gegenwart heraus verstehbar.

Allein aus dieser dreigefächerten Gliederung musikalischer Zeit lässt sich nun auch deren Abhängigkeit von einem komponierenden, interpretierenden oder rezipierenden Subjekt ableiten: *Physi(kali)sch* klingende, in eine Richtung sich bewegende zeiträumliche Musik ist *her*gestellt aus psychisch *vor*gestellter *drei*dimensionaler, aber tatsächlich nur *hin*gestellter *ein-* oder *zwei*dimensionaler, Musik und diese wiederum entwickelt aus ursprünglich erzeugter *nicht*dimensionierter musikalischer Zeit, einer tönend-bewegten Ausdehnung der Zeit des Subjekts selbst. Kurz zusammengefasst: *Empirisch klingende Musik ist zur objektiven Musikzeit gewordene subjektive Musikzeit*. Und auch die objektive Musikzeit lässt sich nur vom Standpunkt ihrer stetig wechselnden Klanggegenwart *für* hörende Subjekte angemessen verstehen.

Wenn dies, liebe Leserin und lieber Leser, so dargelegt richtig sein sollte, dann gilt nun aber auch: Weder existiert der musikalische Zeitfluss unabhängig von dem oder der Hörenden, noch lässt sich deren Hören vom Gehörten *abtrennen*.[19] Lediglich *unterscheiden* lässt sich

19 Diese Einsicht lässt alle psychologisch, soziologisch oder didaktisch motivierten *Hörertypologien* von Rochlitz bis Rauhe als problematisch erscheinen, weil sie es eben ohne weiteres als möglich voraussetzen, die Art des *Hörens* von der Art des *Gehörten* zu trennen. Wir ersetzen solche ausdifferenzierten Typologien durch die im folgenden Kapitel erläuterte *Grundunterscheidung zwischen analytisch-distanziertem Beobachtungshören von Klingendem und erlebend-affektivem Mit-*

zwischen beidem als den zusammengehörigen Momenten des *einen und ganzen musikalischen Hörvorgangs*. Ihn gilt es zu begreifen.

vollzugshören von Tönendem. Diese beiden, philosophisch elementaren, Hörweisen gelten nicht nur für sämtliche Sorten von Musik, sie sind auch innerhalb ein und desselben Hörvorgangs durch schnelles Hin- und Herwechseln problemlos vereinbar. Außerdem lassen sie sich insofern gar nicht voneinander abtrennen, als das *ursprünglich-zeitliche Hörerleben* sich niemals gänzlich ausschalten lässt.

II. Zum Bewusstsein von Musik: Das Zeitbewusstsein des hörenden Subjekts

Denn wir sehen und verstehen nicht die vierte Dimension, die Zeit.

Mircea Cărtărescu

1. Bewusst-Musikalisches als Klingendes und Tönendes

Hierin zeigt sich zugleich der Zusammenhang des subjektiven Inneren mit der ***Zeit*** *als solcher, welche das allgemeine Element der Musik ausmacht.*

Georg Wilhelm Friedrich Hegel

Unsere bisherigen Überlegungen, liebe Leser*innen, waren überwiegend *ontologischer* Natur: Sie betreffen die Art des musikalischen Daseins. Doch hat uns dessen Gliederung in eine stetig sich erneuernde Klanggenwart, sich vergrößernde Klangvergangenheit und sich verkleinernde Klangzukunft bereits auf das Problem ihres lückenlosen Zusammenhangs gestoßen. Lösbar ist es wohl nur mit Hilfe *erkenntnistheoretischer* Überlegungen: Wie werden die drei musikzeitlichen Dimensionen *im menschlichen Bewusstsein* nahtlos miteinander verbunden?

Am Beispiel der Melodie konnten wir uns schon klarmachen, dass ihr hörendes Verstehen eine *Erinnerungsfähigkeit* des hörenden Subjekts voraussetzt. Solche Erinnerung ist nur möglich, wenn unsere elementaren Fähigkeiten der Wahrnehmung, bzw. des Anschauungsbewusstseins, kurz: *System A*, und des Verstandes, bzw. des Begriffsbewusstseins, kurz: *System B*, etwas einmal Gebildetes erneut bilden können, z.B. den ersten Ton der Melodie, während ihr zweiter erklingt, den ersten und zweiten, während ihr dritter erklingt, und so fort, bis die Melodie vollständig erklungen und als einheitliche und ganzheitliche Gestalt hörbar ist. Die dafür erforderliche stetige Erinnerung an jeweils verklungene Melodietöne hat ihre Grundlage im *Kurzzeitgedächtnis* des menschlichen Gehirns. Erklingende Melodietöne affizieren das innere Ohr, von wo die Luftschwingungen in den primären akustischen Kortex geleitet werden. Hier können wir nacheinander erklingende Töne fünf bis höchstens acht Sekunden im auditiven Kurzzeitgedächtnis behalten. Dauert die Melodie länger, neigen wir dazu, zwei Melodien zu hören.[20]

Dieser musikalische Erinnerungsvorgang wird uns bei der Melodiebildung nicht zwangsläufig bewusst. Und das ist auch gut so. Denn indem wir ihn uns bewusst machen, ist durch die Zurückwendung unserer Aufmerksamkeit auf *ver*klungene Töne unser klangspezifisches Erlebnis aktuell *er*klingender Töne unweigerlich beeinträchtigt. Wenn dieses Zusammenhören nacheinander klingender Töne jedoch *unterbewusst* bleibt, sozusagen bewusst *nicht thematisiert* wird, kann der Hörprozess ungestört ablaufen. Ohne dass wir das hörende Erinnern *bewusst thematisieren*, hören wir dann die Melodie als *Gesamtgestalt* und nicht als Summe isolierter Einzeltöne, die als solche ja gar keinen Sinn ergäben.[21]

Als gleichwohl auch räumlich-dreidimensionales Gebilde verkörpert die Melodie demnach eine *objektivierte subjektive Zeit der Tonbewegung*. Folglich kann sich ihr Sinn nur einem menschlichen Subjekt erschließen, das aus seinem tönenden Zeitbewusstsein heraus zum Bewusstsein seiner klingenden, klangzeitlichen, Selbstverwirklichung in verwirklichter Musikzeit, hier objektiver Melodiezeit, gelangt. Allein

---

20 Zur neurologischen Grundlage musikalischen Bewusstseins vgl. Manfred Spitzer: *Das musikalische Gehirn. Wie Musik auf uns wirkt*, München 2022, insbesondere S. 17–23.

21 „In diesem Falle ist die zeitliche Stellung des erinnerten Inhaltes, also seine zeitliche Beziehung zur Gegenwart, *unmittelbar* gegeben in Form der betreffenden Gestaltqualität des gegenwärtigen Complexes", Hans Cornelius: *Grundlagen der Erkenntnistheorie. Transcendentale Systematik*, München 1926, S. 141. Vgl. dazu Elena Corsi: *Adorno und Cornelius*, in: Philosophisches Jahrbuch II (2021), S. 307: „Mit Cornelius beginnt man, sich der phänomenologischen Methode zu bedienen, um Phänomena als Anschauungen einer Ordnung der Dinge zu betrachten [...] Damit fängt Erkenntnis nicht mehr mit dem zusammenhanglosen Mannigfaltigen an [...,] ist Sinnlichkeit nicht mehr als ‚Volk' ohne ‚Oberhaupt', und zwar als Sinnlichkeit ohne Verstand, Mannigfaltigkeit ohne Einheit verstanden."

dadurch, dass ein innenweltlich tönendes Subjekt eine von ihm ursprünglich-zeitlich erzeugte, daher nichtdimensionierte, Melodie als solche einbildend in dreidimensionaler Zeitraumgestalt vor sich *hin*stellt, kann es sie in einem weiteren und letzten Schritt als dreidimensionale und tönend Anderes seiner selbst in der Außenwelt dann auch noch verwirklichend *her*stellen. Entstehen kann die objektive Zeit tönend bewegter Formen, wie sie der Musikästhetiker Eduard Hanslick nennt, daher nur aus dem Bewusstsein eines Subjekts von sich selbst als der Bewegung eines empfindend-tönenden Erschaffens heraus. Entsprechend zeigt sich ihm das musikalische Bewegungs*objekt* im Grund genommen wieder als zunächst entworfenes und dann auch gebautes anderes sich bewegendes *Subjekt*.

Um nun, liebe Leser*innen, solchen offenkundigen Animismus zu vermeiden, der als *Persona*-Theorie in die Musikästhetik eingewandert ist, der zufolge „wir beim Hören eine Person imaginieren, als deren expressive Gesten wir die Musik verstehen“[22], sollten wir uns darauf besinnen, was die den Hörenden erscheinende Subjektivität des dreidimensionalen Klangflusses eigentlich bedeutet. Auf jeden Fall muss das tönend sich ausdehnende Subjekt ein Bewusstsein von der zeiträumlich-klanglichen *Ausdehnung der Musik* haben. Zugleich jedoch darf es nicht das Bewusstsein davon verlieren, dass die musikalische Ausdehnung die seiner *fiktiv-tönenden Selbstverwirklichung* ist. Und für die erforderliche Berücksichtigung eben dieses zweifachen Klangbewusstseins bietet es sich spätestens hier an, systematisch zwischen dem *Klingenden* und dem *Tönenden* der Musik zu unterscheiden. Jenes *Klingen* klingt für die Hörerin in irgendeiner qualitativen oder formbildenden Art, z.B. zart, aufbrausend, melancholisch oder kontrapunktisch, variierend oder verkürzend. Es bildet sozusagen den erscheinenden *Vorder*grund ihres Hörbewusstseins. Dieses *Tönen* wiederum wird von ihr als aktiver Ausdruck von Subjektivität *unter*gründig, nichtthematisch, *mit*gehört. Darüber hinaus kann sie es sich bewusst aneignen, indem sie sich selbst in die Rolle des tönend sich ausbreitenden Subjekts *hineinversetzt*. Springt sie nun mit ihrer Höraufmerksamkeit vom Klingenden zum Tönenden, so tritt sie aus der *distanzierten Beobachter*rolle heraus und in die *mitvollziehende Teilnehmer*rolle hin-

22 Georg Mohr: Artikel *Philosophie der Musik*, in: Hans Jörg Sandkühler (Hrsg.): *Enzyklopädie Philosophie*, Band 2, Hamburg 2021, S. 1985.

ein. Das auf sie selbst bezogene, von ihr *einfühlend* mitvollzogene Tönen tritt in den Vordergrund, das beobachtet wahrgenommene Klingen in den Hintergrund. Anders gesagt: Das Klingende wird ein Tönendes. Beides gleichzeitig *und gleich intensiv* erleben zu wollen, das *struktur*bezogene *An-* und *Ab*hören des Klingenden mit dem *selbst*bezogenen *Affekt*-Hören des Tönenden, einem *Mit-* und *Zu*hören, zu vereinen, wäre ein Fall von reinem Multitasking, das unsere biologischen und psychischen Erkenntnisfähigkeiten übersteigt. Möglich ist uns aber natürlich das Hin- und Herwechseln zwischen beiden Einstellungsarten. Dieses beständige Hin und Her zwischen der seelisch-körperlichen (affektiven) und der operativ-transformativen (strukturellen) Ebene ist für ein im höchsten Grad sensibles und zugleich bewusstes Hören sogar notwendig. In anderen Worten: Analytisches *An-* oder *Ab*hören (*nach*vollziehendes *Daneben*sein) und affektives *Zu-* oder *Mit*hören (*mit*vollziehendes *Dabei*sein) wechseln einander stetig ab, zumindest sollte dies beim adäquaten, sensiblen und vollgültigen, Hören so sein.

An dieser Nötigung zur Unterscheidung eines *aus*gebildeten *Klingen*-Bewusstseins von einem *ein*gebildeten *Tönen*-Bewusstsein zeigt sich einmal mehr und ganz deutlich die unauflösbare *Einheit unserer Person.* Wir können uns nicht bewusst zu etwas Klingend-Anderem unserer selbst musikalisch ausdehnen, ohne diese raumzeitliche Klangausdehnung *perspektivisch* zu hören: entweder in der distanzierten Perspektive einer anschaulich *auf*genommenen und begrifflich *er*fassten *Klangbeschaffenheit* oder in der einfühlenden Perspektive *ur*sprünglichen *Er*lebens einer *ein*genommenen und affektiv-motorisch *mit*erlebten Ton*erzeugung*. Dieser Unterschied der Hörweisen, der *mit*hörenden und der *an*hörenden, ist demnach keiner von aktiver und passiver ästhetischer Einstellung, sondern eher einer von *ontologischer*, auf die Eigenschaften von Musik gerichteten, und *bewusstseinstheoretischer*, auf das *subjektive Erleben* von Musik gerichteten, Einstellung. Dessen unbeschadet lässt sich natürlich auch das zeitliche Erleben von Musik ontologisch beschreiben, eben als Abfolge von mitvollzogenem *Er*tönen und *Ver*tönen, von entstehendem und vergehendem Erleben, ganz analog zur Ontologie von distanziert hörbarem *Er*klingen und *Ver*klingen.

Jedenfalls haben wir mit der Unterscheidung von Klingen und Tönen nun auch den oben beanstandeten Animismus der *Persona*-Theorie vermieden. Statt die emotionalen und atmosphärischen Gehalte der Musik als Ausdruck eines eingebildeten Subjekts verstehen zu müssen, können wir sie jetzt einleuchtender als den frei *erfundenen*, hörend *mit-* und *nachempfundenen* Ausdruck des *von uns tatsächlichen Hörer*innen gehörten Tönens* verstehen. Und dies ist etwas völlig anderes als der *direkte* Ausdruck *unserer selbst*: „Einzig das Tönen, dies, was in Tönen sich ausspricht, ist ohnehin auch auf ein Ich oder Wir zurückbezogen"[23], sagt Ernst Bloch. Durch die Ausdrücke „ohnehin auch" zeigt er deutlich an, dass mit dem Tönen *immer* der Rückbezug auf *„ein* Ich oder Wir", also nicht eine *bestimmte*, sondern eine *abstrakte* Subjektivität, verbunden ist, die außerdem *nicht die einzige* Bezugsdimension zu sein braucht.

So können Sie sich, liebe Leser*innen, jetzt auch mühelos erklären, warum Ihnen in mancher Musik kein tönend-hörender Mitvollzug gelingen will, und es stattdessen bei Ihrem klingend-hörenden Beobachten bleiben muss: Solche Musik bleibt Ihnen deshalb fremd, weil Sie sich nicht in die Ihnen zugemutete *Rolle eines bestimmt-abstrakten Tönens* hineinversetzen können oder auch nur wollen, während Ihnen dies z.B. bei einer Mozart-Melodie durch innerliches oder verlautbartes Mitsingen sofort gelingen mag. Wenn sich Ihnen eine Musik nun *weder* mitvollziehend, *noch* beobachtend erschließt, sollten Sie eben dies für andere und künftige Hörer*innen selbstredend keineswegs ausschließen. Denn das klingende Produkt besitzt eine *Autonomie*, die sich oftmals sogar als *Rätselcharakter* herausstellt, der stets nur teilweise *enthüllt* werden kann. Zumindest in komplexen Klangprodukten *zeigen sich* ihre Bedeutungs- und Wirkungsmöglichkeiten nicht gänzlich und auch weder *so*gleich noch *zu*gleich. Bei all dem sei jedoch ausdrücklich hervorgehoben: Die klingende Autonomie von Musiken ist immer nur eine *für* Hörer*innen. Das heißt, unser hier implizierter *Realismus* ist ein *kritisch-relativer* und kein *dogmatisch-absoluter*.

Welche Rolle die Art des hörend-mitvollziehenden Tönens für das *ästhetische Bewerten* von Musik spielt, und ob es womöglich bestimmte musikalische Klangkonstellationen gibt, die eine Umwandlung des Klingens in ein Tönen und damit aller Wahrscheinlichkeit nach ein durch Beifall oder sogar Bewunderung getragenes ästhetisches Urteil begünstigen, bzw. verhindern – diese Fragen betreffen das Problem

---

23 Ernst Bloch: *Prinzip Hoffnung*, Band 3, Frankfurt a.M. 1979, S. 1243.

musikalischer Werturteile und ihrer allgemeinen kriterialen Begründbarkeit. Wir gehen darauf im dritten Teil dieses Buchs ausführlicher ein.

Hilfreich dürfte aber bereits an dieser Stelle die vollzogene Unterscheidung eines *mit*vollziehenden und eines nur *nach*vollziehenden Hörens sein. Während jenes den Einsatz des gesamten Subjekts, seiner Psyche und seines Körpers, verlangt[24], kommt dieses mit einer teilweisen Leistung aus: Ich kann einen banalen Pop-Song nur mit dem Fuß wippend oder eine grauenhaft klingende Sinfonie nur analytisch hörend nachvollziehen, ohne beides in irgendeiner Weise engagiert mitvollziehen zu müssen. Das heißt, ein musikalisch-wissenschaftliches *Sach*urteil kann ich auch durch das bloße *Nach*vollziehen-Können des Beurteilten begründen, ein musikalisch-ästhetisches *Wert*urteil hingegen nicht. Und dies gilt unabhängig davon, dass auch eine analytisch-distanzierte Einstellung sich niemals gänzlich von allen unter- oder hintergründig auf den Analysierenden einwirkenden Grundgefühlen oder Befindlichkeiten loslösen kann. (Das menschheitsgeschichtlich uralte limbische System dominiert stets über den noch jungen präfrontalen Kortex.) Jedenfalls erfordert das Werturteil mindestens ein *zu-*, besser noch *mit*hörendes *Dabei*sein, während sich ein Sachurteil mit einem *an-* oder *ab*hörenden *Daneben*sein begnügen mag. So ist die Wahrnehmung etwa einer musikalischen Atmosphäre nicht davon abhängig, *was* Sie hören, sondern davon, *wie* Sie es hören. Adorno hat dies treffend und durchaus vereinbar mit unserem Modell der klingenden Veräußerung von tönendem Inneren zum Ausdruck gebracht: „Der Mitvollzug von Musik ist die gelungene Selbstentäußerung des Subjekts in einer Sache, die dadurch seine eigene wird: Vorwegnahme eines Zustands, in dem Entfremdung getilgt wäre.“[25] Wir sollten uns an dieser Stelle eben nur darüber klar sein, dass auch ein Nicht-Miterleben-*Können* oder ein Nicht-Miterleben-*Wollen* bereits *irgendein* ursprünglich-zeitliches Musikerleben voraussetzt, das überhaupt erst zu den Erfahrungen der Mitvollzugsunfähigkeit oder der Erlebnis-

---

24 Vgl. Matthias Vogel: *Musik als Medium der Selbstbegegnung*, in: Martin Daniel Feige, Gesa von Nieden: *Musik und Subjektivität*, Bielefeld 2022, S. 156–166. Allerdings unterscheidet Vogel nicht zwischen Nach- und Mitvollzug, nennt das musikalische Sich-Selbst-Bewegen des Subjekts vielmehr auch ein Nachvollziehen.

25 Theodor W. Adorno: *Der getreue Korrepetitor. Lehrschriften zur musikalischen Praxis*, Gesammelte Schriften Bd. 15, Darmstadt 1998, S. 187.

verweigerungshaltung geführt hat. Vollständig ausschließbar also ist das affektive Erleben beim Musik*hören* nie, bzw. nur im *Nicht*-Musikhören.

Doch unabhängig davon sollten Sie, liebe Leser*innen, sich das eigentlich Charakteristische des Unterschieds zwischen *Klingen* und *Tönen* noch einmal in klassisch-philosophischer Terminologie vergegenwärtigen. Handelt es sich doch dabei um jeweils *ein und dasselbe* dreidimensionale Musikgebilde, das *sowohl* ein Klingen *als auch* ein Tönen ist, nur dass es eben nicht als dreidimensional Klingendes in der Außenwelt *tönt*, sondern als etwas Zwei- oder Eindimensionales in der Innenwelt. Und umgekehrt *klingt* das Tönende nicht als Ein- oder Zweidimensionales im subjektiven Innen, sondern als Dreidimensionales im objektiven Außen. Denn Klingen im oben erläuterten musikalischen Sinn kann etwas nur in der Außenwelt, Tönen wiederum nur in der Innenwelt. Sie können sich das Naheliegende dieser Unterscheidung auch sprachlich verdeutlichen: So mag es sich zwar ungewöhnlich anhören, zu sagen, ‚Ich töne' im Sinne von ‚Ich erzeuge Töne', aber es ergibt einen musikalisch gut *nach-* und vor allem *mit*vollziehbaren Sinn. Doch zu sagen ‚Ich klinge' wäre gleichbedeutend mit ‚Jemand oder etwas hat mich wie ein Musikinstrument zum Klingen gebracht', was weder buchstäblich, noch metaphorisch sinnvoll ist. (Lediglich als pars pro toto auf die Stimme bezogen ist ‚Ich klinge heiser' ein korrekter Sprechakt.). Umgekehrt ist es der Normalfall, festzustellen, dass ‚Musik (er)klingt', während es zwar linguistisch nicht falsch ist, aber doch zumindest übertrieben feierlich anmutet, zu behaupten, dass ‚Musik (er)tönt'.

Weiterhin sollten Sie beachten, dass Musik als Klingendes *und* als Tönendes noch nicht angemessen verstanden ist, wenn ihr Hören nur als ein *Wahrnehmen* im Sinne unseres psychischen Systems A (Anschauungen) aufgefasst wird. Denn damit wäre ja nur das *Formale* der gehörten zeiträumlichen Bewegung angesprochen, etwa das Bewusstsein ihrer musikalischen Dreidimensionalität oder der ihr zugrundeliegenden Zwei- und Eindimensionalität, ursprünglich sogar nulldimensionalen Zeitlichkeit (System Z). Ein Bewusstsein von den spezifischen *Eigenschaften* dieser Formalität der Tonbewegungen erfordert nun allerdings auch eine Inanspruchnahme unseres psychischen Systems B (Begriffe) insofern, als wir für die Bezeichnung der verschiedenen *Arten* und *Konstellationen* von Klangverläufen und Tonfolgen über sinnliche Zeit*wahrnehmungen* hinaus auch Zeit*begriffe* benötigen. Wir können darunter solche Begriffe verstehen, wie sie Musikwissenschaftler oder Musikpsychologinnen verwenden, um unser Zeiterleben, unsere Zeitorientierungen und Zeitperspektiven beim Hören von Musik zu beschreiben. Puls, Metrum, Takt, Tempo, Rhythmus, Dynamisierung, Verlangsamung und Wiederholung sind wirklich nur die *grundlegendsten* Arten bewusst-musikalischen Konstruierens, Formalisierens und Strukturierens von Zeit-Raum. Synchronizität und A-Synchronizität von Stimmverläufen, Verkürzen und Ausdehnen von Themen oder Motiven, Anhalten und Aufholen von Bewegungen, Abbrechen von und Anknüpfen an begonnene Tonfolgen, nicht zuletzt Polyrhythmik sind sämtlich schon *höherstufige* Arten der bewussten Erzeugung und Gestaltung musikalischer Zeit-*Räume*.[26]

Was uns nun für eine vollgültige Beschreibung der mitreißenden Wirkungswucht oder zarten An- und Berührungsmacht von Musik noch fehlt, ist der subjektive *Inhalt* ihrer sowohl abstrakten als auch konkreten, aber eben nur *formalen Klang*konstellationen. Die spezifischen Empfindungen, Ausdrucksgehalte, Stimmungen und Gedankenassoziationen, die das raumzeitliche Klingen in den Hörer*innen hervorruft, erschließen sich diesen nur dadurch, dass sie das *formale*

---

26 Paul Valéry stellt wichtige „Beziehungen der Musik zum [Zeit-]Raum – oder vielmehr zu einem Raum (der durch sie determiniert, definiert wird, in jedem Augenblick -)“ heraus: „Sie [die Musik, U.M.] schafft: Linien, Volumina, Einschnitte, Zeit-Punkte (Gerade), Oberflächenerregung, Tiefen“, ders., *Cahiers/Hefte* 6, Frankfurt a.M. 1993, S. 40. Offenbar gilt die Regel: Je vielstimmiger der musikalische Zeitverlauf gegliedert und durchgestaltet ist, desto ausgeprägter erscheint auch seine Räumlichkeit, während eine einfache oder stereotype Gestaltung die zeitliche Sukzession hervorhebt. So bewirkt die äußerst dynamische und komplizierte Zeitgestaltung in der Doppelfuge des Schlusssatzes der „Hammerklaviersonate“ von Ludwig van Beethoven eine enorme Verstärkung des Raumgefühls: als ob sich das Verschlingen, Verknoten und Überlagern der Stimmen und Klänge zu mehrdimensionalen Raumgebilden aufschichten würden. Dagegen dominiert in der Ruhe und Getragenheit des Gregorianischen Chorals das bloße Zeitgefühl, der Anschein eines „reinen“ musikalischen Fließens und Strömens, mit mindestens meditativer Wirkung. Dieser Zusammenhang zwischen Klangsynchronie und Raumhören einerseits, Klangdiachronie und Zeithören andererseits lässt sich in allgemeiner musikhistorischer Perspektive etwa am Übergang von der polyphon zentrierten Barockmusik zur diachron orientierten Wiener Klassik aufzeigen: „aus dem musikalischen Raumgefühl wird ein temporeiches Zeitgefühl“, Klaus Peter Richter: *Vom Sinn der Klänge. Eine kritische Musikgeschichte*, Würzburg 2023, S. 244.

Klingen als jeweils eigenes übernehmen, sozusagen *einbildend* auf sich nehmen, und auf diese Weise zu ihrem *erfunden-empfindungsbegleiteten Tönen* machen. Mit anderen Worten: Sie machen sich probeweise selbst zur Quelle dessen, was sie entweder produzierend *er*funden oder rezipierend *vor*gefunden haben. Indem sie dies erfolgreich tun, verlassen sie die Ebene des *distanzierten und differenzierten analytischen An- und Abhörens* und begeben sich auf die andere Ebene des *lebendig-freien und erlebend-emotionalen Zu- und Mithörens* von in der Musik Ausgedrücktem. Während das distanziert beobachtende An- und Abhören ein *untersuchend-erschließendes* wie *perspektivisches Hin*hören ist und Fragen beantwortet wie ‚Welche Kompositionstechnik(en) wurde(n) verwendet?', ‚Was für ein Formmodell liegt der Musik zugrunde?', ‚Wie lässt sich das vorherrschende Klangideal beschreiben?', ‚Gibt es Besonderheiten des Personalstils?', beantwortet das *erlebend-teilnehmende Zu- und Mithören* Fragen wie ‚Gefällt mir die Musik?', ‚Inwiefern kann ich mich mit der Musik identifizieren?', ‚Welche Empfindungen, Gefühle, Gedanken und Bilder löst die Musik in mir aus?', ‚Wie wirkt sie auf meinen Körper und was macht sie mit meiner Psyche?'.

Beide Hörweisen existieren keineswegs unabhängig voneinander, obwohl sie aktual nicht zusammenfallen können: Je genauer ein Subjekt die formalen Klangverhältnisse wahrnehmen und begrifflich beschreiben kann, desto reichhaltiger und abgestufter wird aller Voraussicht nach auch das durch sie ausgelöste Spektrum an Gefühlen und Stimmungen[27] sein – immer vorausgesetzt, dem Subjekt gelingt es

---

27 Darauf verweist insbesondere Hans Mersmann in seinem Buch *Musikhören*, Potsdam/Berlin 1938. So vertritt er auf Seite 17, „dass jeder Mensch, der spielend oder hörend mit Musik umgeht, das Recht und die Pflicht hat, die Grundfragen und Gesetze ihres Daseins zu kennen. Erst dann wird sein Eindruck von Musik aus dem Bezirk eines dumpfen Berührtwerdens auf dem Wege über ein bewußtes Erkennen in die Zone eines geläuterten Gefühlserlebnisses hineinwachsen." Anders hingegen als Mersmann würde ich die Verknüpfung beider Hörweisen in bildungspraktischer Absicht nur *empfehlen*, aber nicht zur (moralischen) *Pflicht* erklären. - Ein analoges Zusammenwirken („Ineinander") zwischen sinnlich-*mit*vollziehend-nichtbegrifflichem und analytisch-*nach*vollziehend-begrifflichem Musikverstehen fordert Theodor W. Adorno: *Ästhetische Theorie*, Darmstadt 1998, S. 520: „Wer nur drinnen ist, dem schlägt Kunst nicht die Augen auf; wer nur draußen wäre, der fälscht durch einen Mangel an Affinität die Kunstwerke." Zur Erläuterung der „Dialektik von ‚drinnen' und ‚draußen' in der Erfahrung von

überhaupt, in das *Erleben* des Klangobjekts hineinzukommen und sich in das phänomenal oder strukturell gehörte Klingen irgendwie selber „tönend“ *einzufühlen*. Anzeichen dieser Fähigkeit musikalischen *Mit*-empfindens und *Ein*fühlens sind das innerliche oder laute *Mit*singen, das motorisch-physische Sich-*Mit*bewegen, spürbare Erregung, Empfindung von Glück, Freude oder Trauer, Gänsehautgefühle.[28] Die Fähigkeit des *analytisch-strukturellen Hörens* dagegen zeigt sich im wechselnden Isolieren- und Verfolgen-Können von Einzelstimmen innerhalb des Gesamtklangs, in genauen Rückerinnerungen an verklungene Themen oder Motive bei deren Wiederholung oder Veränderung, in der Aufmerksamkeit für strukturelle Beziehungen wie Sequenzierungen, Umkehrungen, Gegensätze, Gleichheiten, Regelmäßigkeiten, Verschiedenheiten, Ähnlichkeiten, Bewegungsarten, Entwicklungen, Übergänge, Verknüpfungen, Musterbildungen, verwendete Techniken und Stilmittel etc.

Wichtig ist nun, dass ein strukturell-beobachtendes Hören letztlich immer auf die *quantitative Bestimmtheit des Klingenden* gerichtet ist. Nicht die *organisch-lebendige Einheit und Ganzheit des Tönenden* gilt ihm als Zentrum des Musikalischen, sondern vielmehr die rationale Berechenbarkeit des Verhältnisses der Töne und Parameter zueinander. Kurz gesagt: Sein Hauptinteresse gilt der musikalischen *Architektur*. Dagegen konzentriert sich das beseelt-teilnehmende Hören auf *Ausdruck und Stimmung* als Wesen des Tönenden: Sein Hauptinteresse gilt der musikalischen *Wirkung*. Daher wird ein musikalisch wenig erfahrener, bzw. ungeübter Mensch das teilnehmende Hören bevorzugen, weil er zum strukturanalytischen Hören entweder nicht in der Lage ist (es würde sich ihm dabei nur Rauschen ergeben), oder weil er an einer wissenschaftlichen Untersuchung von Musik, der das analytische Hören ja dient, gar nicht interessiert ist. Ein musikalisch gebildeter, bzw. erfahrener Mensch hingegen möchte meistens auch *verstehen*, *warum*

Kunst“ siehe auch Albrecht Wellmer: *Versuch über Musik und Sprache*, München 2009, S. 128ff.

28 In der freien Mitteilung von Gefühlen sieht Früchtl den „demokratischen Wert“ der Künste: „So lernen wir in ästhetischen Kontexten, Gefühle, die für den politischen Diskurs unerlässlich, zugleich aber als Legitimationsinstanz inakzeptabel sind, zu präsentieren, auszubalancieren, zu mildern und umzuformen“, Josef Früchtl: *Demokratie der Gefühle. Ein ästhetisches Plädoyer*, Hamburg 2021, S. 175.

und *wie* es zu der von ihm erlebten Wirkung des Tönens kommt, bzw. warum sie ausbleibt: Welche spezifischen Konstellationen des rhythmischen, melodischen, harmonischen etc. Klingens sind dafür verantwortlich?

Es dürfte Ihnen, meine lieben Leser*innen, nun hinlänglich deutlich geworden sein, warum ein analysierender Musikwissenschaftler Melodiebildungen, Akkordfolgen, Rhythmuspattern, Formsymmetrien oder dynamische Entwicklungen nicht einzeln für sich in Betracht ziehen darf, gleichgültig, wie unabhängig oder abhängig sie voneinander sind. Denn ein Subjekt, das sich im Prozess des Hörens von etwas Gehörtem befindet, wird jedes davon nur zusammen mit jedem anderen in einem einzigen ununterbrochenen Klangkontinuum hören, und dies auch jeweils nur in einer der beiden elementaren Hörweisen, der ursprünglich-zeitlich-*erlebenden* oder der distanziert-zeiträumlich-*perspektivischen.* Jene ist beim Musikhören nie vollständig vermeidbar, diese, je nach Interesse der Hörenden, auch verzichtbar. Kurz gesagt: Der Erlebniswert der Musik herrscht über ihren Begriffswert.[29]

Somit handelt es sich bei einem solchen Hörprozess ebenfalls um ein einheitliches und ganzheitliches Bewusstsein, in dem die einzelnen Dimensionen des Musikalischen einen untrennbaren Zusammenhang bilden. Und genau dieser musikalische Bewusstseinszusammenhang ist angemessen wiederum nur zu verstehen als die *Wechselwirkung* zwischen *beobachtetem Klingen* und *mitempfundenem Tönen.* Eben darin besteht die besondere geistig-kreative Leistung eines *vollbewussten* Hörens: im unaufhörlichen Hin- und Her-Wechseln zwischen der strukturellen Analyse klingender Gestalten und dem körperlich-seelischen Erleben tönender Wirkungen. Beide grundverschiedenen Hörweisen und die mit ihnen zusammenhängenden musikalischen Bewusstseinseinstellungen bilden zusammen die Einheit und Ganzheit eines *Hörvorgangs in äußerster Freiheit*: Das strukturelle Musikverstehen gibt unserer ästhetisch-freien Freude bzw. unserem zwecklosen Leiden reichhaltigen Stoff, und die erlebte Freude oder das Leiden

---

29 Vgl. Klaus Peter Richter: *Vom Sinn der Klänge. Eine kritische Musikgeschichte*, Würzburg 2023, S. 768: Es „geht Musik niemals im ‚Denken über Musik' auf, sondern umgekehrt: Erst das musikalische Erleben setzt über das *Empfindungsbewusstsein* das Denken darüber ins Recht. Deshalb macht der Erlebniswert den unhintergehbaren Kern musikalischer Erfahrung aus und bestimmt damit als ein *Apriori der Wahrnehmung* jede adäquate Erkenntnistheorie der Musik."

motiviert uns zur Erklärung des Empfundenen. Auf diese Weise beflügeln und verstärken sich beide Hörweisen wechselseitig, ohne doch jemals zu einer einzigen zu verschmelzen. Gleichwohl bilden sie im ganzheitlich-vollbewussten Hören eine *dynamische Einheit des Verschiedenen.*[30]

In diesem Sinne hat Wittgenstein ganz richtig gesehen, dass wir ein Gefühl, das eine musikalische Phrase in uns erzeugt, nicht von dieser Phraseneinheit abtrennen können, aber auch nicht mit ihr identifizieren dürfen: „denn Einer kann sie hören ohne dies Gefühl."[31] Solches gefühllose Hören wäre dann ein auf (tiefere) Strukturen oder, je nachdem, auch nur auf (oberflächliche) Phänomene, beschränktes Hören. Entsprechendes gilt nicht nur für unser musikalisches Anschauungs-, Wahrnehmungs-, bzw. Empfindungsbewusstsein (System A), sondern auch für unser Begriffsbewusstsein (System B). So gibt es musikalische Begriffe, z.B. ‚dur' und ‚moll' oder ‚Elegie' und ‚Fantasie', „die wohl einen Gefühlswert haben, aber auch einzig zur Beschreibung der wahrgenommenen Struktur gebraucht werden können."[32]

Wie können wir uns die besondere Qualität dieser doppelten Musikerfahrung aus Sicht der hörenden Subjekte begrifflich klarmachen? Als etwas von oder aus uns selbst heraus Gehörtes kann jede musikalische Gestalt nur das sein, wozu wir uns nicht nur schrittweise ausgedehnt haben, sondern wovon wir außerdem noch ein Bewusstsein gebildet haben. So können wir unser Bewusstsein von einer klingenden Raum-Zeitgestalt so beschreiben, dass wir uns des Klingenden, bzw. Tönenden dieser Klanggestalt, zu der wir uns kreativ ausgedehnt haben, bewusstwerden. Unser Bewusstsein dieses Klingenden oder Tönenden, genauer: eines stetig-neu Klingenden, d.h. an Strukturen oder Phänomenen orientierten Hörbewusstseins, bzw. stetig-neu Tönenden, d.h. des erlebniszentrierten Hörbewusstseins, kann jeweils immer nur das Bewusstsein eines *aktual* Klingenden, bzw. Tönenden, also eines

30 Diese *auf ein und dieselbe Sache bezogene Einheit* der verschiedenen Hörtätigkeiten unterscheidet das Hin- und Herwechseln zwischen beiden ganz klar von einem *notwendig misslingenden Multi-Tasking*, bei dem der unvermeidlich schnelle Wechsel von Tätigkeiten *zwischen verschiedenen Sachen* gerade zu keiner Einheit, sondern vielmehr zu einer Zerstückelung und Schwächung *aller* beteiligten Tätigkeiten *und* Sachen führt.

31 Ludwig Wittgenstein: *Philosophische Untersuchungen*, Frankfurt a.M. 1980, S. 290.

32 Ibid., S. 334.

stetig-neu Klingenden, bzw. stetig-neu Tönenden sein. Während des Hörerlebnisses sind wir zwar meistens nur *unter*bewusst, dabei aber eben notwendig immer noch *bewusst*, *Erinnerungs*hörende des aktual *Ver*klungenen und ebenso bereits *Erwartungs*hörende des künftig noch *Er*klingenden. Und dieses erlebt-gehörte Zugleich von aktuell-bewusstem Gegenwartshören und aktuell-unterbewusstem Vergangenheits- und Zukunftshören gilt nun nicht nur für die zeitliche Dimension der Musik, genauso auch für deren räumliche, die ja als klingend-verwirklichte ohnehin ein dreidimensionaler musikalischer *Zeit*raum ist.

Daraus folgt: Kein *Zugleich*, immer nur ein stetiger, im Millisekunden-Takt erfolgender *Wechsel* beschreibt das Verhältnis zwischen strukturell-beobachtendem und emotional-erlebendem Hören in Bezug auf das jeweils aktual Klingende, bzw. Tönende. Für das Erleben des letzteren ist nun aber eine *kreativ-produktive Einbildungskraft* erforderlich, die sich nicht in *jedem* Menschen für *jedes Produkt* gleichermaßen aktivieren lässt. Sie erst ermöglicht es, dass auch noch das dreidimensional Klingende der stetig neuen Klanggegenwart auf seinen zeitlichen Ursprung in der Innenwelt des Subjekts zurückbezogen bleibt. Denn das stetig-neue Erleben, nicht nur Beobachten, des aktual Dreidimensional-Klingenden beruht auf dessen kreativer Einbildung in den *zeitlichen Erlebens*horizont des Subjekts. Und dieser liegt dem objektiven *zeiträumlichen Beobachtungs*horizont immer schon zugrunde. Daher muss letztlich auch noch die empirisch erklingende Musik als tönend-erlebte der subjektiven Innenwelt angehören.

In welchem Verhältnis zueinander stehen bei der Erklärung musikalischen Erlebens eigentlich *Bewusstseins- oder Erkenntnistheorie* auf der einen und *Ontologie oder Logik* auf der anderen Seite? Das theoretische Glied, das beide Regionen verbindet, dürfte der *bewusste Selbstrückbezug* des Subjekts auf sich *und* auf seine musikalische Ausdehnung sein: *erstens* das Bewusstsein von sich als *nur* in der Innenwelt Ausgedehntem, *zweitens* das Bewusstsein von sich als nicht nur in der *Innen*welt, sondern *auch* in der Außenwelt Ausgedehntem und *drittens* das Bewusstsein von sich als *nur* in der *Außen*welt Ausgedehntem. Gerade an diesem letzten Ausdruck zeigt sich deutlich: die musikalische Ausdehnung, die ontologisch nur außerhalb des Subjekts, das sie erzeugt hat, existiert, ist gleichwohl für das Bewusstsein des Subjekts ein Bewusstes, und zwar entweder als Beobachtet-Klingendes oder als

Erlebt-Tönendes oder als Wechselwirkung zwischen beidem. Somit muss das Nur-außerhalb-des-Subjekts-Existieren auf die logisch-ontologische Bedeutung des Musikalischen beschränkt bleiben. Es kann daher nicht für seine bewusstseinstheoretische Bedeutung gelten, da sich das Bewusstsein des musikalisch tätigen Subjekts nicht außerhalb von seiner eigenen musikalischen Ausdehnung befinden kann, während sich die räumliche musikalische Ausdehnung ontologisch gesehen durchaus *außerhalb*, wenn auch nicht *unabhängig*, von dem Subjekt befinden kann, das sich zu ihr ausgedehnt hat.

Wir sehen: Die *ästhetische Ontologie* von interesse- und zwecklos erzeugten dreidimensionalen Musikprodukten ist problemlos vereinbar mit der *ästhetischen Erkenntnistheorie* von bewussten, vorgestellten, wahrgenommenen, erlebten oder begriffenen Musikprodukten. Denn als Seiend-Bewusstes liegt die musikalische Ausdehnung *außerhalb* des wahrnehmenden Subjekts, aber als Bewusstsein des Subjekts von ihr als seiend-bewusster muss sie sich *in* ihm befinden. Darüber hinaus sind beide Sichtweisen noch insofern miteinander verbunden, als sie beide einen durchgehenden, ununterbrochenen Zusammenhang thematisieren: Weder in den verschiedenen Klangdimensionen des *Bewusst-Musikalischen*, von der eindimensionalen Klang*linie* über die zweidimensionale Klang*fläche* bis zum dreidimensionalen Klang*objekt*, noch in den verschiedenen Dimensionen des *Bewusstseins vom Musikalischen*, vom *innen*weltlichen *Zeit*bewusstsein über das *innen*weltlich *ein*gebildete Zeit*raum*bewusstsein bis zum *außen*weltlich *aus*gebildeten *Zeitraum*bewusstsein, gibt es irgendein isoliertes, von den anderen getrenntes, Musikmoment, weder als klingendes, noch als tönendes.

So könnte ein musikalisch aktives Subjekt von sich selber sagen: Ich bin eine tönende Kraft, die sich in Zeit und Raum klingend ausdehnt und dabei jede Phase des musikalischen Ausbreitungsprozesses bewusst begleitet, formal wie inhaltlich. Zuletzt bin ich dann dynamischer oder statischer Inhalt einer Musik im Sinne objektiver zeiträumlicher Klangwirklichkeit. In erkenntnistheoretischer Sicht kann ich mich musikalisch zu einer Melodie nur innerhalb von dieser ausdehnen und auch nur innerhalb von ihr ein Bewusstsein von ihr als bewusster erlangen. Dies gilt für die Melodie als Linie (Phase 1) gleichermaßen wie für sie als Fläche (Phase 2) und als körperliches Gebilde (Phase 3). Genauso kann die ausgebildete, bzw. in der Ausbildung sich befindende, Melodie nur innerhalb *von* mir auftreten und sich *durch* mich ausbilden. Auf jeden Fall geht sie in allen drei Ausbildungsphasen *aus* mir, als ihrem Erzeuger, allererst *hervor.* Soweit die erkenntnistheoretische Sicht. In ontologischer Hinsicht gilt das „nur innerhalb von mir" so nicht. Da müssen wir unterscheiden zwischen der *nur* in mir (1. Fall), der *sowohl* in mir *als auch* außerhalb von mir (2. Fall) und der *nur außerhalb* von mir (3. Fall) verlaufenden Melodie: Im ersten Fall stelle ich mir die Melodie innerlich vor, im zweiten Fall höre ich die außerhalb von mir erklingende Musik in mir und im 3. Fall nehme ich die außerhalb von mir erklingende Musik überhaupt nicht wahr.

Wie verhält sich nun unsere eingeführte erkenntnistheoretische Unterscheidung zwischen Klingen und Tönen zum musikalischen Raum und zur musikalischen Zeit? Beginnen wir mit dem Raum. In der Räumlichkeit einer klingenden Melodie, ihrer Bewegungsrichtung, ihrem Tonumfang, ihrer Intervallstruktur, ihrem Auf und Ab, können wir hörend klar unterscheiden zwischen äußerlich wahrnehmbarer Struktur einerseits und nur innerlich erfahrbarer Bedeutung, bzw. Wirkung, andererseits. In allen seinen Phasen bildet der musikalische Raum gewissermaßen nur den klingenden *Vorder*grund in Gestalt von Tonkombinationen vor dem von ihm verdeckten und versteckten tönenden *Hinter*grund in Gestalt seiner erfahrbaren Wirkung und daraus erschließbaren Bedeutung. Und eben dies gilt für die musikalische Zeit so nicht. Als ursprünglich nichtmessbare, die sie sowohl in Gestalt von Subjektivität als auch in Gestalt von deren Ausdehnung ist, besitzt sie keine Dimension, hinter der sich etwas anderes als sie selber noch verbergen könnte. Das heißt, ihr Äußerlich-Klingendes fällt zusammen mit ihrem Innerlich-Tönendem, keines von beidem lässt sich gesondert erfahren. Der Grund dafür liegt darin, dass wir als Subjekte selber Zeit verkörpern und uns in unserem Handeln, Denken und Fühlen zeitlich ausdehnen, „verzeitlichen" müssen. Entsprechend ist auch unser zeitliches Erleben von Musik eine stetig-neue Gegenwart des Tönens, die nur im Zusammenhang mit räumlichen Elementen zu einer verfolgbaren Klanglinie, unterscheidbaren Klangfläche oder beobachtbaren Klanggestalt werden kann. Das zeitliche Tönen als solches kann nicht weiter analysiert oder hinterfragt werden, was natürlich nicht bedeutet, dass es keinen Inhalt haben kann. Dieser Inhalt ist eben das spontane und innere Erleben bestimmter Gefühlsgehalte, Stimmungslagen oder Gedankenassoziationen. Doch sobald wir diese zeitlichen Bedeutungsinhalte ursächlich zu ergründen oder musikwissenschaftlich zu analysieren versuchen, sind wir schon wieder auf räumliche Elemente angewiesen.

Dieser Sachverhalt zeigt sich an vielen Begriffen, mit deren Hilfe wir die zeitliche Struktur von Musik zu erfassen versuchen. „Linienzug“, „Stimmverlauf“, „Entwicklungslinie“, „Einleitung“, „Wiederholung“, „Anknüpfung“, etc. verwenden räumliche Bedeutungselemente wie Linie, Fläche oder Aufbau. Nur im Zusammenhang solcher Zeit-*Analyse*-Begriffe, die unweigerlich auf Räumliches Bezug nehmen, kann und muss sich das Musikalisch-Bewusste in Beobachtbar-Klingendes und Erlebbar-Tönendes unterscheiden lassen. Für die musikalische Zeit als solche dagegen kommt nur das ursprüngliche Erleben, die lebendige Gegenwart, infrage. Was darin dem erlebenden Subjekt bewusst wird, ist ursprünglich tönendes Zeitbewusstsein, das jedem musikalischen Raumbewusstsein immer schon zugrunde liegt. Die bewusste *Zeit* des Tönens tritt *nur innerhalb* des Subjekts auf, wenn diesem denn überhaupt ein Erleben der jeweils gehörten Musik gelingt. Die auf das *Äußerlich-Räumliche des Klingens* bezogene Beobachterperspektive muss am *Innerlich-Zeitlichen des Tönens* scheitern. Dies bedeutet nun allerdings nicht, dass ein Räumlich-Musikalisches *nur außerhalb* des Subjekts stattfinden kann. Musikhörende können sich musikalische Linien, Flächen und Werke auch *ein*bildend *vor*stellen, um sie innerlich analysieren zu können, ohne sie deswegen in der Außenwelt realisieren zu müssen. Allerdings ist es in solchen Fällen immer ein innerlich gehörter klingender Zeit*raum* und keine bloß klingende *Zeit*, die vorstellend beobachtet und analysiert werden könnte.

Liebe Leserin und lieber Leser, Sie können dieses Zwischenergebnis unserer vorausgegangenen Überlegungen nun gar nicht wichtig genug einschätzen. Ist doch nach gängiger Überzeugung nahezu aller Musikphilosophinnen und Ästhetiker Musik *die* Zeitkunst schlechthin. Und ausgerechnet als diese und in ihrer wesentlichen Eigenschaft sollte sie sich nicht analysieren und nicht wissenschaftlich untersuchen, sondern vielmehr „nur“ erleben lassen? Doch bevor Sie jetzt in Depression versinken, sei sofort hinzugefügt: Was musikwissenschaftlich nicht analysierbar ist, kann gleichwohl philosophisch reflektiert und verständlich gemacht werden. Dazu müssen wir jedoch nicht weniger als die Grundlagen des Bewusstseins in den Blick rücken. Wenn hörendes Zeitbewusstsein nur ein Bewusstsein der eigenen tönenden Innenwelt bedeutet, deren Struktur ja in der stetig-neuen Tongegenwart besteht, wie kann dann das Erleben musikalischer Zeit, die ja auch allen Dimensionen des musikalischen Raums noch zugrunde liegt, diesem inneren Bewusstseinskreislauf entkommen? Anders gefragt: Wie kann sich ein Subjekt zu einem *musikalisch Anderen seiner selbst* verwirklichen, indem es sich zu einem dreidimensionalen, zeiträumlichen, Musikprodukt nicht nur in seiner Innen-, sondern auch noch in der Außenwelt ausdehnt?

Demzufolge ist hier über die Grundlagen des Bewusstseins hinaus vor allem das Verhältnis zwischen der Zeit des verwirklichten Klanggeschehens und der Zeit des musikalischen Erlebens, zwischen „Ding-Zeit und [...] Erlebnis-Zeit“[33], aufzuklären. Beide Zeitformen sind den meisten Philosoph*innen zufolge scharf voneinander zu trennen, eine Auffassung, die für uns Musikphilosoph*innen notwendig unbefriedigend bleiben muss. Denn daraus würde ja letztlich und notwendig folgen, dass Musikanalyse und Musikreflexion, musikalische Wissenschaft und Musikphilosophie, nicht zusammenarbeiten könnten – ein Ergebnis, das ebenso unsinnig wie perspektivlos ist. Im Folgenden wollen wir uns der Lösung dieser Probleme zumindest annähern, indem wir zunächst danach fragen, was eine musikalische Selbstverwirklichung in dem angesprochenen Sinn eigentlich bedeutet.

2. Musikalische Selbstverwirklichung

Die Musik ist unter allen Künsten die rein-menschlichste, die allgemeinste.

Jean Paul

Zunächst sollten wir uns daran erinnern, dass ein dreidimensionales Musikwerk nur realisierbar ist, indem ein Subjekt zu einer bestimmten Art von Klang sich ausdehnt. Nur ein Subjekt kann diese oder jene Klangstruktur sich bewusst machen, und nicht etwa umgekehrt eine

33 Ernst Cassirer: *Philosophie der symbolischen Formen*, Bd. 3, Darmstadt 1982, S. 197.

klangliche Ausdehnung ein Subjekt. Insofern besteht also zwischen Subjekt und Klang eine bewusstseinstheoretische *Asymmetrie*.

Was aber genau bedeutet das Sich-Ausdehnen eines Subjekts zu einer bestimmten Klangstruktur in ontologischer Hinsicht? Nun, die erste und ursprüngliche Art, wie ein Subjekt musikalisch sich ausdehnt, kann nur die *Zeit* seiner Innenwelt sein. Entsprechend muss solches Sich-Ausdehnen das *Entstehen* einer Klangstruktur bedeuten, an das sich nur das *Vergehen* dieser Klangstruktur anschließen kann. Mit letzterem kommt nun insofern eine Symmetrie ins Spiel, als *sowohl* das Vergehen der klangzeitlichen Ausdehnung *als auch* das mit ihr verbundene Vergehen der subjektiven Zeit *nur innerhalb* des Subjekts geschehen. Erst daran kann das *Bestehen* der entstandenen Klangstruktur sich anschließen. Mit ihm ergibt sich als weitere die ontologische Symmetrie einer *sowohl* zeitlichen *als auch* räumlichen Klangausdehnung *auch außerhalb* des Subjekts. Diese objektive musikalische Ausdehnung muss eine zeiträumliche sein, weil die außenweltliche Klangausdehnung die innenweltliche immer schon einschließt, was umgekehrt natürlich nicht gilt.

Weiterhin ist zu fragen: Wie hängt das außenweltliche Bestehen einer Klangausdehnung mit ihrem Vergehen einerseits und ihrem Entstehen andererseits zusammen? Klar ist, dass sich das zeiträumliche Bestehen dreidimensionaler Klangstrukturen nicht direkt an ihr Entstehen anschließen kann, weil so jenes ihrem Entstehen unvermeidliche folgende Vergehen ausgelassen würde. Die klingende Struktur wäre dann ein bloß statischer Raumklang, während sie doch in Wirklichkeit ein dynamischer *Zeit*-Raumklang ist. Das heißt, in die Symmetrie ihrer auch außerhalb des Subjekts auftretenden, nicht mehr nur zeitlichen, sondern auch räumlichen Klanggestalt spielt die Asymmetrie ihrer ursprünglichen Entstehung durch bloß zeitliche Ausdehnung nur innerhalb des Subjekts immer noch hinein.

Um nun das ontologisch Gemeinsame von all diesen Stationen und Formen klingender Ausdehnung zu begreifen, liegt es nahe, den Begriff der *Hervorbringung durch Hervorbringen* heranzuziehen. Denn er zeigt klar die Bewegungsrichtung des allmählichen *Verwirklichens* von einem dreidimensionalen Klangobjekt auf: *heraus aus* der nur subjektiv-zeitlichen Innenwelt über die innweltliche *Ein*bildung einer außenweltlichen Klang*aus*bildung *bis hinaus* zur nicht mehr *nur* innenweltlich-subjektiven, sondern *auch* noch außenweltlich-objektiven *Verwirklichung* der bislang nur *ein*gebildeten und *vor*gestellten Klangausdehnung. Aus dem Prozess des subjektiven Hervor*bringens* wird so schließlich ein objektiv Hervor*gebrachtes*.

Der Begriff des Hervorbringens eignet sich hier vor allem auch deshalb so hervorragend, weil er alle anderen wichtigen Aspekte der Entstehung musikalischer Produkte bezeichnend zu umfassen vermag: *erstens* den Aspekt des *kreativen Erfindens* einer Klangausdehnung, das im Unterschied zur Erzeugung nicht-ästhetischer, zweckgebundener, theoretisch-nützlicher oder praktisch-guter Objekte, ein in höchstem Maße freiheitlicher und zweckloser Handlungszusammenhang ist; *zweitens* den Aspekt des *aktiven ästhetischen Handelns*, das nicht im passiven Empfangen von Gefühlen, Empfindungen, Wahrnehmungen oder Eingebungen besteht, stattdessen Eingebungen, Wahrnehmungen, Empfindungen oder Gefühle allererst *selbst* erfindet, initiiert, herausfordert und dann auch noch abstrahierend *bearbeitet* und *deutet*, d.h. aus der Gebundenheit an bestimmte Individuen, die jene in bestimmten Lebenssituationen leibhaftig erleben, befreit; *drittens* den Aspekt einer *vorwärts gerichteten zeitlichen Dynamik*, die das klangbesondere Medium der sukzessiv fließenden Musik unverwechselbar ausmacht.

Fraglich erscheint dabei allerdings, wie jene ursprünglich zeitliche Klangausdehnung, die erst entsteht und dann vergeht, als ein wirklich Hervorgebrachtes und damit prinzipiell auch öffentlich Hörbares verständlich gemacht werden soll. In welcher Weise können hergebrachte musikalische *Zeit*produkte als etwas Wirkliches bestehen? Ganz offensichtlich stellt die Zeitlichkeit der Musik eine Form von Wirklichkeit dar, die nicht an ihr Bestehen geknüpft ist. Denn bestehen kann Musik nur dank ihrer Räumlichkeit. Und daher kann die *Zeit* der Musik nicht die eines dreidimensionalen *Objekts*, sondern nur die eines unausmessbaren *Subjekts* als der subjektiven Wirklichkeit hervorgebrachter Klangverläufe sein. Sofern nun aber auch der *Raum* der Musik an deren Zeit als ihr Erklingen wie auch Verklingen sich anschließt, muss das Bestehen des Klangraums als nicht-zeitlicher über das Entstehen und Vergehen des Klangs noch hinausgehen. Seine durch *Hervorbringen hervorgebrachte* Wirklichkeit geht *generell* natürlich auf das klangzeitliche Sich-Ausdehnen eines Subjekts zurück, das letztlich der Grund ist für die Dreidimensionalität des Hervorgebrachten, etwa in Gestalt einer Partitur. Als ein solcher *spezieller* Nicht-Zeit-Raum kann er scheinbar unabhängig, oder wenigsten nur außerhalb vom hervorbringenden

Ausdehnen des Subjekts bestehen, ohne dass er wie die Zeit des aktual Erklingenden kommen und gehen, entstehen und vergehen, müsste. In Wirklichkeit jedoch handelt es sich dabei nur um die letzte Hervorbringung des klanglich sich entfaltenden Subjekts im Sinne eines *Klang-Anderen* ebenso wie *Anderen als Klang seiner selbst.* Wenn demnach auch noch dieser dreidimensionale Musik*raum* als ein hervorgebrachtes Wirkliches durch das Hervorbringen eines Subjekts gelten muss, dann kann er nur etwas Hervorgebracht-*Anderes* sein als das, was ihm an Klangverwirklichung vorausgegangen ist.

Erst durch das Allgemeine des Begriffs der *Hervorbringung eines Hervorgebrachten durch dessen Hervorbringen* wird also die grundlegende Seinsweise der verschiedenen Stufen musikalischer Selbstverwirklichung eines Subjekts umfassend und angemessen bezeichnet. Wir haben dabei nur zu beachten: Zwischen der zweiten und dritten Stufe musikalischen Hervorbringens tritt offensichtlich eine strukturontologische Veränderung auf: Während die *zeiträumliche* Klanghervorbringung sowohl innerhalb als auch außerhalb des Subjekts stattfindet und daher dessen musikalische *Selbst*verwirklichung sein muss, befindet sich die *nur räumliche* Klanghervorbringung auch *nur außerhalb* des Subjekts und kann folglich nur dessen *Verschiedenheits*verwirklichung sein. Das musikalische Sich-Ausdehnen eines Subjekts ist demnach zu verstehen als ein Hervorbringen aus seinem Inneren heraus von der klangstrukturellen *Selbst*verwirklichung bis hin zu seiner klangstrukturellen *Verschiedenheits*verwirklichung. Wie aber lässt sich nun der Unterschied zwischen klangzeitlicher Selbstverwirklichung und Verschiedenheitsverwirklichung innerhalb ein und derselben, nahtlos von der zweiten zur dritten Stufe übergehenden, Klanghervorbringung begreifen? Anders gefragt: Wie kann aus klangzeitlicher Selbsthervorbringung heraus klangzeitliche Verschiedenheitshervorbringung erfolgen? Widerspricht dies nicht der Einheit und Ganzheit des Kontinuums der Klanghervorbringung?

Ein erster Hinweis auf die Lösung des Problems könnte darin bestehen, einen ontologischen Unterschied auch bereits zwischen erster und zweiter Stufe klangzeitlicher Selbstverwirklichung, zwischen *nur innen*weltlicher und *auch außen*weltlicher Klangausdehnung aufzudecken. Und dieses Unterschiedliche liegt selbstredend zwischen der *nur zeitlichen* und der *auch räumlichen* Klangstruktur. Denn letztere enthält doch mit dem räumlichen Moment auch bereits eine *Alteritäts-*

verwirklichung *neben* der *Selbst*verwirklichung. Und genau damit wäre der qualitative Unterschied zwischen klangzeitlicher *Selbst*verwirklichung auf den ersten beiden Stufen und klangzeitlicher *Verschiedenheits*verwirklichung auf der dritten Stufe gleichsam relativiert, wenn nicht sogar revidiert. Worauf es jetzt also ankommt, ist die Aufklärung des *gesamten* Vorgangs der musikalischen Selbstverwirklichung, aus dem heraus sich *alle* Klanghervorbringungsarten ergeben, auch die Alteritätshervorbringung. Daher muss nun insbesondere die Frage beantwortet werden, wie das Verhältnis der hierbei betroffenen Grundbegriffe Subjekt und Klangausdehnung genau zu fassen ist.

Zunächst sollten wir uns noch einmal vergegenwärtigen: Das Sich-Ausdehnen eines musikalisch tätigen Subjekts zu einer Klangstruktur stellt eine Form der musikalischen *Selbstverwirklichung* dar. In diesem Vorgang ist Subjekt der übergeordnete, Ausdehnung der untergeordnete Begriff. Denn Subjekt umfasst viel mehr Dimensionen als nur Ausdehnung. Dieses spezifische Verhältnis von Gattungsbegriff und Artbegriff geht nun offensichtlich dann verloren, wenn unter Klangausdehnung nichts anderes verstanden wird als eine Summe verschiedener, zusammengefügter Tonkonstellationen, mit denen jeweils ebenso verschiedene subjektive Befindlichkeiten, z.B. Vergnügen, Sehnsucht, Trauer und Wut, assoziierbar sind. In diesem Fall tritt die Gattung ‚Subjekt' als eine Menge beliebig verbundener Teile der Art ‚Klangausdehnung' auf, sodass Subjekt und Ausdehnung als Arten auf ein und derselben Begriffsebene auftreten. Stattdessen wäre es aber angemessen, musikalische Ausdehnung zu begreifen als lückenlose Hervorbringung eines raumzeitlichen Klangkontinuums durch ebenso lückenloses musikalisches Sich-Ausdehnen eines Subjekts, das sich im *Er*finden und *Auf*finden von *Er*klingendem und darauf notwendig folgenden *Ver*klingendem unaufhörlich selbst *verändert*. Dementsprechend müsste ein Analytiker der Musik stets berücksichtigen, dass die Zerschneidung des subjektiv hervorgebrachten objektiven Klangzusammenhangs in einzelne konkrete Tonkonstellationen und mit ihnen korrelierten Ausdruckselementen auf einer verfehlten Auffassung von der zeiträumlichen Ausdehnung dieses Klangkontinuums im Ganzen beruht. Weder in seiner klangzeitlichen Selbst-, noch in seiner klangzeitlichen Alteritätsverwirklichung lässt sich das Subjekt in voneinander getrennte Klang*teile* aufspalten, weil das tönend hervorbringende Subjekt und der hervorgebrachte Klangzusammenhang miteinander eine *Einheit* bilden. Ontologisch betrachtet kann die Gattung ‚Subjekt' also nicht ohne die Art ‚Ausdehnung' und die Art ‚Ausdehnung' nicht ohne die Gattung ‚Subjekt' auftreten. Genau gemeint ist damit eine Einheit von zwei *unterschiedenen* Gliedern, die aber nie *getrennt* existieren.

Eine musikalische Analyse muss also einen einheitlichen und ganzheitlichen, d.h. ungeteilten Klangzusammenhang immer schon zur Verfügung haben, wenn sie ihre Unterscheidungen am noch nicht Unterschiedenen vornehmen will. *So* gesehen hängt die Subjektivität des Analytikers auch von der musikalischen Ausdehnung ab, wodurch das einseitige Abhängigkeitsverhältnis der Ausdehnung vom sich ausdehnenden Subjekt geradezu umgekehrt wird. Als derart synthetische und subjektabhängige entzieht sich die Klangausdehnung der Analyse, die das Ausgedehnte notwendig teilen und zerschneiden muss. Das nicht analysierbare Subjektive in der einheitlichen Ausdehnung bleibt von dieser, aber auch noch von jeder weiteren Ausdehnung, zu der das Subjekt sich ausdehnt, *nicht*-unterschieden.

Analysierbare Unterscheidungen finden an einer Klangstruktur, die ein sich ausdehnendes Subjekt *nur innerhalb von sich* entwickelt, noch keinerlei Halt. Diesen können sie erst an einer Klangausdehnung gewinnen, die einen Raum besitzt und daher mindestens *auch* außerhalb, wenn auch nicht unbedingt *nur* außerhalb, des Subjekts stattfindet. Im Fall eines solchen „außerhalb" kann das Verhältnis von Subjekt und Klangstruktur entweder die Einheit eines analysiert *Unterschiedenen* oder die Einheit eines nicht-analysiert *Nicht-Unterschiedenen* sein. Wichtig ist dabei nur: Die Zusammengehörigkeit der Klang*momente* des Subjektiven und des Ausgedehnten bleibt auch nach der analysierten Teilung der musikalischen Ausdehnung in die zwei verschiedenen Klang*dimensionen* als deren Auf-einander-Bezogen-Sein noch erhalten. Daran zeigt sich einmal mehr die ursprüngliche und unlösbare Einheit von Mensch *und* Musik, wie sie unser Buchtitel bereits anzeigt, und nicht etwa ihre Zweiheit: „Ursprünglich" heißt diese Einheit, weil der *Mensch mit Musik* auftritt, wobei diese von ihm abhängig ist. Erst dann kann von dieser *vorrangigen* Einheit von Mensch und Musik eine weitere, *untergeordnete* Einheit abgeleitet werden im Sinne von *Musik mit Mensch*, wobei dieser von jener abhängig ist. Doch für beide Arten der Einheit gilt: So wie es Sinfonien nur geben kann, indem es die „Eroica" oder die „Unvollendete" usw. gibt, kann es auch die Einheit von Mensch und Musik nur geben entweder in der Gestalt als „Mensch *mit* Musik" oder als „Musik *mit* Mensch". Aber getrennt von diesen Arten und für sich selbst existiert weder die Gattung der Sinfonie, noch die Gattung der Einheit von Mensch und Musik.

Wenn wir die beiden Arten der Einheit von Mensch und Musik nun noch auf die verschiedenen Stufen des Vorgangs der musikalischen *Selbstverwirklichung* beziehen, dann lassen sich noch weitere Arten jener Einheit unterscheiden: „Mensch mit Musik" *nur innerhalb* von sich, *auch außerhalb* von sich, *nur außerhalb* von sich, während „Musik mit Mensch" *nur außerhalb* von sich existieren kann. Hier treten die beiden Arten „Mensch mit Musik" und „Musik mit Mensch" ihrerseits als Gattungen dreier anderer Arten, bzw. nur einer anderen Art, auf.

Aus all diesen Über- und Unterordnungsverhältnissen innerhalb der musikalischen Selbstverwirklichung des Menschen ergibt sich dann aber doch klar und folgerichtig: Ein musikalisch tätiges Subjekt *für sich* kann es so wenig geben wie eine musikalische Klangausdehnung *für sich*, weil beide immer schon eine Einheit bilden. Weder kann sich ein Subjekt musikalisch nur für sich verwirklichen, noch eine Klangausdehnung nur für sich. Stattdessen verwirklicht sich *es zu ihr*. Denn nur indem ein Subjekt sich klingend ausdehnt, existiert sowohl ein Subjekt als auch eine Klangausdehnung als unlösbare Einheit beider innerhalb des Vorgangs der musikalischen Selbstverwirklichung.

Wenn wir nun nicht nur die *formale* Struktur der musikalischen Selbstausdehnung eines Subjekts, sondern darüber hinaus auch noch die *Inhalte* dieses Zeitkontinuums betrachten, dann wird klar: Ein Ausfüllen des Formalen der musikalischen Zeit durch Inhaltliches wie Motiv, Melodie, Rhythmusschema, Crescendo etc. kann noch nicht als zerteilende Analyse solcher Einzelelemente erfolgen. Stattdessen muss das ursprünglich-schöpferische Ausgestalten des Zeitflusses zu einem konkreten Klangfluss diesen als lückenlosen Zusammenhang konstruieren. Weder im ersten Stadium der bloß zeitlichen, noch im zweiten der zeiträumlichen und auch nicht im dritten der nur räumlichen Klangausdehnung lässt sich die inhaltliche Ausfüllung der formalen Klangzeit durch eine Auftrennung ihres Kontinuums in selbstständige Einzelteile durchführen. Das Inhaltliche der musikalischen Zeit entzieht sich eben der formalen Sonderung in Subjektives und Ausgedehntes, wie wir sie oben als die verschiedenen Verhältnisse von Musik und Mensch vorgenommen haben.

Die musikalischen Inhalte als solche können jetzt allerdings noch weiter differenziert werden, je nachdem, ob sie *nur* in der Form von *Zeit* oder *auch* in der Form von Raum auftreten. Als nur zeitliche Inhalte treten mehr oder weniger bestimmte Gefühle und Empfindungen oder Stimmungen und Haltungen auf, die durch bestimmte Tonfolgen auslösbar sind: gehörte Begeisterung, Trauer, Sehnsucht etc. einerseits, gehörte Gewalt, Idylle, Zärtlichkeit etc. andererseits. Als derart qualitativ-abstrakte Inhalte von Ton- und Klangfolgen taugen weder musikverbundene Gefühle und Empfindungen, noch klingende Stimmungen und Haltungen zur bezeichnenden Unterscheidung objektiv selbstständiger Tonkonstellationen. Sie bleiben etwas Subjektives, treten als *tönend Dargestelltes* auf und wieder ab oder gehen nahtlos ineinander über. Erst dann, wenn die musikalischen Inhalte *auch* in Form von klingendem *Raum* auftreten, können sie durch Analyse als eigenständige voneinander unterschieden werden. Doch selbst dann bleibt das zeitlich-inhaltliche *Gefühls*bewusstsein noch die Grundlage des zeiträumlichen *Verstandes*bewusstseins: als ursprünglich-formales Zeitbewusstsein bildet das hörende *Anschauungs*bewusstsein (System A) die Voraussetzung für die Arbeit des hörenden *Begriffs*bewusstseins (System B). Konkret bedeutet dies: Ich muss eine Stelle in einem Musikstück bereits sinnlich-hörend wahrgenommen haben, bevor ich sie als gehörten Ausdruck *von* Leidenschaft begrifflich bestimmen kann. Dieses Begriffsbewusstsein wiederum ermöglicht dann zusätzlich noch ein hörend-unterscheidendes *Urteils*bewusstsein, das sich z.B. äußert in dem Urteil: ‚Genau diese Passage von Takt 20 bis 32 klingt leidenschaftlich-bewegt.'

Wenn also hörendes Begriffs- und Urteilsbewusstsein im Zusammenhang empirisch-dreidimensionaler Klangobjekte die letzte Stufe innerhalb des Gesamtvorgangs musikalischer Selbstverwirklichung darstellen, so ergibt sich im Anschluss daran unweigerlich die Frage, wie einem Subjekt aus der klangzeitlichen Verwirklichung *seiner selbst* heraus auch noch die klangzeitliche Verwirklichung eines *Anderen seiner selbst* gelingen kann. Und wie ist über das *Bewusstsein* von seiner tönenden *Selbst*verwirklichung hinaus das *Bewusstsein* von seiner klingenden *Alteritäts*verwirklichung möglich? Schließlich: Wie überhaupt verhalten sich musikalische Selbst*verwirklichung* und musikalisches Selbst*bewusstsein* zueinander?

3. Musikalisches Selbstbewusstsein

Die Zeit, die ist ein sonderbar Ding. [...]
Manchmal hör' ich sie fließen unaufhaltsam.

Hugo von Hofmannsthal/Richard Strauß

Beginnen wir mit der Frage nach Herkunft und Ziel des oben erläuterten dreistufigen Vorgangs musikalischer Selbstverwirklichung. Beides bezeichnet durchaus Verschiedenes: Der Anfang ist die innere Zeit des Subjekts selbst, das sich in ihr ausdehnt bis zum fertigen dreidimensionalen Klangobjekt in der Außenwelt, das sein Ziel ist. Diese *musikalische* Verwirklichung kann aber nur dann auch eine tatsächliche *Selbst*verwirklichung sein, wenn sie vom musikalisch tätigen Subjekt selbst *verursacht* wird. Das heißt, die musikalische Selbstverwirklichung muss ursächlich die klangzeitliche *Selbst*ausdehnung eines Subjekts sein, die eine von ihm verschiedene, dreidimensionale Klangausdehnung *bewirkt*. Das tönende Subjekt ist also die Ursache *nur* für seine Selbstausdehnung zum Klangobjekt als deren Wirkung und *nicht* etwa *auch* für sich selbst als dieses Subjekt.

Demnach gründet die Selbstverursachung der musikalischen Selbstverwirklichung im tönend-zeitlichen Sich-Ausdehnen eines freiheitlich-dynamisch agierenden, Tonfolgen entweder *er*findenden oder in sich, d.h. in seinem Gedächtnis, *auf*findenden Subjekts. Dessen kontinuierliches Sich-Ausdehnen zu mit sich zusammenhängenden und zusammenhaltenden Tönen in Gestalt von Tonreihen in der subjektiven Innenwelt bildet deshalb ein Selbstverhältnis, weil es mit nichts anderem als der ursprünglichen Zeitlichkeit (System Z) des *Subjekts selbst* zusammenhängt. Zu einem dreidimensional ausgedehntem Klang*objekt* in der Außenwelt hingegen kann das Ausdehnen erst aufgrund von etwas Äußerem und somit Anderem als das Ausdehnen selber gemacht werden.

Wenn also der Vorgang der ununterbrochenen Tonausdehnung immer nur als ein tönendes *Selbst*verhältnis zu verstehen ist, so liegt dies daran, dass sie als das *lebendig-freiheitliche Ausdehnen* durch das musikzeitliche *Sich*-Ausdehnen eines Subjekts begründet ist. Ein solches kontinuierlich-tönend sich mit sich ausdehnendes Subjekt kann dies weder passiv noch rein rezeptiv und erst recht nicht *unter*bewusst oder gar *un*bewusst tun. Im Gegenteil, gelingen kann ihm dies nur mit einem hohen *Bewusstsein von sich* als dem auf diese Weise *aktiv* und *produktiv*, *kreativ* und *konstruktiv*, *frei* und *autonom* sich ausdehnenden. Entsprechend kann es sich dabei auch nur um ein musikalisches *Selbst*bewusstsein von ihm handeln, das je nach der Art des tönenden Sich-Ausdehnens differenziert werden muss in die Arten musikalisches *Zeit-* und *Raum*bewusstsein der Gattung *Anschauungs*bewusstsein (System A) oder in die Arten musikalisches *Gestalt*bewusstsein und *Objekt*bewusstsein der Gattung *Begriffs*bewusstsein (System B). Das heißt, das musikalisch tätige Subjekt kann sich musikzeitlich nur ausdehnen, indem es zugleich auch noch *weiß*, erstens *dass* und zweitens, *wie* es sich ausdehnt. Es kann sich somit nicht bloß *tönend* ausdehnen, es muss sich tönend-*bewusst* ausdehnen. Im ersten Fall würde es bloß *nichtgewollt-unkontrollierte Geräusche* bewirken, im zweiten und hier zutreffenden Fall aber kann es eben *gewollt-kontrollierte Musik* hervorbringen.

Das hinzutretende Wissen des Subjekts um die verschiedenen Stufen und Arten seiner tönenden Ausdehnungen macht dessen musikalische Selbstverwirklichung zu einer *wissentlichen* Selbstverwirklichung. Das heißt, das Subjekt muss im gesamten Vorgang seiner selbstbewussten Selbstausdehnung dasselbe sein, um sich durch Ausdehnung in ein Klingend-Anderes *seiner selbst* verwandeln zu können. In jedem Augenblick seiner *immer wieder neu* tönenden Ausdehnung seiner *immer wieder neuen* Zeit des Tönens hat es ebenso ein *immer wieder neues* Zeit- und Ton-*Bewusstsein.*

Zu beachten ist hier: das musikalisch tätige Subjekt muss nicht nur als stets wieder neu und stets wieder anders tönendes *dasselbe* bleiben, also seine Identität bewahren, es muss auch noch als eines, das um sein stets Neu- und Anders-Tönen hörend *weiß*, dasselbe bleiben. Wir können hier erstens von einer *ontologisch*-musikalischen und zweitens von einer *erkenntnistheoretisch*-musikalischen Identität sprechen. Anders gesagt: Das Subjekt muss sowohl im musikalischen *Vollzug* des immer wieder Neuen und Anderen seiner tönenden Ausdehnung als auch im *Wissen* um eben diesen Vollzug dasselbe bleiben.

Letzteres, der bewusste Vollzug, ist insofern *Subjekt*-Bewusstsein und *Ton*-Bewusstsein *in einem*, als das Subjekt *sich* der Tongestalt *be*-wusst ist und die Tongestalt vom Subjekt hörend *ge*wusst ist. Als die von ihm als hörend *wissendem* hörend *gewusste* oder hörend *gedachte* ist die Tongestalt zugleich die *für* ihn *klingende*, weil *von* ihm *tönend* hervorgebrachte. Und daraus folgt dann ebenso: Sie ist nicht nur die von ihm und in ihm *hervorgebrachte*, sondern auch noch die von ihm in sich *gewusste* oder *gedachte*. Denn sie als hörend-*gewusste* oder hörend-*gedachte* ist ja schließlich von ihm als dem hörend-*wissenden* oder hörend-*denkenden* allererst tönend hervorgebracht worden. *Es*, das Subjekt, ist sich *ihr*, der Tongestalt, bewusst und nicht etwa umgekehrt *sie ihm*, weil nur *es* gerade *sie* sowohl *hervorgebracht* als auch *wissentlich*, also *bewusst*, hervorgebracht hat. Sie als hervorgebracht-*ge*dachte entspringt seiner Hervorbringung als *be*dachter, weil er ihr *selbst*bewusster oder *be*denkender Hervorbinger ist, und keineswegs anders herum.

Das musikalische Bewusstsein des tönend sich ausdehnenden Subjekts wird also erst dadurch zum musikalischen *Selbst*bewusstsein im vollen Sinne einer musikalischen Selbst*verwirklichung*, dass es als tönend-hörendes Hervorbringen auch noch ein Bewusstsein oder Wissen von *sich selbst* als dem auf diese Weise musikalisch sich verwirklichenden gewinnt. Und genau dieses musikalische Selbstbewusstsein ist nur denkbar als ein *einheitliches* und *ganzheitliches* Bewusstsein, *innerhalb* dessen das *selbst*bewusst-tönende *Subjekt* und dessen *bewusst*-tönende *Selbstausdehnung* nur verschiedene Momente desselben musikalischen Bewusstseins bilden.

Es gibt nun, liebe Leser*innen, ganz offensichtlich Musiken, die aufgrund ihrer besonders intensiven und äußerst verdichteten Klangstrukturen ein solches *selbst*bewusstes Hören bei uns nicht nur *fördern*, sondern von uns geradezu *fordern*. Bloch nennt Beispiele aus dem Bereich der von Beethoven mit Bedacht extrem langsam gestalteten Musiken: „Das Adagio der Hammerklaviersonate, das der Genesung im a-Moll-Quartett, das Adagio mit Variationen in der neunten Symphonie: es ist ein Aufhorchen des Subjekts an einem Ort, den weder die Triumph-Reprise des Themas noch gar irgendein bis jetzt gelingendes Finale erreichen."[34] *Aufhorchen* im Sinne eines musikphilosophischen *Staunens* über wunderartig Tönendes oder unergründlich Klingendes dürfte ein allererstes und sehr verlässliches Anzeichen für selbstbewusstes Musikhören sein.

Das musikalisch tätige Subjekt verwirklicht sich also selbst als ursprünglich-innere Zeit, und zwar zunächst dadurch, dass es Musik hörend-kreierend und hörend-konstruierend zu einer formal-sinnlichen Bewegung des Tönens formt. Und indem es sich dabei auch noch dieser seiner *ursprünglichen Zeit als zur Konstruktion werdender Kreativität und damit einhergehender formender Selbstveränderung* hörend *bewusst* wird, erlangt es zugleich ein ursprüngliches Selbst*bewusstsein* von sich als hörend kreierendem und konstruierendem *Subjekt*, aber eben keine Selbst*erkenntnis* von sich als hörbar kreativ-konstruiertem *Objekt*: Als innerlich hörend erlebtes Fließen ist die ursprüngliche Zeit des Subjekts ganz offensichtlich nichtdimensional und damit weder messbar, noch zählbar, berechenbar oder irgendwie *wissenschaftlich objektivierbar*.[35]

Derartig *selbst*bewusstes oder *wissendes* Hören kann dann auch nur auftreten im *einheitlichen Verbund* mit musikalischer Selbstverwirklichung als Selbstausdehnung von etwas Nichtausmessbarem, eben der ursprünglichen Zeit des Subjekts. Ist doch ein tönendes Sich-Ausdehnen, das einem Subjekt bewusstwird, ein solches, das nur *von* ihm und *in* ihm *selbst* vollzogen wird, so wie sich das Subjekt nur *in ihm* tönend verwirklicht. Wenn das so ist, dann fragt sich nun allerdings, wie es außer von sich selbst noch ein Bewusstsein oder Wissen von etwas anderem als sich haben kann, das dann als sein *Verschiedenheits*bewusstsein mit seinem *Selbst*bewusstsein widerspruchslos vereinbar sein müsste.

Hier sollten wir uns vergegenwärtigen, dass doch auch jede Art der Beziehung des musikalisch tätigen Subjekts zu einem ihm gegenüber Anderen eine Selbst*verwirklichung* als tönendes Sich-Ausdehnen

---

34 Ernst Bloch: *Prinzip Hoffnung*, Bd. 3, Frankfurt a.M. 1979, S. 1289.

35 Allerdings stellt auch die nur gefühlte dimensionslose Zeit eine Bewusstseinsleistung dar, aber natürlich keine messbare Zeitstrecke, vgl. dagegen Byung Chul Han: *Duft der Zeit. Ein philosophischer Essay zur Kunst des Verweilens*, Bielefeld 2015, S. 55: „Die Zeit*empfindung* (sensation de temps) ist kein Zeit*bewußtsein*. Ihr fehlt jede temporale Erstrecktheit, die eine Konstitutionsleistung des Bewußtseins wäre."

zu bestimmten Tongestalten ist. Dementsprechend kann es sich in der Ausbildung und Hervorbringung von klangzeitlichen Verschiedenheitsausdehnungen selber auch niemals verfehlen, weil es in der tönenden Selbstverwirklichung immer schon *bewusst bei sich* ist. Denn das wissentlich *sich* ausdehnende und dadurch aktiv *sich* selbst erst verwirklichende Subjekt bezieht sich in diesem Hervorbringen von Anderem als es unweigerlich immer auch schon auf sich.

Es wäre jedoch ein *nicht* verstandenes, mindestens aber *miss*verstandenes musikalisches Selbstbewusstsein, zu fordern, im Unterschied zur musikalischen Klangausdehnung als hörend-gedachter müsse das klangzeitlich sich ausdehnende Subjekt *sowohl* als hörend-denkendes *wie auch* als hörend-gedachtes auftreten. Dann würde jedoch unsinnigerweise zu dem ersten, hörend-wissenden oder hörend-denkenden, ein zweites, hörend-„gewusstes" oder hörend-gedachtes, Subjekt hinzutreten. Stattdessen kann es sich doch bei dem fälschlich angenommenen zweiten Subjekt vernünftigerweise nur um die Klangausdehnung *eines und desselben* tönend sich ausdehnenden Subjekts handeln. Indem dieses sich seiner klangzeitlichen Verwirklichung zu einem immer wieder neuen und anderen Augenblick des Tönens und mit diesem Tönen verbundenen Erstempfindens bewusst ist, *vereint* es in sich musikalische Selbst*verwirklichung* und musikalisches Selbst*bewusstsein*.

Der bloßen *Form* nach ist das ursprüngliche musikalische Selbstbewusstsein eines Subjekts dessen hörbares *Zeit*bewusstsein, dem *Inhalt* nach dessen hörbar erfundenes *Sich-Fühlen*, das immer schon ein Gefühls*bewusstsein* enthält. Das *formale* Hörbewusstsein weiß einen Bewegungszusammenhang von Tönen in der Zeit, das *inhaltliche* Hörbewusstsein verbindet mit dieser Tonfolge wissentlich ein bestimmtes Gefühl, z.B. ein Traurigkeitsbewusstsein oder ein Leidenschaftsbewusstsein. Und weder das formal-tönende, noch das inhaltliche, damit einhergehende, Selbstbewusstsein hat das Subjekt als ein selbstständiges *Objekt*. Vielmehr handelt es sich dabei inhaltlich um eingebildetes Befindlichkeits-, Gefühls- und Stimmungsbewusstsein jeweils mehr unbestimmter als bestimmter Art, das, je nach Verlauf und Entwicklung des formalen Tönens, *von einer* inhaltlichen Art *in eine andere* inhaltliche Art lückenlos *übergeht* und sich dementsprechend ständig *verändert*.

Alle weiteren Arten von musikalischem Selbst- und musikalischem Alteritäts-Bewusstsein müssen sich an die Art der hörbar *ursprünglichen Musikzeit*[36] des Subjekts anschließen und sich zu ein-, zwei- oder dreidimensionalen *Musikräumen* ausdehnen. Solches Sich-Ausdehnen eines musikalisch tätigen Subjekts bildet einen einheitlichen und ganzheitlichen, *ununterbrochenen Zusammenhang* des Tönens. Innerhalb von ihm sind dessen verschiedene Phasen und Arten als zeitliche von räumlichen und als räumliche von andersräumlichen zwar zu *unterscheiden*, aber keineswegs voneinander *abzutrennen*. Das einzig *Gemeinsame* zwischen musikalisch sich ausdehnendem *Subjekt* und dessen musikalischen *Ausdehnungen* besteht demnach im ursprünglichen musikalischen Selbstbewusstsein als dem hörbar ursprünglichen Zeitbewusstsein des Subjekts. Denn nur das musikalisch tätige Subjekt kann sich zu inneren und äußeren, zeitlichen und räumlichen Tongestalten, ausdehnen, derer es sich bewusst ist, so wie sie ihm bewusst sind, und nicht umgekehrt. Daher kann das Subjekt auch ein musikalisches *Alteritäts*bewusstsein letztlich nur *durch* sein musikalisches *Selbst*bewusstsein ausbilden. Nur indem es als hörend-bewusstes auch noch von *Anderem als sich* ein hörendes Bewusstsein hat, kann es sich in einem dreidimensionalen Klangobjekt als einem *anderen seiner selbst* verwirklichen.

36 Siehe dazu Ulrich Müller: *Die hörbare Form der Zeit. Eine subjektzentrierte Musikphilosophie*, in: Philosophisches Jahrbuch 2023/I, S. 61–80. – Einen Versuch, unsere musikphilosophische Subjektzentrierung zu überwinden, unternimmt Georg W. Bertram: *Was heißt es, Musik als eigenständige Artikulationsform des Denkens zu begreifen? Ein musikphilosophischer Versuch im Anschluss an Heidegger*, in: Allgemeine Zeitschrift für Philosophie, Heft 2–3 (2015), S. 231–251. Jedoch artikuliert Musik m.E. nicht „die für unseren Bezug zur Welt konstitutive affektive Grundschicht“ (ibid., S. 244), also Heideggers ‚Befindlichkeit‘ oder Damasios ‚ursprüngliche Gefühle‘, sondern vielmehr *die* abstrakt-komplexe Stimmung oder *das* abstrakt-komplexe Gefühl, welche ein komponierendes, spielendes oder „nur“ zuhörendes Subjekt aktiv er-deutend und bewusst dabei-empfindend mit einem bestimmten Klangzusammenhang *verbindet*.

4. Musikalisches Raumbewusstsein

Die Musik, Matrix der Künste, enthält in ihrem Wesen die beiden Kategorien, in denen sich das Leben des Universums vereint: Raum und Zeit.

Fausto Melotti

Wir erinnern uns an den Unterschied zwischen musikalischem Zeit- und Raumbewusstsein: Während es sich beim tönenden Zeitbewusstsein um ein ursprüngliches Musik-*Erleben* handelt, muss es sich beim klingenden Raumbewusstsein um ein perspektivisches Musik-*Er-Deuten* handeln. Denn jede Tonfolge, zu der ein Subjekt sich musikräumlich ausdehnt und von der es außerdem noch ein Bewusstsein hat, tritt auch schon außerhalb dieses musikalisch tätigen Subjekts auf. Für es als erlebendes Bewusstsein tritt sie aber immer nur als ursprünglich-nichtdimensionale Zeit des Tönens auf. Es kann sie zwar auch als *ein*dimensionale Klang*folge*, als *zwei*dimensionale Klang*fläche* oder als *drei*dimensionale Klang*gestalt sich innerlich hörend einbilden*, es bleibt mit dieser seiner musikalischen Einbildung jedoch stets noch innerhalb von sich als ursprünglich-zeitlichem Musik-Erleben. Eine verschiedene Hör*perspektive* im Sinn einer Deutung des Gehörten ist auf der Ebene unermesslich-zeitlichen Musik-Erlebens also noch gar nicht möglich. Erst ein empirisch verwirklichter Klangkörper kann überhaupt hörend verschiedenartig wahrgenommen werden. Dazu jedoch muss ihn sich das hörende Subjekt zunächst schon *ein*gebildet und als vorempirischen Ideen-*Entwurf* in der *Vor*stellung innerlich vor sich *hin*gestellt haben, bevor es ihn dann auch noch aus sich *heraustragen* und in ein objektiv-materiales und intersubjektiv zugängliches Klangobjekt der Außenwelt *hineintragen* kann.

Demnach ist eine musikalische Raumausdehnung, zu der ein Subjekt sich ausdehnt und von der es auch noch ein Bewusstsein hat, für es zu allererst etwas Bewusstes im Sinne eines in seinem inneren Erleben *Tönenden*. Jeder andere, außenweltliche, Musikraum wird ihm hingegen dadurch bewusst, dass er für ihn in bestimmter Art *klingt*. Diese Unterscheidung zwischen dem musikalisch Bewussten als dem Tönenden einerseits und dem Klingenden andererseits diente uns oben bereits dazu, den Animismus der Persona-Theorie zu vermeiden. Sie ist aber vor allem auch deshalb erforderlich, um dem *unter*gründig erlebbar

Tönenden als der unvermeidlichen Voraussetzung noch für alles *vorder*gründig beobachtbar Klingende Geltung zu verschaffen.

Wenn nun aber musikalisches *Zeit*bewusstsein immer auch musikalisches *Selbst*bewusstsein ist, ist dann dementsprechend musikalisches *Raum*bewusstsein *anderes* Bewusstsein als Selbstbewusstsein? Und wenn das so ist, wie lässt sich dieses andere Bewusstsein dann charakterisieren? Einleuchtend ist: Indem das Subjekt durch kreatives, erfinderisches Sich-Ausdehnen zu räumlich-dimensionierter musikalischer Zeit sich selbst klangzeitlich verwirklicht, kann sein Bewusstsein eben davon auch *musikalisches Selbstverwirklichungsbewusstsein* heißen. Doch dann kann das musikalische Raumbewusstsein nicht in gleichem Sinn ein Selbstbewusstsein heißen, weil es ja nicht nur ein Bewusstsein von der Verwirklichung des Selbst, sondern auch noch ein Bewusstsein von der Verwirklichung eines *musikalisch Anderen* als des Selbst ist. Und das musikalische Subjekt selbst besteht in ursprünglich erlebbarer musikalischer Zeit, aber nicht in beobachtbar musikalischem Raum. Denn dieser als ein Zusammen ist ja von jener als einem Nacheinander immer noch abhängig, sofern er als ein Nicht-Nacheinander aus jener allererst abgeleitet ist.

Wegen dieser seiner Abhängigkeit von der ursprünglichen Zeitlichkeit des musikalisch tätigen Subjekts kann der musikalische Raum zunächst auch gar nichts anderes sein als musikalischer *Zeit*-Raum. So tritt er zwar schon *außerhalb* des Subjekts auf, aber doch *nicht nur* außerhalb, sondern *auch noch* innerhalb von ihm. Erkenntnistheoretisch formuliert: Zu musikalischem Zeit-*Raum* als Anderem seiner selbst kann sich das Subjekt nur ausdehnen aufgrund seiner ursprünglichen musikalischen Zeit; genauso kann es nur aufgrund von musikalischem *Zeit*bewusstsein auch ein musikalisches *Zeit-Raum*-Bewusstsein von sich haben. Und weil sein musikalisches *Zeit*bewusstsein eben sein musikalisches *Selbst*bewusstsein ist, kann sein musikalisches Raumbewusstsein auch nur *aufgrund* seines musikalischen *Selbst*bewusstseins auch noch sein musikalisches Bewusstsein von Anderem als sich, eben musikalisches *Alteritäts*bewusstsein, sein.

Hier, liebe Leserin und lieber Leser, könnten sie sich mit Recht die Frage stellen, in welcher Bedeutung denn das Bewusstsein des Subjekts von seiner *Selbst*verwirklichung als musikalische *Zeit* zugleich auch Bewusstsein von seiner *Alteritäts*verwirklichung als musikalischem *Zeit-Raum* sein kann. Schließlich müssen dann ja nicht nur musikalisches Selbstverwirklichungsbewusstsein und musikalisches Alteritätsverwirklichungsbewusstsein, sondern genauso auch das Nacheinander-Tönen der musikalischen Zeit und das Zusammen-Tönen des musikalischen Raums wie auch das Selbstbewusstsein und das Alteritätsbewusstsein als solche allesamt miteinander jeweils *untrennbare Einheiten* bilden. Doch wie ist dies möglich, wie kann sich das Bewusstsein *tönend selbst* verwirklichen, indem es sich als *klangzeitlich Anderes* seiner selbst verwirklicht?

Die Antwort auf diese Frage dürfte in der einheitlichen Struktur unserer menschlichen Subjektivität aufzufinden sein. Zwar sind unsere Klangausdehnungen zu musikalischer Zeit (Rhythmen, Tempi, Dynamiken etc.) und zu musikalischem Raum (Intervallen, Akkorden, Formabschnitten etc.) sowie ihre jeweiligen Bewusstmachungen, *ontologisch* betrachtet, zwei *verschiedene* Klangdimensionen, die gleichwohl eine untrennbare Einheit miteinander bilden. *Erkenntnistheoretisch* betrachtet kann dies jedoch nicht bedeuten, dass es auch zwei verschiedene musikalische Subjekte wären, die sich zu musikalischer Zeit und zu musikalischem Raum kreativ ausdehnen und sich dies jeweils auch noch als verschiedene bewusst machen. Stattdessen muss es sich um *ein und dasselbe* Subjekt handeln, das zu musikalischen Zeiten und Räumen tönend sich ausdehnt und sich dieses Tönend-Sich-Ausdehnen auch noch bewusst macht. Das Subjekt selber bildet keine zwei Dimensionen, zum einen eine zeitliche und zum anderen eine räumliche, zu denen es sich dann jeweils auch gesondert, d.h. als verschiedene Subjekte, ausdehnen würde. Ein solcher Fall von Subjektspaltung ist noch nicht vorgekommen und kann auch gar nicht vorkommen. Denn im Unterschied zu welthaften Objekten von ein-, zwei- oder dreidimensionaler Ausdehnung ist das Subjekt selber von keiner dimensionalen Ausdehnung oder, wie Wittgenstein sagt: „Das Subjekt gehört nicht zur Welt, sondern es ist eine Grenze der Welt“[37]. Und so kann ein mit sich identisches musikalisches Subjekt zu seinen beiden verschiedenartigen Klangausdehnungen in der Welt auch nur ein jeweils *verschiedenes Verhältnis* einnehmen. Doch niemals wird es dabei zu zwei *numerisch*-verschiedenen Subjekten. Zu einem *qualitativ*-verschiedenen hingegen *muss* es dabei sogar werden, weil es sich ja

37 Ludwig Wittgenstein: *Tractatus logico-philosophicus. Logisch-philosophische Abhandlung*, Frankfurt a.M. 1979, 5.632, S. 90.

im Zuge seiner musikalischen Selbstverwirklichung zu einem *stets wieder Anderen und Neuen seiner selbst* ausdehnt: zunächst nur als ursprünglich-kreativ-nichtmessbar-zeitliches Tönen, dann als tönende *Ein*bildung eines dimensionierten Klingens in seiner *Innen*welt und schließlich, im Fall der – keineswegs immer gelingenden - kreativ-konstruktiven Verwirklichung des bis dahin nur *ein*gebildeten Klangobjekts, nun auch als objektive, grundsätzlich *intersubjektiv hörbare*, dreidimensionale Klang*aus*bildung in der *Außen*welt.

Richtet sich musikalische Subjektivität als Kreativität also *von* sich *auf* sich, auf Verwirklichung einer immer wieder neuen musikalischen Selbstgestaltung, so richtet sie sich eben damit als Konstruktivität auf die musikalische Verwirklichung von Anderem als sich, d.h. auf tönende Selbstverwirklichung in einem Klangobjekt außerhalb von sich. Dessen gewollte, beabsichtigte und bewusst gemachte Konstruktion kann gelingen oder misslingen, je nach den zufälligen empirischen Verwirklichungsumständen in der Welt.

Daraus folgt nun weiter: Innerhalb einer Konstruktivität werdenden Kreativität sind die Beziehungen des konstruierenden Subjekts zu sich *und* zu Anderem als sich die notwendige *Doppelstruktur* des *einheitlichen* und *ganzheitlichen* Konstruierens, bzw. Rekonstruierens. Weder das Selbst-, noch das Alteritätsverhältnis dürfen in dieser Einheit fehlen, wenn die musikalische Kreation zustande kommen soll, ganz gleich, ob als erst nur *vor*- oder *hin*gestellte in der subjektiven *Innen*welt oder als schon material *er*stellte, *verwirklichte,* in der empirischen *Außen*welt.

Dieses selbstbewusste musikalische Sich-Verwirklichen des Subjekts muss also einen *lückenlosen Zusammenhang*, ein Kontinuum, darstellen. In ihm lassen sich seine einzelnen Momente und Dimensionen nur als seine verschiedenen Aspekte unterscheiden, aber nicht als selbstständige und voneinander getrennte Teile. In diesem Sinne sind auch das Subjekt als bewusst tönendes und jede seiner ihm bewussten Klangausdehnungen unlösbar miteinander verbundene *Momente* und keine isolierbaren *Elemente* seiner ein- und ganzheitlichen musikalischen Selbstverwirklichung. Als erstes Moment hatten wir bereits das ursprünglich *formale Zeit*bewusstsein als das *Selbst*bewusstsein des musikalisch tätigen Subjekts rekonstruiert, das *inhaltlich* sein *Gefühls*bewusstsein ist. Und dieses Gefühlsbewusstsein ist auf allen weiteren Stufen seiner tönenden Selbstverwirklichung als Inhalt seiner unermesslichen Zeitlichkeit *immer noch präsent*. Es lässt sich nicht ausschalten, weil es die Grundlage aller weiteren, dimensionierten, Selbstausdehnungen darstellt. Alle musikalischen *Räume*, ihr *Zusammen*-Klingendes, so hatte sich ergeben, sind letztlich abgeleitet aus dem *Nacheinander*-Klingen der musikalischen Zeit als deren Negation im Sinne des *Nicht*-Nacheinander-Klingens.

Für die Richtigkeit unserer philosophischen Rekonstruktion der ursprünglich-menschlichen Zeitlichkeit von Musik und ihrer Inhalte können wir selbstredend keinen wissenschaftlichen Beweis, doch immerhin zusätzliche Plausibilität gewinnen durch das *empirische Korrelat* unseres ursprünglich-zeitlich-musikalischen Fühlens: unsere *biologisch-physikalisch-chemischen Gehirnfunktionen*. Das für Gefühle zuständige limbische System ist eines der ältesten Hirnareale und stets auch dann noch aktiv, wenn wir scheinbar gefühlsneutrale Tätigkeiten, wie Spazierengehen, oder Verstandesoperationen, wie Rechnen, ausüben, die zentral verankert sind im motorischen Zentrum, bzw. im präfrontalen Kortex. Auf der Grundlage unserer Evolutionsgeschichte ist daher Antonio Damasio sogar zu einer Theorie elementarer, in den Kernen unseres Hirnstammes erzeugter, Gefühle gekommen: „Ursprüngliche Gefühle gehen allen anderen Gefühlen voraus. Sie beziehen sich gezielt und ausschließlich auf den lebenden Körper, der mit seinem Hirnstamm verbunden ist.“[38] Soviel zumindest ist an dieser Theorie ganz offensichtlich richtig: Wir haben ein immer wieder anderes ursprüngliches *Selbstgefühl*, das als singuläres und nicht weiter bestimmbares die *Voraussetzung* darstellt für das Fühlen-Können *begrifflich bestimmter* und *auf Objekte bezogener* Gefühle wie Spaß an Fußball oder Ekel vor Spinnen. Während also unser Denken, Erkennen und Wahrnehmen von Objekten durchaus ausschaltbar ist, gilt dies für unser grundlegendes Sich-Fühlen oder Gestimmt-Sein, wie Heidegger sagt, nicht, weil es eben untrennbar mit unserem Menschsein und seiner unvorstellbar komplexen und hoch dynamischen Gehirnorganisation verknüpft ist.

38 Antonio Damasio: *Selbst ist der Mensch. Körper, Geist und die Entstehung des menschlichen Bewusstseins*, München 2011, S. 204. Zur Kritik an Damasios insgesamt konfuser Theorie aus Sicht einer neurophilosophisch haltbaren Gefühlsauffassung vgl. Ulrich Müller, *Friedensfreiheitliche Erkenntnis und Wissenschaft. Eine Kritik der neurophilosophischen Vernunft*, Würzburg 2021, S. 61–71.

Dass ein musikalisch tätiges Subjekt ein *primäres* Verhältnis nur zu musikalischen *Zeit*gestalten, ein *sekundäres* Verhältnis aber auch zu musikalischen *Raum*gestalten hat, bedeutet: Im sekundären Verhältnis steht es nicht mehr *nur* zu tönenden Zeitgestalten, sondern *auch noch* zu klingenden Raumgestalten, doch *nach wie vor auch noch* zu Zeitgestalten. Die Gestaltung der Zeit, sein „Zeitigen", gehört also essentiell zu seinem Sein als Mensch im Sinne von dessen innerer Bewegung, durch die er ein immer wieder neuer ist.[39] Und dies gilt auch für seine tönend-*räumliche* Ausdehnung, zu der er ebenso in ein immer wieder neues Verhältnis tritt. Anders gesagt: Nicht nur das Subjekt der musikalischen *Zeiten*, sondern auch noch das *Subjektive* der musikalischen *Räume* muss ein immer wieder neues sein. Denn tonräumlich ausdehnen kann sich das tönende Subjekt nur durch Erzeugung immer wieder neuer Ton-Zeit-Räume. Die subjektiv-tönende Zeit überwölbt gleichsam alle zeitlichen, zeiträumlichen und nur räumlichen Tonausdehnungen.

So haben wir es erkenntnistheoretisch zunächst mit der *bloß zeit*-musikalischen Gestaltung und im Unterschied dazu dann *auch* mit der zeit*räumlichen* Gestaltung von Musik zu tun. Jene ist die des bewusst hörenden Subjekts, diese die der bewusst gehörten Klangausdehnung. Bis hierher muss es also bei dem bloßen Selbstbewusstsein des musikalischen Subjekts bleiben, sofern für es noch nichts Anderes als eine immer wieder erneuerte Zeitgestaltung auftritt, ein unaufhörliches inneres Hören der *bloßen Bewegung des sich verändernden tonalen Strömens*. Allerdings haben wir im Fall des bewusst gehörten Raumes durchaus schon zu *unterscheiden* zwischen ihm als *tönenden* und ihm als *klingenden*, während im Fall der Zeit beides zusammenfällt. Auch als ein vom Subjekt zunächst nur *eingebildeter* ist der musikalische Raum nicht nur ein ursprünglich-zeitlich tönender *in* der subjektiven Innenwelt, sondern in der Vorstellung des ihn sich einbildenden Subjekts auch noch ein *außerhalb* von diesem auftretender *klingender*.

Als nicht mehr *ausschließlich* innerlich tönender, sondern als *ebenfalls* eingebildet äußerlich klingender ist der gehörte musikalische Raum auch kein Fall mehr von *bloßem Selbst*bewusstsein des hörenden

39 Vgl. Maurice Merleau-Ponty: *Phänomenologie der Wahrnehmung*, Berlin 1966, S. 480: „Wir müssen die Zeit als Subjekt, das Subjekt als Zeit begreifen. [...] Die Subjektivität ist nicht in der Zeit, da sie vielmehr die Zeit sich zueignet und sie erlebt, mit dem Zusammenhange eines Lebens in eins fällt."

Subjekts, sondern *auch* bereits ein Fall von dessen *Alteritäts*bewusstsein im Sinne seines bewussten Hörens von etwas anderem als ihm selbst. Dieses von ihm nur im Modus hörender Einbildung Vorgestellte Ein-, Zwei- oder Dreidimensionale musikalisch-räumlicher Ausdehnung bleibt *für es* jedoch immer noch ein *innerlich tönendes*, welches es sich auch nur als ein solches bewusst machen kann.

Zum *äußerlich-klingenden* für das Subjekt kann der musikalische Raum allererst als ein dreidimensionaler in der empirischen Außenwelt werden. Diesen musikphilosophischen Sonderfall sollten Sie, liebe Leserin und lieber Leser, sich klar vor Augen führen. Erscheint doch hier erstmalig das *Klangräumliche* einer objektiv-musikalischen Ausdehnung und nicht mehr, wie im Fall des bloß eingebildeten ein-, zwei- oder dreidimensional Ausgedehnten, einer antizipierend bloß *vor*gestellten Melodie*linie*, hörend eingebildeten Klang*fläche* oder eines erdachten Klang*raums*, das *Subjekt* oder *Subjektive* einer Klangausdehnung. Und jenes objektiv verwirklichte Dreidimensional-Klangliche kann nun auch perspektivisch eingeordnet und wissenschaftlich ausgewertet werden, z.B. als Sonate, Fuge oder Improvisation, bzw. als das Melancholische, Witzige oder Kraftstrotzende.

Daraus ist weiterhin ersichtlich: Der empirisch-dreidimensionale Klangraum ist als ein *Nicht*-Zeit-Raum tatsächlich einer, den das vollständig zu ihm sich ausgedehnte Subjekt *nur außerhalb* von sich *besitzen* kann, ohne noch direkt über ihn *verfügen* zu können. Denn ohne weiteres verfügbar und somit gestaltbar und veränderbar sind ihm alle *Zeit*-Klang-Räume *innerhalb* von sich, die es ja *auch außerhalb* von sich besitzen kann. Der letzte Klangraum, zu dem es sich kreativ verwirklichen kann, ist jedoch ein für es nicht mehr verfügbarer, den es sich gleichwohl als einen spezifisch klingenden perspektivisch *bewusst machen* kann.

Daher ist es nur folgerichtig, dass die *individuelle Klangzeit* seiner tönenden Selbstausdehnung für das Subjekt erst nach deren vollständiger Nur-Raum-Klang-Verwirklichung bewusst hörbar ist. Und sein bewusstes Hören dieses Klingend-Dreidimensionalen ist dann das bewusste Hören von etwas *Anderem* seiner selbst, dessen *Spezifisch-Individuelles* ihm nicht mehr verfügbar ist. Als *Unverfügbares, Autonomes* kann dieses Klingend-Individuelle nur, jedoch immerhin noch, Schritt für Schritt *er*-deutend *frei*gelegt oder *unter*suchend *ent*hüllt werden. Solches bewusste *Erschließen* von Klang*objekten* kann sich sowohl auf deren tönende *Affektivität* als auch auf deren klingende *Konstruktivität* richten. Die unverfügbare Autonomie des Gehörten ist davon nicht betroffen. Gänzlich verschwinden könnte sie nur, wenn keinerlei Speicherung des Klangobjekts in einer Partitur, auf einem Tonträger oder im musikalischen Gedächtnis mehr existierte. Jene individuelle Klang-Eigenständigkeit anzuerkennen bedeutet gleichwohl nicht, einen *absoluten Klang-Realismus* zu vertreten. Wir vertreten vielmehr einen *bloß relativen* Klang-Realismus, sofern ja die musikalische Autonomie eines Klanggebildes immer nur die Autonomie *für ein* hörendes Subjekt sein kann.

Das Klingend-Andere seiner selbst *besitzt* das Subjekt zwar indirekt noch insofern, als es von ihm durch klangzeitliche Selbstausdehnung und dem Hörbewusstsein davon allererst *hervorgebracht* worden ist. Als dreidimensional-räumliches Gebilde ist das Klangobjekt dann aber nicht mehr nur Inhalt seines *Selbst*bewusstseins, sondern auch noch Inhalt seines *Alteritäts*bewusstseins. Dieses seines verwirklichten Anderen kann sich das Bewusstsein des hörenden Subjekts jedoch nie sicher sein: Das *Spezifische* des wirklichen und nicht erst nur eingebildeten oder innerlich vorgestellten Anderen seiner selbst bleibt ihm insofern unverfügbar, als es nie weiß, ob ihm die begriffliche Bestimmung von dessen Spezifischem oder gar Individuellem *ge*lingt oder *miss*lingt. Denn die wirklich-zufällige Erfahrung klingender Außenwelt-Objekte ergibt sich immer nur als etwas Gehörtes für ein Hören. Und dem einzelnen Gehörten ist erst im Zusammenhang und Vergleich mit anderem Gehörten anzumerken, ob es als gehörtes gelungen ist und beibehalten werden kann oder ob es misslungen ist und verworfen werden muss.

Was sich mit Hilfe unserer angeborenen Gestaltgesetze als empirische Klanggestalt *ergeben* hat, ist also nur durch ein *behauptendes musikalisches Urteil* als gelungen oder misslungen *bewertbar*. Dieses Urteil befindet darüber, ob die *beabsichtigte* Klang-Kreation oder etwas *nicht beabsichtigtes Anderes* zur wirklichen Klang-Konstruktion geworden ist. Im ersten Fall konnte die in der Innenwelt des hörenden Subjekts wirksame Klang-Gestalt erfolgreich verwirklicht werden, im zweiten Fall blieb diese Verwirklichung aus und es kam zu einer anderen, nicht geplanten oder nicht gewollten Verwirklichung. Beide Arten der *außen*weltlichen Wirklichkeit von Klangobjekten, die geplante wie die ungeplante, bilden ein *Klingend-Anderes* zur *innen*weltlichen

Wirklichkeit subjektiven Tönens. Mit der Subjektivität des inneren Tönens müssen gleichwohl beide Arten des Klingend-Anderen, die gewollte wie die ungewollte, *untrennbar zusammenhängen*, weil sie beide das kreativ *Konstruierte* eines kreativen *Konstruierens* eben jenes musikalisch tätigen Subjekts bilden. Und als solche sind sie die letzten Stationen eines *ein*heitlichen und *ganz*heitlichen Prozesses tönender Selbstausdehnung und klingender Selbstverwirklichung, wie sie nur in Form von dreidimensionalen Klanggebilden auftreten können.

Daraus ist nun auch zu ersehen: Sowohl der *ge*lungene als auch der *miss*lungene musikalische Verwirklichungsfall ist an die *Form* eines dreidimensionalen Klangraums gebunden. Bei dem Vorgang der musikalischen Ausdehnung des Subjekts zu einem Klangobjekt handelt es sich also insofern nur um das Verhältnis des *Formalen* einer Klanggestalt und des *Formalen* des Subjekts zueinander, als es das bewusst-*hörende* und sie das bewusst-*gehörte* sind, die als solche auch nur ein *formales* Verhältnis miteinander bilden. Wenn dies tatsächlich so, wie wir es dargelegt haben, zutrifft, dann können sich der gelungene und der misslungene Klangverwirklichungsfall auch nur noch durch etwas *Inhaltliches* voneinander unterscheiden, das folglich jeweils *innerhalb* desselben formalen Verhältnisses beider auftreten muss. Und ganz offensichtlich muss ja mit jedem Formalen der zeiträumlichen Klangausdehnung eines Subjekts notwendig auch irgendein Inhaltliches verbunden sein, das nicht gleichermaßen autonom-kreativ hervorzubringen ist wie das Formale des erzeugten Klangkontinuums. So ist das Inhaltliche bedingt durch empirisch-kontingente Faktoren wie die komplexe Körperlichkeit und damit zusammenhängend auditive Wahrnehmungsverschiedenheit von Subjekten, die darüber hinaus durch sozio-kulturelle Einflüsse geprägt ist. Daher stellt sich nun die Frage: Woran genau entscheidet sich, ob der musikalische Inhalt tatsächlich als das vom Subjekt gewollte Andere seiner selbst in einem dreidimensionalen Klangobjekt konstruierend verwirklicht oder verfehlt wird?

Zunächst sollten wir uns daran erinnern: Solange das Subjekt mit seiner musikalischen Selbstausdehnung noch innerhalb von sich, also im Bereich des inneren Zeitsetzens, bestimmten Sich-*Vor*stellens und Vor-sich-*Hin*stellens, bleibt, ist es noch keine vollständige Kreation im Sinne einer Konstruktion, die über sich *hinaus*- und aus sich *heraus*gehend etwas *Anderes* als sich verwirklicht. Dies gelingt dem Subjekt vielmehr erst durch den nicht mehr nur subjektiv *ein*-, sondern nunmehr auch objektiv *aus*gebildeten dreidimensionalen Klangraum, in dessen Form ein *verwirklichter Inhalt* auftritt und auch nur auftreten kann. Doch *wie* genau und *wann* genau kommt dieser Klang*inhalt* in die Klang*form*? Er kann ganz offensichtlich nur aus dem tönenden Sich-Einbilden eines *Zeit*-Raum-Klangs heraus zu einem *Nur-Raum*-Klang in der empirischen Außenwelt *aus*- und *um*gebildet werden. In ihr steht sein unterscheidend-beobachtbares Klingen im *Vorder*grund vor dem *Hinter*grund seines noch immer *mit*- und *durch*hörbaren subjektiven Tönens. Dies beschreibt den Fall der *ge*lungenen musikalischen Selbstverwirklichung in einer *stimmigen* Klanggestalt.

Im Unterschied zu ihm handelt es sich beim Fall der *miss*lungenen klangzeitlichen Selbstverwirklichung um das Hören einer *eingebildeten* Tonkonstellation, die nicht in einem dreidimensionalen Klangobjekt der Außenwelt *verwirklicht* wird. Der klangzeitliche Inhalt des Gehörten tritt also nur in der inneren Vorstellungswelt des hörenden Subjekts als ein dreidimensionaler Klangraum auf. Dieser kann sich nun der empirisch-musikalischen Verwirklichung entziehen, weil er entweder auf einem Hör*fehler*, einer *irrtümlichen* Klangeinbildung, oder auf einer Hör*illusion*, einer *bloß geträumten* oder *fantasierten* Tonkonstellation, beruht. Jedenfalls bildet das *innerlich* gehörte Klanggebilde auch in diesen beiden Fällen *einen immer wieder neuen und anderen* Klang-*Zeit*-Raum, was für das verwirklichte Klangobjekt in der empirischen *Außen*welt so nicht gilt. Stellt dieses doch eine musikalische Ausdehnung *nur außerhalb* der Zeit des hörenden Subjekts und somit einen *Nicht*-*Zeit*-Raum dar. Als solcher tritt er als empirisch-zufällige dreidimensionale Klanggestalt mit ebenso empirisch-zufälligen zweidimensionalen Klangeigenschaften in Erscheinung. Dieses *zufällige Andere* zu der ursprünglich-subjektiven musikalischen Zeit besitzt die gehörte Klanggestalt allerdings auch bereits als nur *eingebildeter* Klang*raum* innerhalb des hörenden Subjekts. Schon im Modus der bloß innerlichen Vorstellung hat das Gehörte als dreidimensionales bereits eine zeiträumlich-*klingende* ‚Oberfläche' *vor* seinem zeiträumlich-*tönenden* ‚Hintergrund'. Und erst dann, wenn das, *als* was es *subjektiv*-klingend eingebildet ist, auch *objektiv*-klingend verwirklicht ist, handelt es sich um ein empirisch-dreidimensionales Klangobjekt mit zufällig-bestimmten zweidimensionalen Eigenschaften seines Inhalts, also um ein klingend *Wirklich-Anderes* des tönend sich ausdehnenden Subjekts. *Was* also am außenweltlich existierenden dreidimensionalen Musikstück als dessen zweidimensionale Eigenschaften bewusst gehört wird, sind z.B. die Klanggehalte, ein Lied zu sein und traurig zu sein, die eine bewusste Hörerin eben ‚als Lied' und ‚als traurig' *verstehend konstruiert*.

Aber auch dann, wenn es dem hervorbringenden Subjekt nicht gelingt, das hörend *eingebildete* Andere seiner selbst in ein *wirkliches* Andere seiner selbst umzuformen, hat das bewusst Gehörte für die bewusste Hörerin immer schon die Inhalte ‚Lied' und ‚traurig'. Diese können für sie nur dadurch ein *Hörfehler* oder eine *akustische Täuschung* sein, dass weder das ‚Lied-Sein' noch das ‚Traurig-Sein' eine wirkliche Eigenschaft eines wirklichen Klangobjekts ist. Aber die Einbildung eines gegenständlich-dreidimensionalen Musikstücks muss sowohl seiner erfolg*reichen* als auch seiner erfolg*losen* Klangverwirklichung immer schon vorhergehen. Was demnach als *Formales* in beiden Fällen bereits zugrunde liegen muss, kann dann offensichtlich nur der *immer wieder andere und immer wieder neue Klang-Zeit-Raum* sein, den das musikalische Subjekt sukzessiv hervorbringt, indem es sich selbst stetig erneuert. Und dieses immer wieder neue Klanglich-Andere seiner selbst als das Bewusst-Gehörte für eine Bewusst-Hörende bildet nun auch genau die Grundlage für ihre Konstruktion eines wirklichen Klangobjekts aus sich selbst heraus.

Zusammenfassend gesagt: Jedem *empirisch*-wirklichen Musikstück in der Außenwelt, das als Gehörtes für unser Hören begrifflich bestimmbar ist, muss ein *noch-nicht-* oder *vor-empirisch*-wirkliches Klangobjekt in der psychischen Innenwelt zugrunde liegen, dessen Erklärung Sache der Philosophie ist. Dieses *eingebildet* dreidimensionale und innerlich nur *vorgestellte* Klangobjekt bezeichnet die notwendige Form für jeden faktisch-zufälligen Inhalt, der *aus* ihr als dem entworfenen Zeit-Raum-Klang der Innenwelt *heraus* in den Nur-Raum-Klang der Außenwelt *hinein*treten mag. Ob das kreativ konstruierende Subjekt ein solches *nur-räumliches* Musikstück *außerhalb* von sich tatsächlich verwirklichen kann oder ob es bei dem eingebildet-vor- und hingestellten, erst nur entworfenen, *zeit-räumlichen* Klangobjekt *in* ihm bleibt, darüber entscheidet ein ganzer Zusammenhang faktisch-zufälliger Faktoren, z.B. persönliche, materiale, technische und politisch-soziale.

Also nur aus der ursprünglich-subjektiven musikalischen Zeit heraus lässt sich zunächst der *ursprünglich-subjektive* musikalische Raum und aus diesem dann auch noch der *abgeleitet-objektive* musikalische Raum gewinnen. Der Gesamtzusammenhang dieser Herleitung muss dann als das lückenlose Kontinuum des zur Klanggestalt sich ausdehnenden musikalischen Subjekts begriffen werden. Dieses ist das bewusst-hörende und jene die bewusst-gehörte. Es wäre psychologisch, neurologisch und gestalttheoretisch zu untersuchen, inwieweit das Subjekt jeweils nicht nur als *Hörerin*, die Klänge *wahrnimmt*, sondern auch noch als *Interpretin*, die das Gehörte und Hörbare *deutet*, in dieses musikalische Verwirklichungsgeschehen notwendig eingebunden ist. Die Gestaltpsychologie gehört ja ohnehin schon längst mit zur philosophisch-musikalischen Bewusstseinstheorie, sofern sie gerade am Phänomen der Melodie nachgewiesen hat, dass wir erst mit Hilfe angeborener Gestaltprinzipien wie Ähnlichkeit, Nähe oder Geschlossenheit Klänge als *spezifische Qualitäten* und Melodien als *ganzheitliche Strukturen* hören.[40] Von dem zu empirischen Klanggestalten sich ausdehnenden musikalischen Subjekt her gesehen handelt es sich hier jedenfalls um den Vorgang musikalischer *Selbst*verwirklichung als *Konstruieren* eines *Klanggestaltlich-Anderen seiner selbst.* Wird dieses angestrebte Andere dann auch tatsächlich-zufällig verwirklicht, führt die klanggestaltliche *Selbst*verwirklichung auch noch zur klanggestaltlichen *Alteritäts*verwirklichung. Ist das Subjekt sich dieses seines klangzeitlichen Selbstverwirklichungsgeschehens darüber hinaus bewusst, so tritt es dann als musikalisches *Selbst*bewusstsein auf, das im Fall der erfolgreichen Verwirklichung des angestrebten Klanggestaltlich-Anderen seiner selbst unweigerlich zum musikalischen *Alteritäts*bewusstsein wird.

Wichtig dabei, liebe Leserin und lieber Leser, ist allerdings Folgendes: Weder bewusstseinstheoretisch, noch ontologisch liegt hier, wie Sie vielleicht denken könnten, ein Widerspruch zwischen dem „Selbst“ und dem „Anderen“, zwischen *Selbst*verwirklichung und

---

40 Eine *radikal*-konstruktivistische Fortführung der Gestalttheorien geht sogar davon aus, „dass Musik außerhalb von menschlichen Köpfen, d.h. von kognitiven Systemen, überhaupt nicht existiert, sondern in diesen jeweils neu erzeugt wird“, was wir für eine subjektivistisch-idealistisch-systemische Fehldeutung halten, vgl. etwa Michael A. Stadler, Michael Kobs, Helmut Reuter: *Musik – Hören, Verstehen und Spielen. Kognitive Selbstorganisation und Einfühlung*, S. 9, https://psycharchives.org/en/item/a27ee749-739c-4a9e-8a08-b93c9f299b3e (Zugriff am 22.05.2023).

*Alteritäts*verwirklichung einerseits und *Selbst*bewusstsein und *Alteritäts*bewusstsein andererseits, vor. Denn beides ist ja in ein und demselben, einheitlichen und ganzheitlichen, Geschehen, sei es *Verwirklichungs*geschehen oder sei es *Bewusstseins*geschehen, enthalten, wobei wohlgemerkt der Übergang von dem jeweils einen und ersten zu dem jeweils anderen und zweiten ein vollkommen lückenloser ist. Außerdem und noch viel wichtiger: Klangzeitliche Selbstverwirklichung bildet die *grundlegende Voraussetzung* für klangräumliche Alteritätsverwirklichung, aber nicht etwa umgekehrt auch klangräumliche Alteritätsverwirklichung die Voraussetzung für klangzeitliche Selbstverwirklichung. Wenn also jene tatsächlich empirisch-wirklich auftritt, dann bildet sie mit dieser eine unlösbare Einheit und Ganzheit. Entsprechend kann Alteritätsbewusstsein auch nur dann entstehen, wenn Selbstbewusstsein bereits vor- und ihm sogar zugrunde liegt. Erst das Bewusstsein einer musikalischen Gegenständlichkeit im Sinne eines Werks oder einer Improvisation macht aus dem reinen musikalischen *Selbst*bewusstsein, das auf einer *nur zeitlichen* Subjektausdehnung beruht, ein musikalisches *Alteritäts*bewusstsein, das auf einer *nicht mehr nur* zeitlichen, *sondern auch* räumlichen Ausdehnung beruht. Demnach *verträgt sich* das im Geschehenszusammenhang durchaus *von*einander zu Unterscheidende gleichwohl problemlos *mit*einander. Und dies gilt, ohne dass wir zu irgendeiner Form von Hegelscher *Dialektik* greifen müssten.

Demnach bedeutet musikalische *Vergegenständlichung* noch keine musikalische *Verwirklichung*, sondern nur ein musikalisches Alteritätsbewusstsein, das allein im Fall der außenweltlichen Verwirklichung des innerlich vor- und hingestellten Klangobjekts zum Alteritäts*verwirklichungs*bewusstsein wird. Und nur eine solche *Alteritäts*verwirklichung und das entsprechende Bewusstsein davon können *fehlerhaft* sein, *unfehlbar* hingegen sind die musikalische *Selbst*verwirklichung und das entsprechende Bewusstsein davon. Das *Nur-Räumlich-*Gegenständlich-*Andere* also ist das Fehlbare und das *Auch-Zeitlich-*Gegenständlich-*Selbst*hafte das Unfehlbare.

So erfolgt die angestrebte Verwirklichung eines Klangobjekts nicht mehr innerhalb der nichtmessbaren Klang-Zeit des Subjekts und auch nicht mehr in dessen eingebildet-dreidimensionalem *Zeit-Raum*-Klang, sondern in dem empirisch-dreidimensionalen *Nur-Raum*-Klang. Aus subjektiver Zeit heraus lässt sie sich zwar noch konstruierend *planen* und *vorgeben*, aber eben nicht mehr *absichern*. Die beabsichtigte objektive Musikverwirklichung ist nur noch möglich, aber keineswegs mehr notwendig oder gar garantiert, weil sie unter den *faktisch-zufälligen Bedingungen* hörbarer Klangobjekte in der Außenwelt erfolgt.

5. Das musikalische Sachurteil

Keine Interpretation kann einholen,
was am Kunstwerk in seiner Konkretion zu erfahren ist.

Albrecht Wellmer

Wenn unsere bisherigen Überlegungen zutreffen, dann kann die innenweltlich-zeit-räumliche Vorstellung eines musikalischen Objekts und dessen Klangeigenschaften nicht wahr oder falsch sein: Ich kann mich in meinem ursprünglich-klingenden *Zeitgefühl* und seinem immer mitklingenden *Gefühlsgehalt* nicht täuschen, weil sie weder auf einer akustischen Halluzination, noch auf einem Hörfehler beruhen können. Als innerlich gehörte *habe* ich sie nicht nur einfach, sondern ich bin mir dieser meiner psychischen Vorkommnisse auch vollkommen *sicher*. Ansonsten hätte ich ja überhaupt kein *Bewusstsein* von ihnen. Infolgedessen kann ich innerlich Gehörtes auch in keiner Weise empirisch überprüfen und entsprechend als etwas Wahres bestätigen oder als etwas Falsches verwerfen. Und dies gilt genauso für Gegenständlich-Gehörtes, Klangobjekte also, solange sie nur in meiner Psyche auftreten.

Ein Fall von Wahrheit oder Falschheit hingegen kann sich nur im Zusammenhang eines *Urteils* über ein in der Außenwelt *verwirklichtes* Klangobjekt ergeben. Ist also ein derartiges empirisches Urteil wie ‚Dies ist ein Walzer' ein Hörfehler oder eine akustische Halluzination, dann ist eben dieser Walzer als *bestimmt-vergegenständlicht vor- bzw. hingestellter* und darüber hinaus auch noch *als empirische Klanggestalt verwirklichter*, tatsächlich *kein wirklicher* Walzer. Und genauso bedeutet das Urteil ‚Dies ist eine Triole' nur, dass ein musikalisches Phänomen rhythmisch-bestimmt vergegenständlicht und außerdem noch als wirklich vorgestellt wird, nicht hingegen schon, dass es etwas Wirkliches, d.h. tatsächlich eine Triole, *ist*. Mit anderen Worten: Die in einem einzelnen Urteil oder in einer Behauptung als wirklich *vor- und hin*gestellte Gegenstandsbestimmung bezeichnet nur den Versuch, sie auch wirklich *her*zustellen, eben als Triole zu *verwirklichen*. Ob der Versuch jedoch gelingt und entsprechend aus der zunächst nur *vor-* und *hingestellt-behaupteten* auch eine *hergestellt-verwirklichte* Gegenstandsbestimmung wird, kann niemals garantiert werden. Aber selbst dann, wenn das Urteil auf einer Hörtäuschung, einem Fehler oder einer akustischen Halluzination beruht und die *gehörte* Triole demnach keine *wirkliche*, sondern nur eine *gegenständliche* ist, so ist dabei doch das *Hören* etwas Wirkliches, aber wiederum nichts Gegenständliches.

All dem, liebe Leser*innen, können Sie nun hoffentlich auch entnehmen, dass *Wahrheit* und *Falschheit* entgegen vieler andersartigen Auskünfte weder etwas benennbar Gegenständliches, noch irgendwelche vorzeigbaren Eigenschaften von Urteilen bezeichnen. Stattdessen sind sie letztlich nur die *Wirklichkeit* oder *Nicht-Wirklichkeit* derjenigen Gegenstände, die in *Urteilen* nur als wirklich vorgestellt oder behauptet werden. Lassen sich diese *Vor*stellungen auch in *Her*stellungen umwandeln oder die jeweils *auf*gestellten Behauptungen noch *er*stellen, d.h. verwirklichen, dann und nur dann können solche Urteile als verifiziert oder eben wahr gelten. Als Konstruktionen des konstruierenden Subjekts sind sie also genau dann wahr, wenn sie sich auf die erfolgreiche Konstruktion eines *empirisch-außenweltlichen* Klangobjekts als Musikalisch-Anderen des Subjekts beziehen. Die klingende Wirklichkeit der musikalischen Außenwelt kann demnach keine sein, die als gehörte dem Hören von Hörer*innen bereits *vollständig* und *fertig* vorgegeben ist, wie ein naiver Realismus es sich denkt. Vielmehr *ver*vollständigt und *er*gibt sie sich immer erst unter den empirisch-zufälligen Umständen des außenweltlichen Hörens hörfähiger Subjekte; oder sie bleibt eben aus, ergibt sich nicht und wird nicht verwirklicht. Das heißt, der *naive* Realismus verwandelt sich hier in einen empirisch-praktisch *begründeten*: Die klingende Wirklichkeit musikalischer Objekte muss durch Versuch und Irrtum konstruierender und rekonstruierender Hörsubjekte allererst sowie nach und nach in verschiedenen Einzelurteilen bewährt werden. Das heißt, es handelt sich hierbei um einen eingeschränkten, d.h. immer nur *relativen*, Klang-

Realismus, sofern die musikalische Klang-Wirklichkeit nur eine *für* komponierende oder spielende oder nur hörende, jedenfalls in irgendeiner Weise musikalisch handelnde, Subjekte sein kann. Dementsprechend können die (Re)Konstruktionen der (re)konstruierenden Subjekte die empirische Wirklichkeit des Musikalischen auch nie *vollständig hervorbringen*, im Sinne von *gänzlich erzeugen*. Denn dann hätten wir es ja mit *keinerlei Realismus* mehr zu tun, sondern nur noch mit *absolutem Konstruktivismus*, was aber höchst unplausibel, wenn nicht sogar unsinnig wäre. Denn, ontologisch gesehen, haben *wir* die Welt ja schließlich nicht geboren, sondern *sie* hat *uns* geboren. Auch ohne uns existierte sie gewiss weiter, so wie sie bereits vor unserem Hiersein existiert hat, nur eben nicht *als* solche, wie sie *für uns* existiert. Nicht das *Dass-* und *Überhaupt*-Sein der Welt, sondern nur ihr *Wie*-Sein hängt von uns, von unserer Sinnlichkeit oder Anschauung (kognitives System A) und unseren Verstandeskräften oder Begriffen (kognitives System B), ab.

Noch einmal: Wir bestreiten nicht die Existenz einer Welt jenseits unserer Erkenntnismöglichkeiten; wir betonen nur, dass unser Wissen über die Welt aus dem *Verhältnis* heraus entsteht, das die Struktur unserer Subjektivität *mit* der Welt als solcher bildet. Und genau diese Auffassung entspricht der kantischen Position eines *gemäßigten Konstruktivismus.*[41] Gemäßigt ist er, weil er nicht die Welt *als solche* konstruiert, sondern nur *die Art, wie wir sie ansehen*. Für das weltliche Dasein von Klangobjekten bedeutet dies alles nun, dass sie eine uns nicht vollständig zugängliche Klang*autonomie* besitzen, die sie solange nicht verlieren, wie sie uns überhaupt irgendwie, medial oder kognitiv, verfügbar sind. Jedoch können wir uns ihre musikalische Autonomie erkennend, ganz gleich, ob nur hörend oder nur analysierend oder sowohl hörend als auch analysierend, immer nur partiell und niemals vollständig erschließen. Denn eben Letzteres erforderte ein zeit-, raum- und begriffsloses Hören bzw. Analysieren im klingenden Nirgendwo. Aber ein solches, quasi-göttliches, Ohr bzw. Auge steht unse-

41 Siehe dazu Héctor Ferreiro: *Fact-Constructivism and the Science-Wars. Is the Pre-Existence of the World a Valid Objection Against Idealism?* In: Jesper Lundsfryd Rasmussen und Christoph Asmuth (Hrsg.): *Philosophisches Anfangen. Reflexionen des Anfangs als Charakteristikum des neuzeitlichen und modernen Denkens*, Würzburg 2023, S. 337.

rer welteingebundenen Spezies nun einmal nicht zur Verfügung. Immer hören wir (von) irgendwo, niemals (von) nirgendwo.

Wir können uns musikalische Produkte immer nur erschließen durch einzelne Wahrnehmungsurteile im Prozess des physiologischen *Hörens* und darauf aufbauenden psychologischen *Zuhörens*[42] von akustisch klingender oder des ersten *Sehens* und daran anknüpfenden näheren *An-* und *Durch*sehens von notenschriftlich aufgezeichneter Musik. So beziehen sich derartige Urteile wie ‚Dies ist eine Einleitung', ‚Dies ist zart' oder ‚Dies ist mehrstimmig' mittels ihres deiktischen Indikators ‚dies' jeweils nicht auf eine *Eigenschaft* des beurteilten Klangobjekts, z.B. des ersten Teils des ersten Satzes der *Sonate für Violoncello und Klavier* Opus 19 von Sergej Rachmaninoff, sondern *nur* auf das Klangobjekt, den Anfangsteil der Sonate. Erst wenn wir den jeweiligen Prädikator der Urteile, ‚Einleitung', bzw. ‚zart' oder ‚mehrstimmig', ersetzen durch ‚Einleitungsform', ‚Zartheit' oder ‚Mehrstimmigkeit', sprechen die Urteile nicht mehr nur von den Klangobjekten, sondern auch noch von ihren Eigenschaften. Allerdings erfordert diese Umwandlung *prädizierender* in *thematisierende* Urteile[43] (durch ‚... hat Einleitungsfunktion', ‚... hat Zartheit' und ‚... hat Mehrstimmigkeit' werden die Eigenschaften des Klangobjekts *thematisiert*, während sie durch ‚... ist Einleitung', ‚... ist zart' und ‚... ist mehrstimmig' *prädiziert* werden) zugleich die Ersetzung der jeweiligen Kopula ‚ist' durch das Verb ‚hat': ‚Dies hat Einleitungsfunktion', ‚Dies hat Zartheit' oder ‚Dies hat Mehrstimmigkeit'.

Demnach kann eine musikalische Eigenschaft jeweils immer nur entweder prädiziert oder thematisiert werden, aber nicht beides zugleich. So ist das Urteil ‚Dies ist zart' Ausdruck eines ursprünglichen Hörens von etwas in empirischer Musik, etwa dem Anfang von Rachmaninoffs Cello-Sonate, als dem ursprünglich Gehörten. Als solches prädiziert es eine Eigenschaft des Klangobjekts, ohne sie zu thematisieren, während ‚Dies hat Zartheit' dieselbe Eigenschaft thematisiert, ohne sie zu prädizieren. Im ersten Fall ist das Nichtthematisiert-, sondern Prädiziert-Gehörte für das nichtthematisierende, weil prädi-

42 Zu dieser Unterscheidung siehe Roland Barthes: *Der entgegenkommende und der stumpfe Sinn. Kritische Essays III*, Frankfurt a.M. 1990, S. 149f.

43 Vgl. die ausführliche Herleitung des Unterschieds dieser Urteilsarten bei Gerold Prauss, *Die Welt und wir. Band II: Subjekt und Objekt der Praxis*, Stuttgart/Weimar 1999, S. 437–489.

zierende, Hören *die Eigenschaft der Zartheit*, im zweiten Fall hingegen ist das Nichtprädiziert-, sondern Thematisiert-Gehörte für das nichtprädizierende, weil thematisierende, Hören *das Klangobjekt*. Demnach muss auch die *nichtthematisiert mit*gehörte Eigenschaft der Zartheit zumindest noch eine *prädiziert* gehörte sein. Mit anderen Worten: Das Hörurteil ‚Dies ist zart' umfasst als *Ganzes* nicht nur *thematisierendes Hören* eines *thematisierten Klangobjekts*, sondern als solches auch noch *nichtthematisierendes Mit-Hören* der *nichtthematisierten Eigenschaft* des Klangobjekts. Als *Thematisiert*-Gehörtes muss also auch das *Ganze* des *Klangobjekts* noch das *Nichtthematisiert*-Mitgehörte seiner *Eigenschaft* umfassen.

Ganz offensichtlich liebe Leser*innen, dient nun derjenige Bestandteil des Hör- oder Sehurteils, der eine *Eigenschaft* am Klangobjekt prädiziert, der *Prädikator*, dazu, ein *inhaltliches* Moment in das Urteil einzubringen, während der Indikator, der ein *Klangobjekt* bezeichnet, entsprechend dazu dient, ein nur *formales* Moment in das Urteil einzubringen. Aufgrund des zuvor Ausgeführten gilt dann: Der Indikator ‚Dies' im Hörurteil ‚Dies ist zart' bezeichnet thematisierendes Hören des thematisiert gehörten Klangobjekts, des Anfangs der Cello-Sonate, und dementsprechend auch nichtthematisierendes Hören der nichtthematisiert gehörten Eigenschaft dieses Sonatenanfangs, der Zartheit.

Dann ist nun aber auch klar: Die *Analyse* eines Hörurteils als Form der Wahrnehmung eines außenweltlichen Klangobjekts setzt ein *ursprüngliches* Hörurteil voraus, das wahr oder falsch sein kann. Im *Wahrheits*fall *gibt es* die als zart beurteilte Einleitung der Cello-Sonate *wirklich* so, wie sie beurteilt wird, im *Falschheits*fall gibt es sie *nicht*, jedenfalls nicht als zarte, so, wie sie beurteilt wird. Demnach hängt die Wirklichkeit oder Nicht-Wirklichkeit des zarten Klangobjekts von der Wahrheit oder Falschheit des Urteils über es ab. Das heißt, ein derartiges Hörurteil *verwirklicht* das Klangobjekt allererst als zartes, und zwar unter den tatsächlich-zufällig-außenweltlichen Bedingungen seines hörbaren Klingens: Das beurteilte Musikstück liegt der Beurteilung somit nicht als bereits fertiges vor, vielmehr *resultiert* es aus der Konstruktion des Urteils.

Wenn nun also der Prädikator eines Hör- oder auch Analyse-Urteils die prädizierte Eigenschaft des gehörten oder analysierten Musikstücks konstruierend verwirklicht und das Urteil daher wahr ist oder nicht verwirklicht und das Urteil falsch ist, welche Rolle spielt dann überhaupt noch der Indikator innerhalb eines solchen Urteils? Die Beantwortung dieser Frage, liebe Leser*innen, liegt nahe, wenn wir uns daran erinnern, welche Bestandteile ein Urteil nach Kant besitzen muss, damit es eine Erkenntnis unter Erfahrungsbedingungen ermöglicht. Ihm zufolge müssen sich *Anschauungs*bewusstsein und *Begriffs*bewusstsein, also das, was wir unsere kognitiven Systeme A und B nennen, *zur Einheit des Urteils ergänzen,* um ein Objekt der Außenwelt inhaltlich zu erkennen. (Bloßes Anschauungsbewusstsein gilt Kant als „blind", bloßes Begriffsbewusstsein wiederum als „leer".) Dann ist aber auch klar, dass Begriffsbewusstsein im Urteil die Funktion des Prädikators ist, der eine Objekteigenschaft begrifflich bestimmt. Damit jedoch eine solche Begriffsbestimmung als Objekterkenntnis überhaupt möglich ist, muss zuvor ein Objekt allererst anschaulich, d.h. als ein zeit-räumlich ausgedehntes, *vorliegen.* Und genau diese Funktion der *Vorstellung eines bloß formalen, zeiträumlich geformten, Objekts* erfüllt im Urteilszusammenhang der Indikator. Er nimmt Bezug auf das rein Formale einer Objektwahrnehmung, z.B. des Hörens von Rachmaninoffs Cellosonaten-Einleitung. Das zeitliche Nacheinander von Melodietönen und das räumliche Zusammen von Akkordtönen bilden hier das *Formale* des Gehörten als eines Eingebildet-Dreidimensionalen, das durch den Indikator „Dies ..." im Urteil bewusst thematisiert wird. Das *Inhaltliche* hingegen, das in einem solchen Hörurteil durch „... Einleitungsteil", „... zart" oder „... mehrstimmig" behauptet wird, sind die Eigenschaften des Gehört-Dreidimensionalen, die durch einen Prädikator an ihm erkannt werden. Bildlich gesprochen kann der Prädikator seine Bedeutungen erzeugende Arbeit erst und nur dann aufnehmen, wenn der Indikator ihm dafür bereits ein bestimmbares Hör- oder Analyse-Material zur Verfügung gestellt hat. Allerdings wäre es verfehlt, das *Verhältnis von Indikator und Prädikator* als *zeitliches Nacheinander* aufzufassen; angemessen beschreibbar ist es dagegen als *semantisch-syntaktisches Zugleich* im Sinne eines *ganzheitlichen Urteils.* Bildlich ausgedrückt: Es herrscht eine ideale Arbeitsteilung zwischen Indikator als dem musikalischen Bewusstsein des Gehört-Formalen und Prädikator als dem musikalischen Bewusstsein des Gehört-Inhaltlichen.

Innerhalb dieser hergeleiteten musikalischen Urteilseinheit kann nun also das musikalische Subjekt das von ihm eingebildete dreidimensionale *Klangobjekt* einerseits *bewusst thematisieren*, etwa indem es von diesem entweder hörend- oder analysierend-prädizierend behauptet, einleitend, zart oder mehrstimmig zu *sein*. In diesem Fall thematisiert es *nicht* dessen *Eigenschaften*. Andererseits kann es auch die *Eigenschaften* des Klangobjekts bewusst thematisieren, indem es von ihm behauptet, Einleitungsfunktion, Zartheit oder Mehrstimmigkeit zu *haben*. In diesem Fall thematisiert es nicht das *Klangobjekt*. Während sich der Indikator nur auf die formal-dreidimensionale Beschaffenheit *des ganzen* Klangobjekts bezieht, bezeichnet der Prädikator nur einzelne inhaltliche Eigenschaften *am* Klangobjekt. Dabei bildet der Indikator, der das Formale der klangsinnlichen Ausdehnung eines musikalischen Subjekts indiziert, die *logische Voraussetzung* für dessen begriffliche Bestimmung durch den Prädikator, der somit dem Indikator *logisch nachgeordnet* sein muss. Gelingt es dem im musikalischen Sachurteil sich ausdehnenden Subjekt, das im Urteil Behauptete am empirischen Klangobjekt zu verwirklichen, so ist seine kreativ-konstruktive musikalische Selbstverwirklichung mit dem als wahr erwiesenen Urteil in diesem Einzelfall abgeschlossen.

Selbst noch kein empirisches Urteil, gleichwohl ihm immer schon zugrundeliegend, ist das *Verhältnis von Anschauungsbewusstsein (System A) und Begriffsbewusstsein (System B)*. Für Anschauungsbewusstsein im Sinne von musikalischem Hörbewusstsein haben wir oben unterschieden zwischen der *tönenden* Ausdehnung eines musikalischen Subjekts, die in dessen Innenwelt stattfindet, und seiner *klingenden* Ausdehnung, die in dessen Außenwelt auftritt. Nur in letzterer kann die Klangausdehnung vom Subjekt bewusst als *Ausgedehntes* gehört werden und nicht mehr nur wie in jener als *Subjektives* der Ausdehnung, z.B. inhaltlich als Gefühl, Stimmung, Wunsch oder Trieb. Und erst als solchermaßen nicht mehr nur zeitlich, sondern auch räumlich ausgedehnte kann diese Klangausdehnung dann auch noch in einem analytischen oder hörenden Urteil begrifflich bestimmt werden. Dabei wird das urteilende Subjekt *ein immer wieder neues der Zeit*, das also nicht *in* der Zeit sich befindet, sondern vielmehr selber *als* Zeit auftritt, indem es sich eben aktiv „zeitigt“, eigene subjektive Zeit erzeugt, ganz gleich, ob als komponierendes, spielendes, analysierendes oder bloß hörendes. Denn nur dadurch, dass ein musikalisches Subjekt sich als Hörbewusstsein zunächst auf das Formale des Gehörten richtet und erst dann auch verschiedene Inhalte in ihm begrifflich bestimmt, kann es schließlich noch zu einem Urteil werden, durch das die Einheit von Indiziert-Formalem und Prädiziert-Inhaltlichem als musikalisch-wirklicher Sachverhalt aufgebaut und vorgestellt wird. Ein solches behauptend-vorstellendes Urteil muss allerdings erst noch empirisch bewährt oder widerlegt werden, damit es auch das Urteil über einen wirklich bestehenden musikalischen Sachverhalt und daher wahr sein kann.

6. Zur Beziehung von Musik, Sprache und Gehirn

Das einfache Selbst am unteren Ende des Geistes
ähnelt stark der Musik, aber noch nicht der Dichtung.

Antonio Damasio

Liebe Leserin und lieber Leser, viele Neurowissenschaftler unserer Tage sind sich der großen Bedeutung bewusst, die Musik erwiesenermaßen für die Entwicklung von Menschen hat: Bereits das bloße Hören, aber viel mehr noch das eigene Erzeugen oder Ausüben von Musik wirkt sich intelligenzfördernd, gefühlsregulierend, willensstärkend, seelenstabilisierend und beim gemeinschaftlichen Musizieren auch achtsamkeitserzeugend aus. Entsprechend vielfältig sind ihre neuronalen Grundlagen. Die rhythmische Dimension ist vor allem im motorischen Cortex des Frontallappens vertreten, das Melodische in den Sprachzentren, der Gefühlsausdruck im limbischen System, ausgelöste Erinnerungen, Gedanken und Erwartungen im präfrontalen Cortex und der Klang natürlich im Hörzentrum. Kurz: „Musik betrifft unser gesamtes Gehirn.“[44]

All dies zu wissen sollte uns nun allerdings nicht zu dem verfehlten Schluss verleiten, dass Musik auch *ausschließlich von* unseren Gehirnen „gemacht und verstanden“[45] wird – gemäß dem neurozen-

44 Manfred Spitzer: *Das musikalische Gehirn. Wie Musik auf uns wirkt*, München 2022, S. 11.

45 Ibid.

tristischen und letztlich unhaltbaren Grundsatz „Wir sind unsere Gehirne“[46]. Diese unzulässige Identifizierung des *ganzen* Menschen mit einem organischen *Teil* von ihm, auch wenn dieser Organ-Teil tatsächlich das Dynamischste und Komplexeste ist, das wir im Universum kennen, wurde zunächst auf sprachkritischer Grundlage als *mereologischer Fehlschluss*, der Verwechslung von Teil und Ganzem, kritisiert.[47] Im Grunde und in Wirklichkeit handelt es sich dabei jedoch um einen *psychologistischen Fehlschluss*, der darin besteht, dem Gehirn psychologische Eigenschaften zuzuschreiben, die nur ein Mensch besitzen kann: ‚Das Gehirn denkt‘ oder eben ‚Das Gehirn musiziert‘ etc.[48]

Das Unsinnige einer solchen Psychologisierung des Gehirns können Sie sich bereits anhand der einfachen Überlegung klarmachen, dass ein denkendes Gehirn ja seinerseits wiederum ein Gehirn benötigte, auf dessen Grundlage und mit dessen Hilfe es überhaupt nur denken könnte. Denn autonom denkende Gehirne im Bottich gibt es bisher nur als philosophisches Gedankenexperiment, von handlungsfähigen ganz zu schweigen. Darüber hinaus wäre ein musizierendes Gehirn doch zumindest auch noch auf Musik ausübende Körperteile wie Hand oder Mund angewiesen. Daher kann eine widerspruchsfreie und allein schlüssige Darstellung des Verhältnisses von Gehirn und Geist doch nur lauten: „*Gehirnfunktionen sind notwendige, aber nicht hinreichende Bedingungen der Möglichkeit von Erkenntnis*“[49] und selbstredend genauso auch von Denken, Handeln, Wahrnehmen und Fühlen. Alles, *was* uns betrifft, ist im Gehirn irgendwie und irgendwo vertreten, nur eben nicht als solches, *wie* es uns als Erlebnis betrifft.

Nach dieser grundsätzlichen Einleitung werden Sie bereits verstehen: Eine Musikphilosophie, die *nur im Gehirn* statt in dessen Träger, *dem Subjekt*, verankert ist, muss scheitern. Denn sonst würde die Musik wie ihre einzelnen Dimensionen als etwas Empirisches unter anderem Empirischen behandelt: Sie erschöpfte sich in ihrer notenschriftlichen Fixierung, in ihren physikalisch messbaren Klangeigenschaften

---

46 Für viele steht hier Dick Swaab: *Wir sind unser Gehirn. Wie wir denken, leiden und lieben*, München 2013.

47 Maxwell R. Bennett, Peter M.S. Hacker: *Die philosophischen Grundlagen der Neurowissenschaften*, Darmstadt 2010, S. 87–110.

48 Philipp Bode: *Gehirnsein*, Würzburg 2017, S. 152f.

49 Ulrich Müller: *Friedensfreiheitliche Erkenntnis und Wissenschaft. Eine Kritik der neurophilosophischen Vernunft*, Würzburg 2021, S. 195.

sowie in den magnetresonanztomografischen Abbildungen ihrer neuronalen Korrelate. Auch ihre möglichen Bedeutungen und Wirkungen wären dann ausschließlich empirisch, eben wie Naturbestandteile, zu verstehen.

Nun ist es jedem von uns klar, dass eine Melodiegestalt oder ein Rhythmus-Pattern bestimmte musikalische Konventionen wie Zusammenhang oder Wiederholbarkeit erfüllen müssen, um als solche gehört werden zu können. Doch niemand käme auf die Idee, die Bedeutung und die Wirkung der Melodie oder des Rhythmus' allein auf diese materiale Konventionalität zurückzuführen, weil eben auch zusammenhängend und konventionell Klingendes keineswegs immer eine Bedeutung oder eine Wirkung haben. *Jedenfalls lässt sich diese musikalische Bedeutung oder Wirkung niemals sicher feststellen, sondern jeweils nur als Bedeutung oder Wirkung einer erfundenen anderen Subjektivität und deren Konstruktivität hörend-ausprobierend unterstellen.* Und nur auf Grund dieser von uns immer schon unterstellten musikalischen Subjektivität können wir anhand der Gestalt von Empirisch-Klingendem dann auch tatsächlich hören oder hörend analysieren, ob sie in bestimmter Weise bedeutungs-, ausdrucks- oder wirkungsvoll ist oder auch nicht ist.

Der Fehler einer nur-neuronalen und rein-empirischen Herleitung wie Thematisierung von Musik liegt also darin, das musikalische Hören in Hirnfunktionen aufgehen zu lassen, sodass nur das Naturhafte, bestenfalls noch das daraus abgeleitete Kulturhafte, an Musik in den Blick gerät und ihr Wesentliches, die nichtempirische Subjektivität, die aus akustischen Schwingungsverhältnissen und mit ihnen einhergehenden physikalischen wie elektro-chemischen Hirnfunktionen allererst Musik und Musikerlebnisse *macht*, übersehen wird. Auf diese Weise geht ihre Eigentümlichkeit verloren: Sie wird auf ihr Natural-kulturell-Materiales reduziert, während sie doch offensichtlich eine untrennbare Einheit von Biologisch-Physikalischem und Psychisch-Subjektivem darstellt. Als Luftschwingungen, die vom Trommelfell an die Gehörnerven und durch sie als Impulse ins Gehirn weitergeleitet werden, kann Musik noch keine sprachähnliche oder wirkende Form sein. Denn dazu muss ihr naturhaftes Material allererst Bedeutung oder Wirkung *werden*. Aus musikwissenschaftlicher Sicht liegt hier die Gefahr nahe, die Einheit von akustischem Material und Symbol- oder

Wirkungsform als voneinander zu trennende und somit bloß empirische Bestandteile misszuverstehen.[50]

Wir können diesen Fehler vermeiden, indem wir Begriffe wie ‚Klang-Bedeutung', ‚Klang-Symbol' oder ‚Klang-Wirkung' zunächst für sich und unabhängig von den möglichen Klang-Materialien, mit denen sie eine Einheit bilden, thematisieren. Durch solche sprachphilosophische Reflexion dann wird schnell klar, dass physikalisches Klangmaterial an und für sich ohne jede musikalische Bedeutung und Wirkung ist. So verkörpert das Aneinander-Schlagen zweier Metallstäbe nur dann eine musikalische Bedeutung oder Wirkung, wenn es von einem musikalischen Subjekt bewusst und gezielt als eine solche aufgebaut wird. Dabei muss es nicht unbedingt das komponierende oder mit Klängen spielende Subjekt sein, das aus dem Hören des physikalischen *Materials*, das mit bestimmten Gehirnfunktionen einhergeht, *Musik* macht, die dann wiederum mit mindestens veränderten Gehirnfunktionen einhergeht; es kann auch das bloß hörende Subjekt sein, das aus einem vorgefundenen Klangmaterial heraus durch umdeutendes Hören ein musikalisches Klangobjekt einbildend *sich erschafft*.

Die Einheit von Klang-Material und Klang-Bedeutung, bzw. Klang-Wirkung lässt sich angemessen begreifen nur aus menschlicher Subjektivität heraus. So ist die Vorstellung, ein an sich nicht-materialer und nicht-musikalischer Ausdruck, z.B. Sehnsucht, hülle sich in eine materiale und musikalische Klanggestalt, um hörbar zu werden, bei weitem verfehlt. Abgesehen davon, dass ein Ausdruck als solcher gar nichts tun kann, ist doch schließlich nicht *er* es, der sich tönend ausdehnt, sondern allein das *musizierende Subjekt*, das sich selber im tönenden Medium ausdrückt und damit ausdehnt: zunächst in innerlich unermesslicher, nur zeitlich-tönender, dann in innerlich dreidimensionaler, zeiträumlich-tönender *Ein*bildung, schließlich in außenweltlich dreidimensionaler, nur räumlicher, *Aus*bildung im Sinne von empirisch-klingender Verwirklichung.

So ist es im Grund genommen auch verfehlt, zu meinen, die Melodie oder der Rhythmus drücke ein Gefühl aus. Das können sie nicht. Stattdessen drückt ausschließlich ein Subjekt sich *aus* seinem inneren

---

50 Analog trennt der Sprachphilosoph Frege auf problematische Weise die sinnlich wahrnehmbare Lautfolge eines Satzes (das Empirische) ab von dessen Bedeutung, bzw. Sinn (dem Nicht-Empirischen), zur Kritik siehe Gerold Prauss: *Die Welt und wir. Band I.1: Sprache-Subjekt-Zeit*, Stuttgart 1990, S. 56–62.

Tönen *heraus in* eine äußere musikalische Klanggestalt *hinein* aus, sodass dieses objektive Äußere seinerseits wieder ein subjektives Inneres ist. Die solchermaßen entäußerte und damit verwirklichte Melodie oder der Rhythmus drückt also selber nichts aus, sondern sie oder er *besitzt nur Ausdruck* oder *ist ausdrucksvoll*, weil und insofern ein hörendes Subjekt sich klangzeitlich ausdrückend in ihr oder ihm verwirklichen kann.

Nun wäre es allerdings ein Missverständnis, liebe Leser*innen, zu denken, eine Komponistin, ein Musiker oder eine Musikhörerin müssten selber voller Sehnsucht sein, sich z.B. nach einer geliebten Person oder nach der verlorenen Heimat sehnen, um eine Melodie als sehnsuchtsvoll erleben zu können. Nein, sie müssen sich beim Hören einer sehnsuchtsvollen Melodie nicht einmal vorstellen, dass irgendeine erfundene andere Person Sehnsucht empfindet. Was es ihnen vielmehr allein ermöglicht, mit einer Melodie diesen bestimmten Ausdruck des Sehnsuchtsvollen zu verbinden, ist der sprachähnliche Charakter von Musik, ihre teils bedeutungshaltige, teils wirkkräftige Beschaffenheit. Diese beiden Qualitäten dürfen Sie sich, liebe Leser*innen, nun aber nicht zu konkret vorstellen, also nicht so, dass Sie etwa den dramaturgischen Höhepunkt in Takt 231 des 1. Satzes von Beethovens ‚Appassionata' als Vertonung der entscheidenden Wende zum Sieg der Verbündeten gegen Napoleon in der Völkerschlacht bei Leipzig missverstehen. Angemessen hingegen würden Sie die Stelle z.B. als sehr abstrakten Ausdruck eines ‚Bewegungshöhepunkts überhaupt' oder ganz generell als ‚Gipfelpunkt eines größeren Spannungsaufbaus' interpretieren. An derart musikangepassten Beschreibungen bemerken Sie dann auch sogleich: Formgestalt und Symbolgehalt, bzw. Wirkung, bilden eine unlösbare Einheit. Dies ist in begrifflicher Sprache zwar prinzipiell genauso, nur haben wir uns da missverständlich angewöhnt, Signifikant und Signifikat, Bezeichnendes und Bezeichnetes, materielle Zeichenform und geistige Zeichenbedeutung voneinander abzutrennen, als ob nicht beides nur als ganz- und einheitliches Erzeugnis eines denkend sich ausdehnenden Subjekts zu verstehen wäre.

Analog zum Ausgeführten sollten Sie z.B. die Anfangsmelodie der 4. Sinfonie von Brahms (das berühmte „Seufzer"-Motiv) nicht als musikalische Darstellung von Julias Schmachten nach Romeo, der unter ihrem Balkon steht, deuten, sondern vielmehr wiederum als sehr allgemeinen Ausdruck von so etwas wie Wehmut oder Sehnsucht überhaupt, vielleicht auch ganz allgemein nur von innerer Bewegtheit. Das gleichmäßig wechselnde Auf und Ab, Spannende und Entspannende, der jeweils aus Viertel und Halben bestehenden Zweiton-Motive, die stets durch eine Viertelpause voneinander abgesetzt sind, beschreibt die empirische Klanggestalt jenes nichtempirischen Gefühlsausdrucks. Welche Assoziationen diese bestimmten Klangfolgen über ein abstrakt-komplexes Gefühl hinaus noch in Ihnen auslösen mögen, dies hängt sowohl von Ihren musikalischen Vorerfahrungen ab – als ausschließliche Jazz- oder Country-Hörerin verbinden Sie mit der Stelle möglicherweise gar keine Empfindungen – als auch von Ihrer momentanen Hörsituation und psychischen Verfassung. Ist Ihre Amygdala inmitten des limbischen Systems, das für die Verarbeitung von Gefühlen zuständig ist, gerade besonders aktiv, so sind Sie für die Ausdrucksqualität der Stelle vermutlich besonders empfänglich. Dies gilt außerdem vor allem dann, wenn Sie das Stück wenig kennen oder sogar noch nie gehört haben: Unsere Gehirne reagieren auf Neues viel stärker als auf Gewohntes, was wiederum mit unserer Evolutionsgeschichte zu tun hat, in der Ungewohntes erst einmal eine mögliche Gefahr für das Überleben bedeutete. Wenn Ihnen aber die 4. Sinfonie bereits hinlänglich bekannt ist und Sie lediglich eine aktuale Aufführung oder neue CD-Einspielung davon unter dem Aspekt von Tempounterschieden mit anderen gehörten Aufführungen oder Ihnen bekannten Einspielungen vergleichen wollen, so kann es sein, dass Ihnen der emotionale Gehalt des Stücks kaum noch auffällt, weil eben dann, Ihrem analytischen Hörinteresse entsprechend, nicht mehr Ihr Gefühlszentrum, sondern Ihr auditiver Cortex in der Großhirnrinde sowie der für Erinnerungen zuständige Hippocampus die Hauptarbeit leisten.

Der besondere Sprachcharakter des Nichtbegrifflich-Musikalischen zeigt sich neurobiologisch auch daran, dass Musik und Sprache, auch und gerade von Profi-Musiker*innen, teilweise in den Sprachzentren des Gehirns, dem Broca- und dem Wernecke-Areal, verarbeitet werden. Dies widerspricht einem gängigen Vorurteil, demzufolge Musik sowie alles Musische in die rechte und Sprache sowie alles Analytische in die linke Hirnhälfte gehöre. Das ist falsch. So aktivieren z.B. „individuell als unpassend empfundene Akkorde dieselben Hirnregionen eines Menschen […] wie grammatikalisch falsche Sätze“[51]. Außerdem ist nachgewiesen: Während Melodien eher in der rechten Hirnhälfte vertreten sind, beanspruchen Rhythmen mehr die linke Hälfte, in der auch die Sprachzentren angesiedelt sind. Ausgebildete Musiker*innen hingegen hören auch Melodien teilweise mit der linken Hemisphäre, weil die für genauere Wahrnehmungen und feinere Unterscheidungen zuständig ist, wie wir sie oft in der Wahl unserer Worte benötigen.

Solche Gemeinsamkeiten zwischen Musik und Sprache lassen sich auf der philosophisch-phänomenologischen Ebene zwar genauso begründen. Dennoch bleiben wichtige Unterschiede bestehen: 1. Musik besitzt keine Subjekt-Prädikat-Struktur, wie sie für Aussagesätze in entwickelten menschlichen Sprachen geradezu notwendig ist. 2. Musik kennt auch keine durchgehend semantische Struktur. Vereinzelte Symbole wie die Kuckucks-Terz, klagende Chromatik oder Programmmusiken wie die klangwellenwogende ‚Moldau‘ von Smetana ändern daran nichts. 3. Auch eine bloß pragmatische Erklärung der Wirkungen, An- und Berührungen, von Musik, so ergiebig sie im Einzelnen, vor allem in Gebrauchsmusik, auch sein mag, greift im Ganzen doch zu kurz. Daher möchte ich die Sprachlichkeit der Musik nachfolgend anders erklären als am bekannten linguistischen Dreistrahl von Semantik, Syntaktik und Pragmatik.

So sieht Wilhelm von Humboldt das Wesen der Sprache weniger in einem streng geregelten Zeichensystem, in dem Bedeutungen durch Konventionen festgelegt sind, sondern in der „sich ewig wiederholende[n] Arbeit des Geistes, den artikulierten Laut zum Ausdruck des Gedankens fähig zu machen“[52]. Das heißt, Sprache ist für ihn wesentlich „kein Werk (Ergon), sondern eine Tätigkeit (Energeia)“: Das „Jedesmalige“, wie er immer wieder zum aktualen Sprachgebrauch sagt, bezeichnet ihr „in jedem Augenblick Vorübergehendes“[53]. Und eben dieses Sukzessive des Sprechens charakterisiert auch das Prozessuale er- und verklingender Musik. Humboldts Einsicht, „daß die eigentliche

51 Johannes Gold: *Musik und Intelligenz. Seminararbeit*, Oberhöflein und Wien 2007, S. 15, https://www.blasmusik-verband.at/media/1692/musik_und_intelligenz.pdf, (22.05.2023).

52 Wilhelm von Humboldt: *Schriften zur Sprache*, hrsg. v. M. Böhler, Stuttgart 1973, S. 36.

53 Ibid.

Sprache in dem Akte ihres wirklichen Hervorbringens liegt"[54], lässt sich hervorragend auf den evolutionären Sprachanfang beziehen. Unter unseren Vorfahren war die natürlich noch bruchstückhafte Verständigung vermutlich an rudimentäre Warn-, Lock- und Gefühlsausrufe geknüpft, die einen quasi-musikalischen Stimm- und Lautcharakter gehabt haben dürften.

Worin besteht nun die eigentliche Besonderheit eines am Modell aktualen Sprechens und Hörens gewonnenen Sprachcharakters der Musik? Im Grund genommen ist es deren Zeitlichkeit, genauer, der Prozess ihres gegenwärtigen Hervorbringens, „Zeitigens", dem das „Jedesmalige", Individuelle, Situationsbedingte und Vorübergehende lebendigen Sprechens genauestens entspricht. Im Prozess aktualen Machens oder Hörens von klingenden Tongestalten werden den Komponierenden, Spielenden oder Hörenden allererst Klangbedeutungen und Klangwirkungen bewusst *enthüllt*, die sich in jedem neuerlichen Hörvorgang wiederum verändern, als „aktualisiert" *zeigen*. Dabei geht das musikalisch Dargestellte und Ausgedrückte nun zwar über das Empirisch-Materiale, das Physi(kali)sche und das Historische, gehörter Klänge und Tonkombinationen weit hinaus. Als nichtempirische Subjektivität ist es aber auch nicht ohne und unabhängig von den empirischen Klanggestalten, sondern nur *mit* und *durch* sie erfahrbar. Jedenfalls sind Erfahrungen von Bedeutung und Wirkung empirischer Musiken, die ehemals als ursprünglich Innerliches ihrer Schöpfer*innen veräußert, in die Außenwelt hineingetragen, worden sind, nunmehr wiederum auf spontane Interpretationsleistungen von Produzierenden wie Rezipierenden und damit auf deren erneutes Veräußern von Innerem, angewiesen.[55]

Um zu verstehen, in welchem Verhältnis die nichtempirische Subjektivität, das *Atmosphärisch-Stimmungsvolle,* das *Emotional-Motorische,* das *individuell Dargestellte* und *subjektiv Ausgedrückte*

---

54 Ibid., S. 37.

55 Theodor W. Adorno, unter Beteiligung von George Simpson: *Über populäre Musik*, erschienen 1941 im letzten Jahrgang der *Zeitschrift für Sozialforschung*, übersetzt von B. Enders, H. Kinzler und A. Schalk, in: *Zeitschrift für kritische Theorie* 52/53 (2021), 11–54, S. 31: „Der musikalische Sinn irgendeines Musikstückes […] kann nur durch spontanes Verbinden der bekannten Elemente aufgebaut werden – eine beim Hörer ebenso spontane Reaktionsweise wie beim Komponisten –, um die inhärente Neuartigkeit der Komposition zu erfahren."

hörbarer Musik, und die empirische Klanggestalt, die verwendeten *Materialien, Techniken, Gattungen* und *überlieferten Formen* zueinander stehen, ist es hilfreich, sich Saussures Unterscheidung zwischen „*langue*" und „*parole*" zu vergegenwärtigen: Der „jedesmalige" (Humboldt), individuelle und situationsgebundene, *Sprechakt*, die parole, ist nach Saussure aus dem gesamten, soziokulturell normierten, *Sprachsystem*, der langue, diese entweder bestätigend oder kritisch verändernd, heraus entwickelt, so wie der einmalige kreative Kompositions- oder Rezeptions*akt* eines musikalischen Subjekts sich von dem historisch überlieferten, sozial und kulturell vielfach vorgeprägten, musikalischen *Material*, das eine Art musikalisches „Sprachsystem" darstellt, *ab*hebt. Vor dem Hintergrund dieses musikalischen Ausdruckssystems stellt jeder neue Kompositionsakt und auch jeder neue Interpretationsakt eine mehr oder weniger starke Bestätigung, Veränderung oder sogar Unterwanderung der allgemein bekannten Ausdrucksmöglichkeiten dar. Dieses Ausdruckssystem liegt einem musikalisch tätigen Subjekt natürlich nicht als fertiges vor, sondern muss von ihm für jeden Kreationsakt als dessen soziokultureller ästhetischer Hintergrund immer wieder neu vergegenwärtigt und geformt werden, aus ursprünglich subjektiver Zeit heraus.

Was Saussure über die Sprache sagt, gilt also auch für die Musik und begründet damit zugleich ihr soziales Wesen: „Niemals [...] besteht sie außerhalb der sozialen Verhältnisse, weil sie eine semeologische [zeichenhafte, U.M.] Erscheinung ist. Ihre soziale Natur gehört zu ihrem inneren Wesen." Doch wenn wir Sprache oder Musik *nur* so betrachten, als seien sie jeweils ein Museum von bereits erschaffenen Ausstellungsstücken, dann sind sie als etablierte Institutionen „zwar lebensfähig, aber [...] noch nicht lebendig."[56] Dies wird Sprache erst im aktualen Sprechen, z.B. eines Dramentextes, und Musik erst als verlebendigende Auflösung einer Partitur, die eine verdinglichte Entfremdung und Objektivierung „vergessene[r] Subjektivität" darstellt: „Erst durch die Interpretation der Partitur – sozusagen die Verzeitlichung ihrer Verräumlichung – wird das Werk flüssig als ein Prozeß, der sich in der Zeit entfaltet".[57]

---

56 Ferdinand de Saussure: *Grundfragen der allgemeinen Sprachwissenschaft*, Berlin ²1967, S. 91f.

57 Max Paddison: *Die vermittelte Unmittelbarkeit der Musik: Zum Vermittlungsbegriff in der Adornoschen Musikästhetik*, in: Becker, A. und Vogel, M. (Hgg.): *Musi-*

Subjektphilosophisch betrachtet heißt dies: Die Entfaltung des musikalischen Prozesses in objektiver Zeit ist identisch mit der außenweltlichen Realisierung einer innenweltlichen Subjektivität, die selber ursprüngliches Zeitbewusstsein ist. Durch aktuale Produktion, Reproduktion oder Rezeption von Musik wird subjektive Zeit zu objektiver Zeit im Sinne einer messbaren zeitlichen Ausdehnung, die nicht nur auf einen außermusikalischen, physikalisch-objektiven, Ereignis-Raum, sondern auch auf einen binnenmusikalischen Raum von Zusammenklängen angewiesen ist. Diese materiale Objektivierung subjektiv vorgestellter musikalischer Raumzeit einschließlich deren soziokulturellem Hintergrund geschieht, indem das musizierende, bzw. komponierende Subjekt seinen zeitlichen Ausdehnungsanteil an der komponierten oder interpretierten Musik in den objektiven Raum des Musikereignisses *hineinträgt.* Dadurch *erscheint* das zeitlich sich erstreckende musikalische Objekt selber als ein subjektives Ausdrucksgeschehen inmitten anderen, bereits bestehenden Ausdrucksgeschehens. Vor dessen Hintergrund bekommt das neue Musikobjekt ein individuelles Klangprofil und eine spezifische Bewegungsstruktur. Unsere ursprünglich subjektive Zeit des Konstruierens und Kreierens kann sich nur *äußern* in einem notwendig auch räumlich ausgedehnten Körper, einem aktual-dynamischen Werk eben, das „sich bewegt" – allerdings nicht naturgesetzlich fremdbestimmt, sondern geistig autonom. In solches flüssig-flüchtige Leben musikalischen Geistes können wir uns dann prinzipiell genauso hineinfühlen wie im Gespräch in eine andere Person.[58] Doch kann dieser intersubjektive Kommunikationsversuch

---

kalischer Sinn. Beiträge zu einer Philosophie der Musik, Frankfurt a.M. 2007, S. 175–232, Zitat: S. 221.

58 Dies ist nicht im Sinne der *Persona*-Theorie gemeint, derzufolge „wir beim Hören eine Person imaginieren, als deren expressive Gesten wir die Musik verstehen", Georg Mohr: Artikel *Philosophie der Musik*, in: Hans Jörg Sandkühler (Hrsg.): *Enzyklopädie Philosophie*, Band 2, Hamburg 2021, S. 1985. Stolzenberg begründet überzeugend, warum die Persona-Theorie das Erleben ausdrucksvoller Musik nicht erklären kann: „Sie delegiert es an die zweite Person, die musikalische Persona, und verliert dabei die Perspektive der ersten Person", Jürgen Stolzenberg: Zur Idee des musikalischen Subjekts, in: Wolfgang Fuhrmann, und C.-S. Mahnkopf (Hrsg.): *Perspektiven der Musikphilosophie*, Berlin 2021, S. 318. Stolzenbergs m.E. tragfähigere Alternative besteht in der strukturdynamischen Art und Weise, „wie der Wechsel und die Intensitäten von Spannung und Entspannung, Ruhe und

nur dann gelingen, wenn die Kommunizierende den im objektiv-räumlichen Notentext rätselartig *ver*schlüsselten Geist der Musik *ent*-schlüsselt, indem sie ihn spielend oder deutend *re*konstruiert. Dies ist es, was im *ursprünglichen* Musizieren und *mit*vollziehendem *Zu*hören, nicht nur analytischen *An*-, *Ab*- oder *Durch*hören, geschieht: die kommunikative Begegnung zweier Subjekte innerhalb desselben musikalischen Mediums.

Wollen wir unsere empirisch-musikalisch *verwirklichte* Subjektivität, der wir uns im vorhergehenden Stadium der Imagination als *subjektiver* Zeitlichkeit und aus ihr abgeleiteter *subjektiver* Räumlichkeit immer nur *bewusst* sein können, nun auch noch als *objektive* Zeitlichkeit in *objektiver* Räumlichkeit *erkennen*, so müssen wir eben versuchen, unsere zeitlichen Aufbaustücke, die wir in die Musik hineingetragen haben, als zeitlich-musikalisch *andere Wirklichkeit unserer selbst*, eine Art musikalischer Selbst*verwirklichung als* Selbst*erkenntnis* durch Selbst*veränderung* in empirisch-anderem, raumzeitlichen Material, zu begreifen. Mir scheint, dass diese Art der sich selbst erkennenden Selbstverwirklichung als Verschiedenheitsverwirklichung nur in Erlebnissen jeweiliger *Musikaktualisierungen*, Musik im Prozess ihres klingenden *Entstehens und Vergehens*, möglich ist. Mit Humboldt gesagt: *Nur im Zusammenhang von Musik als sprachgleicher Tätigkeit (energeia), nicht als Werk (ergon), ist musikalische Selbsterkenntnis als Verschiedenheitsverwirklichung möglich.*

Wir können diese objektivierte subjektive Zeit der Musik dem Phänomen nach als die *Prozessualität* ihres Klanggeschehens beschreiben. Denn Musiken sind ja nicht wirklich beständige Gegenstände wie Bilder oder Statuen, sondern eher flüchtige, in sich bewegte Klangverläufe, so wie Dramen Geschehensverläufe oder Tänze Bewegungsverläufe sind. Den spezifischen Bewegungscharakter, ihre eigentümliche Zeitlichkeit, teilt die erfundene Musik mit denen, die sie erfinden, aufführen und anhören, mit uns Nicht-Erfundenen. Auch wir sind, formal betrachtet, innere wie äußere Bewegung, ursprüngliches Zeiterzeugen, und, inhaltlich betrachtet, ursprüngliches Fühlen. Nur dass Musik nicht autonom, sondern durch uns „zeitigt", Zeit gibt, und Gefühle, wenn nicht auslöst, so doch immerhin hörbar, mit dem Gehörten ver-

Bewegung musikalisch inszeniert und auf Seiten des Hörers evaluativ erlebt werden", ibid., S. 324.

bindbar, macht. Gleichwohl unterscheiden sie wie wir uns gerade durch die Abstraktheit unseres Zeit-Setzens und Gefühle-Ausdrückens nicht nur von unbeweglichen Gegenständen, sondern auch von anderen künstlerischen Artefakten, weil deren Bewegungs- und Gefühlscharaktere genauer und deutlicher bestimmbar und voneinander abgrenzbar sind als die von Menschen und Musiken. Ausnahmen wie Ernst Jandls Klanggedichte auf der einen oder Franz Liszts Programmmusiken auf der anderen Seite bestätigen die Regel. Ontologisch gesehen wiederum „besteht" das Dasein von Musikstücken darin, zeitlich sich bewegend zu *ent*stehen und zu *ver*gehen, ohne jemals wie Bilder oder Statuen in der Zeit dauerhaft zu *be*stehen.

Im Ganzen gesehen passen solche Befunde gut zu neurowissenschaftlichen Erkenntnissen, denen zufolge weder die Musik, noch die Zeit, noch das Ich einen zentralen Verarbeitungsort im Gehirn besitzen. Anders als die an zwei Lokalisierungs*zentren* gebundene Sprache sind jene drei auf den *gesamten* Cortex bezogen. Lediglich die Aktivität der Inselrinde (‚insula') spielt hier insofern eine besondere Rolle, als sie sowohl mit Zeitwahrnehmung als auch mit Körpersensibilität und Fühlen eng verbunden ist. Und dies alles zusammen prägt wiederum unser Ich-Erleben.[59]

Selbstredend lassen sich aus derart naturwissenschaftlichen Forschungsergebnissen noch keine philosophischen Schlüsse ableiten. Neurobiologie und philosophische Psychologie sind sehr verschiedene Untersuchungs*ebenen*. Doch zumindest, soweit es das Betroffensein des *ganzen* Menschen von der Musik betrifft, dürften wir es hier mit einer neurowissenschaftlichen Bestätigung für unser dreistufiges Erkenntnismodell musikalischer *Selbstverwirklichung* zu tun haben, wie sie sich physikalisch-elektro-chemisch in der inselzentrierten Aktivität zeigt. Danach wird die *empirisch* klingende, dreidimensionale, Musik (*dritte* Stufe) allererst *hervor*gebracht *aus* dem *nichtempirisch*-ursprünglichen, nur zeitlichen und nicht ausmessbaren Tönen eines musikalischen Subjekts (*erste* Stufe), sodann der daraus abgeleiteten *raum*zeitlichen *ein*gebildeten und als wirklich und mehrdimensional nur *vor*gestellten, insofern vor-empirischen, musikalischen Klanggestalt (*zweite* Stufe), deren empirische Verwirklichung glücken oder

59 Marc Wittmann: *Wie entsteht unser Gefühl für die Zeit?* https://www.spektrum.de/news/wie-unser-gefuehl-fuer-die-zeit-entsteht/1309744, (22.05.2023).

scheitern kann. Dieses Modell vereinigt Subjektivität, Zeit und Musik durch den ununterbrochenen Vorgang einer musikalischen Selbst*verwirklichung* als *Alteritäts*verwirklichung und schließlich sogar noch Selbst*erkenntnis* vom ursprünglich *nur subjektiv-zeitlichen Tönen* über das *auch räumliche, aber immer noch subjektive Einbilden äußeren Klingens* bis hin zur *Verwirklichung objektiv-raumzeitlichen* Klingens in der Außenwelt.

Die Neurowissenschaft versucht dabei nun, unsere subjektive Innenwelt so weit wie möglich durch objektive Gehirnfunktionen zu erklären, ohne doch bislang den Abstand zwischen *menschlichem* Musik*erleben* und *neuronalem* Musik*beobachten* auch nur annähernd überbrücken zu können (das Problem der sogenannten *Qualia*). Außerdem verfügt sie über kein Instrument, *nichtempirisch-innenweltliches* Musikerleben von *empirisch-außenweltlichem* zu unterscheiden, da beides dieselben Hirnregionen aktiviert, also z.B. innere *wie* äußere Rhythmen mehr die linke und innere *wie* äußere Melodien eher die rechte Hirnhälfte. Dasselbe gilt für den Unterschied von Musik*machen* und Musik*hören*, der sich lediglich an der Aktivitäts*stärke* betroffener Nervenzellen, aber nicht an deren Lokalisierung, unterscheiden lässt. Dies alles ist zwar letztlich ein ganz generelles und kein musikspezifisches Problem. Doch beim Erleben von Musik wechseln sich deren Zeitgestalten sowie die mit ihnen einhergehenden Gefühle, Stimmungen und Gedanken einfach so schnell und so stetig ab, dass sich die Schwierigkeit allein ihrer lückenlosen neuronalen Erfassung in Form von stetig wechselnden Aktivitätsmustern außerordentlich erhöht. Jede hörbare Klanggestalt verändert sich eben augenblicklich und ständig, genauso wie die mit ihr verbundene Stimmung. Nicht zuletzt wird Musik, wie wir oben schon erwähnt haben, in zu vielen verschiedenen Hirnregionen (Hörzentrum, motorisches Zentrum, Gefühlszentrum, Belohnungszentrum, Sprachzentren, Stirnhirn und Insel) verarbeitet, sodass ihre neurologische Erfassung wohl immer mehr oder weniger Stückwerk bleiben muss. Nach der „Quartett-Theorie" wiederum sind es vier Großbereiche, in denen von Musik ausgelöste Gefühle verarbeitet werden: der Sitz des „Unterbewussten" über der Augenhöhle in der Großhirnrinde, das „Spaß- und Schmerzsystem" im Zwischenhirn, das „Glückssystem" im vorderen Hippocampus und das „Vitalisierungssystem“ im Hirnstamm.[60] Oder wir sagen es etwas vereinfacht, was in diesem Fall nicht weniger richtig ist: Musik betrifft, wie kaum etwas anderes, unser *gesamtes* Gehirn.[61]

Und daraus geht dann auch hervor: Musik betrifft uns Menschen im Ganzen. Zumindest solche Musik, die wir mögen – und warum sollten wir freiwillig andere hören oder spielen? – stärkt alle Eigenschaften, die uns als Menschen ausmachen. *Musik ist mehr mit Menschen und ihrer Innenwelt als mit Dingen der Außenwelt verbunden.* Zwar wird sie von uns aus ursprünglich zeitlicher Bewegung heraus und schrittweise *von innen nach außen hervor*gebracht. Doch noch als objektiv-zeitliches Außenwelt-Phänomen teilt sie mit uns Bewegung, Energie und eine stets sich verändernde Stimmung. Nie erreicht sie auch nur annähernd diejenige beständige Gegenständlichkeit, wie sie etwa Bilder und Skulpturen verkörpern. Teilweise gilt dies zwar auch für die anderen Zeitkünste, für Literatur und Tanz, wobei letzterer fast immer mit Musik zusammen aus- und aufgeführt wird. Literatur wiederum ist viel stärker von begrifflicher Sprache abhängig, und das macht sie meistens formal viel fasslicher und inhaltlich festgelegter als reine Musik ohne Text, die ausdrucksmäßig äußerst abstrakt bleibt und nach meinem Dafürhalten den musikalischen Standardfall beschreibt. So besteht Literatur aus Wörtern, die je für sich schon etwas bedeuten und in uns sogar noch weitere Bedeutungen hervorrufen, während ein einzelner Ton in der Musik für sich genommen gar nichts bedeutet oder bewirkt: Musikalische Elemente entfalten ihre symbolische Funktion nie isoliert, sondern immer nur im Zusammenhang eines hörbaren Ganzen.

Literarische Sprache verwendet außerdem Interpunktionszeichen, die sie schon auf der Formebene unterteilen, während musikalische Form ein einziges lückenloses Fortschreiten ist. Auch Pausen in der Musik sind dagegen kein Einwand, weil sie selbst nur *Glieder* des klangzeitlichen Prozesses darstellen, und oft sogar seine spannungsreichsten, wie beim Komponisten Franz Schubert. Daher lässt sich eine Romanlektüre an nahezu beliebiger Stelle unterbrechen und eben dort

60 Stefan Kölsch: *Musik öffnet einen Tunnel im Gehirn*, Interview, in: *Gehirn und Geist* 14/03 (2021), S. 17.

61 Thenille Braun Janzen, Michael H. Thaut: *Cerebral Organization of Music Processing*, in: Michael H. Thaut, Donald A. Hoges (Hrsg.): *The Oxford Handbook of Music and the Brain*, Oxford University Press 2018, S. 88–121.

später fortsetzen, während das unterbrochene Musikhören in der Regel ein erneutes Hören von Anfang an erfordert, um den ganzheitlich-klangzeitlichen, dramaturgischen, mitunter auch motivisch-thematischen, *Zusammenhang* verständlich erfassen zu können.

Versuchen wir uns die Beziehung zwischen Musik und Sprache anhand eines Vergleichs näher zu verdeutlichen: Unser Drei-Phasen-Modell der *Musik* lässt sich strukturell zusammenbringen mit dem Drei-Formen-Modell der *Sprache*, das James Joyce seiner Figur Stephen in „Ein Porträt des Künstlers als junger Mann" zuschreibt. Darin begreift Stephen alles ästhetisch Wahrnehmbare als ganzheitliche „Bilder", die entweder „Hörbares [...] in der Zeit" oder „Sichtbares [...] im Raum"[62] sind. Im gesamten Vorgang ästhetischen Erlebens stehe ein derartiges „Bild [...] zwischen dem Geist oder den Sinnen des Künstlers und dem Geist oder den Sinnen anderer". Vor dem Hintergrund dieser Ausgangskonstellation sei dann auch klar, „daß die Kunst sich notwendigerweise in drei Formen unterteilt, und zwar fortschreitend von einer zur anderen. Diese Formen sind: die lyrische Form, die Form, in der der Künstler sein Bild in unmittelbarer Beziehung zu sich selbst darstellt; die epische Form, die Form, in der er sein Bild in mittelbarer Beziehung zu sich selbst und zu anderen darstellt; die dramatische Form, die Form, in der er sein Bild in unmittelbarer Beziehung zu anderen darstellt." Genauer ausgeführt:

> „Die lyrische Form ist die simpelste Worthülle für einen Empfindungsmoment, ein rhythmischer Schrei [...]. Wer ihn ausstößt, ist sich des Empfindungsmoments bewußter als der Tatsache, daß er selbst es ist, der eine Empfindung verspürt. Die einfachste epische Form erwächst aus der lyrischen Literatur, wenn der Künstler sich in größeren Zusammenhang stellt und über sich reflektiert als die Mitte eines epischen Ereignisses, und diese Form entwickelt sich fortschreitend weiter, bis die Mitte der empfindungsmäßigen Schwerkraft vom Künstler und von anderen gleichweit entfernt ist. Was erzählt wird, ist nicht mehr rein persönlich. Die Persönlichkeit des Künstlers geht in das Erzählte selber ein und strömt um Personen und Handlung herum und wieder herum, wie ein Meer, vital. [...] Die dramatische Form ist erreicht, wenn dieses Vitale, das jede Person umströmt und umstrudelt hat, jede Person mit derart vitaler Kraft erfüllt, daß sie ein eigenständiges und unantastbares ästheti-

62 James Joyce: *Ein Porträt des Künstlers als junger Mann*, München 2004, S. 239.

> sches Leben annimmt. Die Persönlichkeit des Künstlers, erst ein Schrei oder eine Kadenz oder eine Stimmung und dann ein fluides und flackerndes Erzählen, sublimiert sich aus der Existenz hinaus, entpersönlicht sich gewissermaßen. Das ästhetische Bild in der dramatischen Form ist das Leben geläutert und reprojiziert von der menschlichen Imagination. Das Mysterium der ästhetischen Schöpfung ist vollbracht wie das der materiellen. Der Künstler, wie der Gott der Schöpfung, bleibt in oder hinter oder jenseits oder über dem Werk seiner Hände, unsichtbar, aus der Existenz hinaussublimiert“[63].

In der lyrischen Form begegnen sich Sprache und Musik zweifelsohne am stärksten. Unabhängig von Syntax und spezifisch-semantischem Gehalt des jeweiligen Lyrischen erzeugen allein dessen Klangeigenschaften sowie seine Grundstimmung eine musikähnliche Wirkung. Was Stephen nun der lyrischen *Form* nach als *unmittelbares Selbstverhältnis* des Künstlersubjekts und dem *Inhalt* nach als sein *Empfindungsbewusstsein* beschreibt, entspricht in unserem Modell formal der subjektiv-unermesslichen *Zeit bloßer Bewegung ursprünglich gehörten Strömens und Fließens*, inhaltlich dem *Bewusstsein von Gefühlen, Stimmungen und Trieben*. Das musikalische Erleben ist in dieser „lyrischen“ Phase *bloß zeitlicher* und *nur subjektiver Art*: Die musikalische Selbstverwirklichung des Künstlersubjekts bleibt noch ganz in dessen Innenwelt verschlossen. Erst wenn das Subjekt auch eine *räumliche* Komponente am ursprünglich-inneren Tönen, ein linear *Nach*einander- oder vertikal *Nicht*-Nacheinander-Klingendes als *Zusammen*-Klingendes, wahrnimmt, tritt er, wie Stephen sagt, in ein *mittelbares Verhältnis zu sich und anderen* ein: Er reflektiert sich als die Mitte des „Episch“-Gehörten, das nun „vom Künstler und von anderen gleichweit entfernt ist“. Ich interpretiere dies als ersten Schritt der *Entäußerung, des Nach-Außen-Tragens,* des innerlich Gehörten und Gefühlten, das nun in sinnlicher *und* begrifflicher Einbildung fortschreitend als ein-, zwei- und dreidimensionales Klangobjekt anderen Subjekten probeweise *vor*gestellt wird. In dieser *sowohl* anschaulich wahrgenommenen *als auch* begrifflich reflektierten Klanggestalt hat sich das Subjekt in der Einbildung nun nicht mehr *nur* zeitlich und nicht mehr *nur* innerhalb von sich selbst, *sondern auch* noch als *Anderes* seiner selbst,

63 Ibid., S. 240f.

eben *auch räumlich* und *auch außerhalb* von sich musikalisch *anders*-verwirklicht. In der „dramatischen" Musikform schließlich stellt das Subjekt die in der *Innen*welt nur *vor*gestellte zeit-räumliche Klanggestalt nunmehr als eine in der empirischen *Außen*welt *verwirklichte* in eine *unmittelbare, d.h. wirklich hörbare, Beziehung zu anderen Subjekten.* In dieser schöpferischen Endphase, so Stephen, habe sich das Künstlersubjekt sogar „aus der Existenz heraussublimiert".

Ich glaube ganz und gar nicht, liebe Leser*innen, dass Joyce mit der letzten Formulierung den Untergang des Künstlersubjekts in der vollendeten Verwirklichung seines Werks zum Ausdruck bringen wollte.[64] Eine solche Ausschaltung der Subjektivität des Schöpfers aus seinem geschaffenen Produkt halten wir tatsächlich für unmöglich. Nicht nur möglich, sondern sogar notwendig ist dagegen die *Veränderung*, die ein musikalisch sich selbst verwirklichendes Subjekt in diesem Vorgang erfährt: Im Fall einer gelungenen empirischen Verwirklichung des aus subjektiver Zeit und daraus abgeleitet auch subjektivem Raum heraus imaginierten Klangobjekts auch noch als ontologisch autonomes und objektiv-raumzeitliches in der Außenwelt, verwirklicht sich das hervorbringende Subjekt in dem von ihm hervorgebrachten Klangobjekt, gewissermaßen durch die eigene *Ver-Anderung*, eben als ein musikalisch *anderes seiner selbst.* Aber auch das selbstständig existierende Musikstück bleibt noch so lange auf seine Hervorbringerin rückbezogen, wie es als Notentext, Klangaufzeichnung oder auch nur als Gedächtnisinhalt in der Welt vorhanden ist.

Allerdings dürfte die erfahrbare Deutlichkeit dieser Rückbezogenheit des objektiv-raumzeitlich Klingenden auf das ursprünglich-subjektive und nur zeitliche Tönen eines hervorbringenden Subjekts davon abhängen, *in welcher Weise* sich das Subjekt musikalisch *anders*-verwirklicht. Dieses Andere seiner selbst wirkt auf andere Hörer*innen vertrauter oder fremder, je nachdem, wie stark oder schwach ein objektiv verwirklichter subjektiver Schaffensakt von der Summe bereits vor-

64 Davidson hält dies ebenfalls für eine Übertreibung und begründet dies so: „Die durch Joyce' dichtes, unvertrautes Idiom erzwungene Einbeziehung des Lesers in den Prozeß der Interpretation verleiht dem Autor selbst eine Art von Unsichtbarkeit, so daß der in die eigene schöpferische Aufgabe vertiefte Interpret mit dem Werk der Hände des Autors allein gelassen ist", Donald Davidson: *James Joyce und Humpty Dumpty*, in: ders.: *Wahrheit, Sprache und Geschichte*, Frankfurt a.M. 2008, S. 251.

liegender und als zuhanden wahrgenommener Schaffensergebnisse abweicht. Ontologisch formuliert: Je größer der Abstand zwischen dem musikalischen Formen- und Ausdruckssystem einer *Hörergemeinschaft*, der „langue", und demjenigen des *hervorbringenden Subjekts*, der „parole", ist, desto schwerer fällt es Mitgliedern jener Gemeinschaft, den Rückbezug vom klingenden Produkt auf den tönenden Verursacher herzustellen. Erkenntnistheoretisch ausgedrückt: Je mehr das individualisierende und erneuernde *Fiktionsbildungsbewusstsein* das sozialisierende und stabilisierende *Materialbewusstsein* eines Künstlersubjekts übertrifft, desto größer wird die Gefahr, dass dessen Produkte aufgrund ihres hohen Neuigkeitsanteils befremdend wirken. Umgekehrt führt ein sehr ausgeprägtes Materialbewusstsein, das mit einem geringen Fiktionsbewusstsein einhergeht, zu Produkten, die aufgrund ihres großen Bekanntheitsgrades schnell Langeweile und Überdruss erzeugen. So wie jedes Lesen ist schließlich auch jedes Hören ein Interpretieren, und jedes Interpretieren erfordert hier wie dort ein Mindestmaß an Erfindungskraft. Wird diese *über*fordert, wie für viele durch die experimentellen und zufallsbestimmten Kompositionen von John Cage, eine Art „praktizierten Sinnentzugs"[65], oder durch die sehr verdichteten Konstruktionen eines Brian Ferneyhough, eine Art Hyper-Komplexität[66], so stellt sich, zumindest bei den nicht hochspezialisierten Hörer*innen, ebenso wenig ästhetischer Genuss ein wie im Falle ihrer *Unter*forderung durch die üblichen Schlager oder massentaugliche Popmusik.

Wie Sie, liebe Leser*innen, bemerken, berühren wir hier mit dem Problem der Beziehung zwischen Musik und Sprache auch bereits ein Grundproblem ästhetischer *Wert*urteile, die Einschätzung des *Gelungenseins* von Klangobjekten. Wir kommen darauf im dritten Teil des Buchs ausführlich zurück. Doch soviel sei an dieser Stelle vorweggenommen: Wenn die Sprachlichkeit der Musik ein wichtiges Kennzeichen ihrer Verständlichkeit darstellt, dann muss sie zumindest auch eine Mindestbedingung für die an ihr empfundene Freude sein. Denn eine *gänzlich* unverständliche und *völlig* fremd bleibende Musik würde

---

65 Albrecht Wellmer: *Versuch über Musik und Sprache*, München 2009, S. 243.

66 Ibid., S. 217: „Es ist faszinierend", bekennt Wellmer mit Bezug auf Alban Bergs *Kammerkonzert*, „diese strukturellen Zusammenhänge anhand der Partitur zu rekonstruieren, aber unmöglich, sie hörend – außer vielleicht in Andeutungen – nachzuvollziehen."

niemand als schön, erhaben, stimmig oder auch nur als irgendwie interessant, bzw. hörenswert beurteilen. *Wann* jedoch die Grenze des Verständlichen oder Nachvollziehbaren jeweils erreicht ist und *wo*, d.h., in welchem Bereich der musikalischen Klangwelt, das Zentrum des Schönen oder Gelungenen liegt, dürfte individuell durchaus verschieden sein und überdies von vielen verschiedenen Faktoren abhängen: gesellschaftlich-kultureller Bildung und musikalischen Erfahrungen, übrigens auch von autobiografischen Schlüsselerlebnissen in der Jugend.

Fassen wir zusammen: Musik wie Sprache bilden ein Verhältnis ursprünglicher *Äußerung von Innerem*, das allen Formen ihrer Verlautbarung oder Aufzeichnung immer schon vorhergehen muss. In diesem Vorgang der *tönenden Selbst-* und *klingenden Anders*verwirklichung bewahrt das sich selbstverwirklichende musikalische Subjekt durch alle seine Veränderungen hindurch doch die Identität seines Selbst als kreatives Konstruieren. Denn nur so lässt es sich sinnvoll abgrenzen sowohl vom *platonistischen* Verständnis des Ich als *Abbild* einer ewigen Idee der „Ichheit“ als auch vom empiristischen Verständnis als bloßer Ich-*Illusion*, die von physikalischen und elektrochemischen Hirnfunktionen simulierend erzeugt wird.

Musikalische Subjektivität, die nicht in empirisch-naturale Leibhaftigkeit einerseits und für sich seienden geistigen Ausdruck andererseits auseinanderfällt, können wir nur dann sein, wenn wir uns als nichtempirisches und unermessliches Tönen inmitten empirischen Klingens, als ursprünglich-konstruierendes Hervorbringen und Hineintragen subjektiv-raumzeitlichen Tönens in objektiv-empirische Klanggestalten begreifen. So wie Kant für uns psychophysisch-einheitliche Vernunftwesen fordert, dass wir jeden Gedanken mit einem „Ich denke“ begleiten *können*, aber nicht etwa immer auch begleiten *müssen*, haben wir auch für jede gehörte, nicht unbedingt auch schon verlautbarte oder notierte Klanggestalt, zu fordern, sie mit einem „Ich höre“ begleiten zu *können*, ohne es zu *müssen*. Denn nur so ist die Möglichkeit zur Selbstreflexion, die uns im Unterschied zu den Tieren auszeichnet, auch für musizierende Menschen gesichert.

Letztlich muss also die Analyse musikalischer Erfahrung zur Selbstreflexion des musikalischen Subjekts auf sich führen, d.h. zur Aufklärung der verwickelten Art und Weise, wie ein Subjekt sich selbst musikalisch gestaltet, indem es *aus tönender Kreativität heraus eine klingende Konstruktion* gewinnt. Wir als Musizierende sind uns im

Rahmen unseres Selbstbewusstseins als ursprünglich-zeitlichem Tönen in besonderem Maße hörend bewusst. Unsere Gehirne stellen dafür die physisch-notwendige und höchstorganisierte Grundlage bereit, ohne jedoch selbst Gegenstände unserer musikalischen oder sonstigen Selbstreflexion werden zu können.

7. Musikalisches Zeitbewusstsein

Da nun die Zeit und nicht die Räumlichkeit als solche das wesentliche Element abgibt, in welchem der Ton in Rücksicht auf seine musikalische Geltung Existenz gewinnt und die Zeit des Tons zugleich die des Subjekts ist, so dringt der Ton schon dieser Grundlage nach in das Selbst ein, faßt dasselbe in seinem einfachsten Dasein nach und setzt das Ich durch die zeitliche Bewegung und deren Rhythmus in Bewegung.

Georg Wilhelm Friedrich Hegel

Liebe Leserin und lieber Leser, vergegenwärtigen wir uns noch einmal, wie der *empirisch-objektive* Raum der Musik aus ihrem *ursprünglich-subjektiven* herzuleiten ist: Zu objektiven werden ursprünglich gehörte, subjektive, Klangräume dadurch, dass deren vorgestellt erst *vor*handene, dann mehr und mehr *zu*handene Inhalte öffentlich-erfahrbare Eigenschaften werden. Dies bezeichnet dann auch den Erfolgsfall *außen*weltlicher *Verwirklichung* eines bis dahin nur *innen*weltlich *eingebildeten* dreidimensionalen Musikstücks. Als *subjektiver* ist der musikalische Raum daher immer noch ein *Zeit*-Raum; als *objektiver* hingegen ein *Nicht*-Zeit-Raum, der sich durch seine zufällig vorhandenen und voneinander unterscheidbaren Merkmale von jenem nur vorgestellten unterscheidet.

Voraussetzung solcher empirisch-wirklichen Klanginhalte wie bestimmter Tonhöhenverläufe, konkreter Rhythmusschemata, festliegender Akkordfolgen oder dramaturgischer Formaufbauten ist die ihnen vorausgehende selbstbewusste Ausdehnung eines musikalischen Subjekts zu *tönenden Zeit*-Raum-Gestalten oder zu *klingenden Nicht*-Zeit-Raum-Gestalten. Demgemäß haben wir auch zu unterscheiden zwischen solchen vorgestellt-zuhandenen Inhalten, die *nur* in der Form von Zeit, also als Gefühl, Stimmung oder Befindlichkeit der Innenwelt, und solchen, die *auch* als Eigenschaften eines Klangobjekts der Außenwelt, z.B. als Lied, A-B-A-Form oder Klangfarbe, auftreten. Zwischen diesen beiden Auftrittsarten entsteht das zufällige Zuhanden-Sein der Inhalte von eingebildet-dreidimensionalen Klanggestalten. Dies ist nun die erste Bedeutung tatsächlich unterscheidbarer Inhalte von klingender Musik. Es gibt aber noch eine weitere: Neben der Erklärung objektiven Klang*raums* aus subjektivem heraus muss auch eine Erklärung objektiver Klang*zeit* aus subjektiver heraus geleistet werden. Wir werden sehen, dass dies zwar schwierig, aber durchaus möglich ist, und zwar auf der Grundlage des gewonnenen objektiven Klangraums.

Das erstmalig räumlich Ausgedehnte der klangzeitlichen Ausdehnung eines musikalischen Subjekts in dessen innerer Einbildung *ermöglicht* es, diese Klangausdehnung von anderen solchen Klanggestalten zu unterscheiden und entsprechend inhaltlich zu bestimmen als ‚Einleitung', als ‚Walzer' etc. oder als ‚traurig', als ‚elegant' etc. Auf dieser zweiten Ebene des Sich-Ausdehnens von einem musikalischen Subjekt *müssen* solche inhaltlichen Bestimmungen wie ‚Walzer' gegenüber ‚Nicht-Walzer' und Abgrenzungen bestimmter räumlicher Klangausdehnungen wie ‚traurig' gegenüber anderen bestimmten Klangausdehnungen wie ‚nicht-traurig' nun aber keinesfalls widersprüchlich sein, sofern sie sich auf den gewonnenen musikalischen Raum *verteilen* und als verschiedene Teile eines Musikstücks voneinander *abgegrenzt* sind. Daher kann es zu einem Widerspruch auch nur dann kommen, wenn es eine solche Grenze gerade nicht gibt, weil die ‚Einleitung' nahtlos in eine ‚Nicht-Einleitung' oder der ‚traurige' Gefühlsausdruck lückenlos in einen ‚nicht-traurigen' *übergeht*. So ist der traurige Beginn von Paul McCartneys Song „Uncle Albert/Admiral Halsey" durch keinerlei Absatz, Pause oder Unterbrechung von seinem nicht-traurigen, vielmehr zuversichtlichen Schluss getrennt. Ganz allmählich hellt sich die in der Musik ausgedrückte Stimmung auf, was durch den künstlerisch-organischen Einsatz von chromatisch aufsteigenden Akkorden, einen in hoher Tonlage singenden Chor, Mickey-Mouse-Effekten der Solostimme, hinzutretenden Bläsern, einer Tempobeschleunigung und nicht zuletzt einem Wechsel der Textsemantik von mitleidigem Bedauern zu hoffnungsvoller Aufbruchstimmung bewirkt wird.

In der Tat lässt sich dieses nicht-widersprüchliche Übergehen der Musik von der einen Bestimmtheit zu der anderen nur unter Berücksichtigung der musikalischen *Zeit* erklären. So tritt auf der zweiten Ebene subjektiver Hervorbringung, in der innenweltlichen Einbildung, der ausgedehnte Klangraum noch als *Zeit*-Raum auf, wobei keineswegs feststeht, ob aus ihm auch ein objektiv-musikalischer *Nicht*-Zeit-Raum wird. In der subjektiven Vorstellung jedenfalls erscheint er als ein immer wieder neuer, und zwar nicht nur als Form, sondern genauso als Inhalt. Solange McCartneys Song also ein trauriger ist, muss dieser gleichbleibende Gefühlsausdruck der Traurigkeit von Augenblick zu Augenblick ein immer wieder neu-trauriger sein, also ein stets anderer, allerdings von der stets selben Art. Genauso erscheint der zweite Ausdrucksinhalt des Songs als ein immer wieder neu-hoffnungsfroher, stets anderer, aber wiederum stets von derselben Art. Innerhalb derselben Form des Liedes treten dessen beide grundverschiedene Inhalte also als bestimmte Ausdruckscharaktere auf, die trotz ihres immer wieder sich wandelnden *Wies* ihr jeweils nicht wechselndes *Was* behalten.

Nun kann der stets sich verändernde musikalische Inhalt natürlich auch einmal nicht von *derselben*, sondern vielmehr von *verschiedener* Art sein. Und genau dies ist ja der Fall in dem Augenblick, als der Inhalt der Traurigkeit in „Uncle Albert/Admiral Halsey" zu erscheinen *aufhört* und der neue Inhalt des Hoffnungsfrohen zu erscheinen *anfängt*. Wir haben es hier also mit einem musikalischen *Übergehen* von einem „traurig"-Inhalt zu einem „hoffnungsfroh"-Inhalt zu tun, der sich mit jedem neuen und teilweise auch wiederholt-neuen Auftritt von einem der oben aufgezählten musikalischen Mittel ein Stück weiter verwirklicht. Wir können also ganz offensichtlich keine klare *Grenze* zwischen beiden Inhalten ziehen, die ja beide an diesem tönenden Übergehen beteiligt sind. Die räumliche Stelle im Song, an der das Übergehen von dem einen in den anderen Inhalt stattfindet, aber eben noch nicht endgültig vollzogen ist, vereint somit beide Inhalte. Im Vollzug des Übergangs selber können diese Inhalte demnach auch nicht auf verschiedene Stellen im Raum des Liedes verteilt sein. Vielmehr erscheint an ein und derselben Stelle im Lied sowohl ein „traurig"- als auch ein „hoffnungsfroh"-Inhalt, indem dieser Schritt für Schritt an die Stelle von jenem tritt.

Um nun diesen theoretisch äußerst beunruhigenden, gleichwohl offensichtlichen *Widerspruch* zu vermeiden, der sich ergibt, wenn zwei gegensätzliche Ausdrucksinhalte musikräumlich unverteilt an derselben Stelle auftreten, könnten wir vermeintlich anführen, dass beide zwar nicht *räumlich*, aber doch *zeitlich* verteilt seien und der Widerspruch damit hinfällig wäre: *Erst* trete der „traurig"-Inhalt in Erscheinung und *dann* der „hoffnungsfroh"-Inhalt, dieser also *nach* jenem und jener *vor* diesem.

In dieser Begründung jedoch, liebe Leser*innen, verwenden wir bereits einen objektiven Zeitbegriff im Sinne eines „früher als", „gleichzeitig mit" und „später als", wie er uns auf der Erlebnisebene des innenweltlich-*zeit*-räumlichen Tönens noch gar nicht zur Verfügung steht. Denn die noch subjektive musikalische Zeit des Einbildens und Vorstellens ist ja das immer wieder neue Subjektive dieser musikräumlichen Ausdehnung eines Subjekts, die aus dessen ursprünglich-subjektiver und unermesslicher Zeit im Sinne eines stetig neuen Erlebens *hervor*geht und mit ihr immer auch noch *einher*geht. Anders als das Zusammen des subjektiven Musikraums, das als formales Nicht-Nacheinander aus dem formalen Nacheinander der subjektiven Musikzeit durch Verneinung abgeleitet ist und in verschiedener Hinsicht *teilbar* ist, lässt sich das subjektive Nacheinander der tönenden Zeit weder *ein*-, noch *unter*teilen, so dass auch *in* ihr keine Ereignisse *verteilt* und zueinander *in Beziehung* gesetzt werden können. Eine Verteilung von Inhalten, etwas eines „traurig"-Inhalts und eines „hoffnungsfroh"-Inhaltes, auf ein Vorher oder Nachher solcher subjektiven Zeit ist hier also noch nicht möglich.

Wenn demnach in dem Formalen subjektiver Musikzeit keine aufeinanderfolgenden und voneinander unterscheidbaren Zeitpunkte oder Zeitspannen als Inhalte auftreten können, dann kann es folglich auch kein zeitlich widerspruchsfreies Tönen von Inhalten verschiedener Art wie „traurig" und „hoffnungsfroh" geben. Das Aufhören von „traurig" und das Anfangen von „hoffnungsfroh" fallen auf *dieselbe raumzeitliche Stelle* von McCartneys Song. Salopp gesagt: Beide Vorgänge überlappen sich. Dementsprechend lässt sich keiner dieser beiden zusammenfallenden und zueinander widersprüchlichen Inhalte in einem Urteil *für sich allein und getrennt von dem anderen* als wirklich hinstellen. Denn dass dieser oder jener *anfängt* oder *aufhört* zu erscheinen, heißt ja gerade nicht, dass dieser *oder* jener *besteht*. Auch keine Lösung des Problems wäre es, sich für *einen* der beiden Inhalte zu *entscheiden*: Treten doch hier beide gerade *zusammen* auf, sofern der subjektive *Zeit*-Raum, in dem sie auftreten, das lückenlose und immer wieder neue Sich-Verwirklichen eines musikalischen Subjekts ist, das sich klangzeitlich zusehends ausdehnt. Wie also soll jemand dann das Widersprüchliche dieses musikalischen Inhalts in einem *einzigen* begrifflichen und *widerspruchsfreien* Urteil zum Ausdruck bringen?

Worum es hierbei eigentlich geht, liebe Leser*innen, ist nichts anderes als das *formal-widerspruchsfreie* Bewusstsein der hörenden *Anschauung* (System A) mit zwei einander *widersprüchlichen Begriffsinhalten* (System B) so zu besetzen, dass die Einheit des urteilenden Bewusstseins nicht verloren geht. Es handelt sich also um ein Problem der philosophischen Musik*erklärung* und nicht etwa des praktischen Musik*hörens* oder Musik*machens*. Was nun die Ebene der *Vor*stellung eines erst noch *her*zustellenden musikalischen *Raumes* anbetrifft, so ist jenes Problem allein lösbar durch eine Verteilung der einander widersprüchlichen Musikinhalte auf verschiedene Raumstellen, etwa eines Songs mit einem „traurig"- und einem „hoffnungsfroh"-Inhalt. Entsprechend können wir hier urteilen: „Dies ist ein traurig klingender Abschnitt" oder „Dies ist ein hoffnungsfroh klingender Abschnitt". Wichtig ist dabei, dass der Sinn des Wortes „ist" in solchen Urteilen nicht die meistens auch vorliegende Absicht ausdrückt, aus einer *subjektiv vorgestellten* Klangstruktur eine *objektiv verwirklichte* zu machen. Vielmehr wird durch die Kopula „ist" jeweils eine *Ruhe*erscheinung in der objektiv-wirklichen Musik*zeit* vorstellend zum Ausdruck gebracht im Unterschied zu einer objektiv-musikalischen *Bewegungs*erscheinung. Das bedeutet dann sinngemäß: „Dieser Musikabschnitt *hat* den Ausdruck von Traurigkeit" oder „Dieser Musikabschnitt *hat* den Ausdruck von Zuversicht". Weder *bekommt* er diesen Ausdruck, noch *verliert* er ihn, weil er ihn eben schon hat. Um Missverständnisse zu vermeiden: Mit „Ruheerscheinung" ist nicht gemeint, die Musik stehe in dem entsprechenden Abschnitt auf der Stelle oder sei unbewegt. Gemeint ist vielmehr nur, dass sie dort die Art ihres ausgedrückten Inhalts aufrechterhält.

Wenn nun aber ein solcher Inhalt in der Musik *noch nicht vorliegt*, sondern *erst im Entstehen begriffen ist*, dann kann es sich dabei nicht um eine *Ruhe*erscheinung, sondern muss es sich um eine *Bewegungs*erscheinung handeln. Eben dies ist in McCartneys Song der Fall, in dem widersprüchlicher Inhalt von *verschiedener Art* auftritt: Innerhalb des subjektiven Musikzeitraums *be*steht Inhalt hier nicht einfach nur, sondern er *ent*steht allererst. Das heißt, er erscheint nicht, sondern *fängt an* oder *hört auf*, zu erscheinen, sodass der jeweils andere und zu ihm widersprüchliche Inhalt umgekehrt gerade zu erscheinen aufhört oder anfängt. Für diesen Fall muss ein widerspruchsfreies und einheitliches Urteil erstmalig auch die objektive Zeit im Sinne der aufgebauten und beanspruchten *Wirklichkeit* des Inhalts als eines *nicht seienden*, sondern allererst noch *werdenden* ausdrücken. Und genau dies kann es nur, indem an die Stelle seines „ist" ein „wird" tritt, welches der ursprüngliche Ausdruck für eine Bewegungserscheinung im Unterschied zu einer Ruheerscheinung ist: „Der musikalische Ausdruck *wird* ein hoffnungsfroher". Denn nur dieses „wird" enthält neben der prädikativ-futurischen auch noch die Bedeutung des *Zwischen* als dem *Übergehen* von dem Ruhezustand „Der musikalische Ausdruck ist traurig" zu dem anderen Ruhezustand „Der musikalische Ausdruck ist ein hoffnungsfroher".

Nun werden Sie sich, liebe Leser*innen, sicherlich fragen, warum wir uns bei der Thematisierung dieses musikalischen Werdens für die „Gewinner"-Seite und gegen die „Verlierer"-Seite entschieden haben. Warum bringen wir in unserem musikalischen Urteil nur das *Bekommen* des „hoffnungsfroh"-Inhalts und nicht das *Verlieren* des „traurig"-Inhalts zum Ausdruck? Die Antwort darauf kann wohl nur lauten: Das klangzeitlich sich ausdehnende Subjekt baut bewusst einen neuen Klanginhalt *thematisierend auf*, indem es einen bereits bestehenden und zum neuen widersprüchlichen Klanginhalt zwar auch noch bewusst, aber eben *nicht-thematisierend ab*baut. Und eine klangzeitliche Bewegungserscheinung lässt sich im stets neuen Erleben eines Subjekts auch nur in dem Sinne thematisch als wirklich vorstellen, dass sie etwas ist, das erst in der *Zukunft* der objektiv-musikalischen Zeit wirklich *werden* kann. Nur nicht-thematisch ist sie auch etwas klingend Anderes, das in der Vergangenheit objektiv-musikalischer Zeit wirklich war und künftig unwirklich werden wird.

Was die *objektiv*-musikalische Zeit also im Unterschied zur *subjektiv*-musikalischen auszeichnet, ist die Unterscheidbarkeit ihrer jeweiligen Seiten *Vergangenheit*, *Gegenwart* und *Zukunft*. Auf der Ebene *subjektiv*-zeitlichen Musikerlebens ist diese Unterscheidung deshalb noch nicht präsent, weil es hier nur um das *Augenblickserlebnis* eines immer wieder neu-gegenwärtigen Tönens geht. Erst wenn dessen stetig anderes *subjektives Erleben* zur *objektiv-klingenden* Gegenwart und damit zugleich zum Scheidepunkt zwischen objektiv-*ver*klungener Vergangenheit und noch nicht objektiv-*er*klungener Zukunft wird, gelangt die *objektive Zeit als Ganzes ihrer drei verschiedenen Seiten* ins musikalische Bewusstsein. Während demnach das musikalische *Ent*stehen (die Bewegungserscheinung des klingenden „Werdens") *thematisierend* immer schon das *Vorwärts* der objektiv-musikalischen Klangzeit *vom* objektiv-musikalischen Gegenwartsklang *aus* beanspruchen muss – nur *nicht*-thematisierend auch das *Rückwärts* in bereits Verklungenes -, gilt dies für das musikalische *Be*stehen (die Ruheerscheinung des klingenden „Seins") nicht, weil es sich auf die *Gegenwart* objektiv-musikalischer Zeit als immer wieder neuen Klingens *beschränken* kann.

Was hingegen Urteile über musikalische Bewegungserscheinungen mit solchen über Ruheerscheinungen teilen, ist ihr *Wahrheitsanspruch*, das heißt, das bewusste Aufbauen und Beanspruchen der objektiven Verwirklichung des *innen*weltlich eingebildeten Klanginhalts als eines von ausgebildet *Wirklich-Klingendem* in der *Außen*welt: entweder von einem Klangobjekt, das dieses oder jenes schon „ist" im Sinne einer Ruheerscheinung, oder von einem Klangobjekt, das dieses oder jenes erst noch „wird" bzw. „werden" kann im Sinne einer Bewegungserscheinung. In keinem solcher Fälle von Urteil kann gesichert sein, dass die beabsichtigte Bewahrheitung auch tatsächlich gelingt. Hängt sie doch u.a. ab vom inhaltlichen Zusammenstimmen des jeweiligen Urteils mit anderen solcher musikalischen Sach-Urteile.

Fassen wir zusammen: Musik verkörpert eine Kunstgattung, die typisch ist für *Bewegungs*fälle im Sinne des *Übergehens* von einer Ruheerscheinung, wie „... ist traurig", zu einer anderen und dazu widersprüchlichen Ruheerscheinung, wie „... ist hoffnungsfroh". Bilder oder Statuen dagegen sind typisch für *Ruhe*fälle im Sinne des *Bestehens* von einem Inhalt derselben Art. Um nun dieses *Zwischen* des musikalisch *unbestimmten* Übergehens von einer *bestimmten* Klangart zu einer *anders bestimmten* Klangart begrifflich angemessen und widerspruchsfrei zum Ausdruck zu bringen, steht einem erkennenden Subjekt wohl nur ein einziger und einfacher Bewegungs-Ausdruck zur Verfügung: eben der des „... wird ..." anstelle des „... ist ...". „Wird" ist dabei natürlich nicht selber ein „übergehender" Ausdruck – so etwas wie

„fließende Begriffe“ kann es nicht geben[67] -, jedoch ist es immerhin ein Ausdruck *für* das fließende Übergehen als Zugleich von Entstehen und Vergehen. Was in System B größte Probleme bereitet: sich vollständig verändernde Vorgänge *im* Vollzug ihres Sich-Veränderns zu erfassen, ist in System A etwas völlig Unproblematisches, aber auch Einzigartiges: das Bewusstsein ihrer formalen Anschauung solcher Klangverwandlung kann eine Hörerin inhaltlich-begrifflich niemals vollständig beschreiben. Dies gilt nicht nur für das ästhetische Erleben, sondern auch für das alltägliche. Aber wohl nirgendwo sonst als beim bewussten Musikhören tritt der Unterschied beider Erkenntnissysteme so deutlich, teils sogar drastisch, zutage.

Die besondere Funktion des „wird“ in der Beurteilung musikalischer Übergänge liegt nun darin, dass es auf der Grundlage eines objektiven Musik*raums* auch eine objektive Musik*zeit* ausdrückt. Und diese objektive Zeit gliedert sich bekanntlich in Vergangenheit, Gegenwart und Zukunft, das heißt musikalisch: in *Ver*klungenes, *Er*klingendes und *Vor*klingendes. Dabei bezieht sich jenes „wird“ auf das bereits *Vor*klingende im Sinne des *noch nicht*, sondern *erst künftig* Klingenden, das zugleich abgesetzt wird von dem bereits *Ver*klungenen im Sinne des immer noch im Bewusstsein *Nach*klingenden. Um eine solche Bewegung musikalischen Übergehens wenigstens formal angemessen zu beschreiben, muss ein Subjekt im Grunde genommen sich selber als ursprünglich-subjektive Zeit immer wieder neuen Hörerlebens zum Ausdruck bringen. Darüber hinaus muss es sein stets anderes Musikerleben auch noch in der Klangbewegung eines Musikobjekts der Außenwelt zur Geltung bringen. In dieser verwirklicht es sich auf höchst dynamische Weise als einem Musikalisch-Anderen seiner selbst.

Diejenige zeitliche Bewegung, die das musikalische Subjekt selbst immer schon ausmacht, muss es also im objektiv-musikalischen Klangverlauf *verwirklichen*. Dazu genügt weder die räumliche Verteilung in

67 Gleichwohl vertreten sowohl Hegel als auch Merleau-Ponty in jeweils verschiedener Ausrichtung eine „lebendige Logik“ mit „fließenden Begriffen“, siehe dazu kritisch Hans-Dieter Mutschler: *Ästhetik und Metaphysik. Eine abgerissene Verbindung*, Darmstadt 2023, S. 26f. Mutschler selbst will „zurück auf die ursprüngliche, kontemplative Wahrnehmung, d.h. auf den Bereich des Praereflexiven als einem Apriori all unserer Theorien und Praxen, wo die Subjekt-Objekt-Spaltung noch nicht greift“, S. 20. Um die *Herleitung* solcher „Aisthesis“ aus der *Kraft menschlicher Subjektivität* bemüht er sich jedoch nicht.

„Oberstimmen“ und „Unterstimmen“ oder „Vordergrundklänge“ und „Hintergrundklänge“ oder „Zentralakkorde“ und „Nebenakkorde“, noch die zeitliche Unterscheidung von „erstem Thema“ und „zweitem Thema“ oder „Motiv“ und „Motivveränderung“. Vielmehr bedeutet objektiv-musikalische *Zukunft* das *Noch-nicht*-erklungen-Sein zum Zeitpunkt des *jeweils gegenwärtigen* Erklingens. Entsprechend bedeutet objektiv-musikalische Vergangenheit das *Ver*klungen-Sein zum Zeitpunkt des *jeweils jetzt Er*klingenden.

Aus der stetig neuen Gegenwart musikalischer Ausdehnung eines Subjekts folgt somit bereits die *Einseitigkeits*ausrichtung seines *zeitlichen* Tönens: An das *Entstehen* von Tönen schließt sich deren *Vergehen* an. Die *räumliche* Klangausdehnung dagegen ist eine *bestehende* und daher auch eine *vielseitig* ausgerichtete. Doch selbst als solche unterliegt sie noch der einseitigen zeitlichen Zukunftsgerichtetheit. Nur bleibt diese im musikalischen Sachurteil „... ist ...“ über eine klingende *Ruhe*erscheinung unausgedrückt, während sie im Urteil „... wird ...“ über eine klingende *Bewegungs*erscheinung offen zum Ausdruck gelangt.

Das *Werden* muss es dann auch sein, was allen anderen, selbst in der Umgangssprache verankerten, Ausdrücken für Bewegungserscheinungen zugrunde liegt. In der Musik gilt dies etwa für ‚Tempo‘ (z.B. ‚Andante‘ oder ‚Presto‘), ‚verklingen‘, ‚ablaufen‘ ‚verlaufen‘, ‚verlangsamen‘ (‚ritardando‘), ‚beschleunigen‘ (‚accelerando‘), ‚eilen‘, ‚vergehen‘ (‚morendo‘), ‚übergehen‘, ‚fließen‘, ‚(sich) entwickeln‘, ‚durchführen‘, ‚engführen‘, ‚verarbeiten‘, ‚verändern‘, ‚lauter werden‘ (crescendo‘), ‚leiser werden‘ (‚decrescendo‘), ‚(sich) annähern‘, ‚ankommen‘ etc. Die Bedeutung von dergleichen Bewegungsausdrücken ist immer *unbestimmt* und kann von keiner musikalischen Wissenschaft genau bestimmt werden. Allenfalls die *Quantität* als die Geschwindigkeit musikalischer Bewegungen lässt sich versuchsweise *bestimmen*, etwa mit Hilfe von Metronom-Angaben wie Viertel = 104. Die *Qualität* einer solchen Klangbewegung bliebe damit jedoch völlig unbestimmt. Denn nachweislich ist die qualitativ *erlebte* Musikzeit unabhängig von der quantitativ *gemessenen*. Nicht nur hängt sie von der jeweiligen *Befindlichkeit* der Hörenden bzw. Musizierenden ab, genauso auch von den äußeren situativen, z.B. atmosphärischen, *Umständen* des Hörens oder Musizierens und nicht zuletzt, vermutlich sogar noch mehr, von der Gestaltung der *anderen* musikalischen Parameter, insbesondere des

Rhythmus' als ihrer räumlichen Unterteilung. Ganz gleich, ob als subjektiv *vorgestellte*, als urteilend *hingestellte* oder als objektiv *verwirklichte*, qualitativ bestimmbar ist die Musikzeit nur als vom musikalischen Subjekt immer wieder *anders er*lebte und damit einhergehend auch stetig *neu be*lebte.

Es wäre also vollkommen voreilig, die Bewegung musikalischer Zeit mit der Bewegung eines *Klangobjekts* gleichzusetzen. Als ob dieses sich wie eine *eindimensionale Linie* durch sie *hindurch*bewegte wie durch einen Raum. Denn tatsächlich ist die Musikzeit ja das tönende oder klingende Sich-Bewegen eines hörenden bzw. musizierenden *Subjekts*, das sein objektiv-musikzeitliches Erleben in vergangenes, gegenwärtiges und zukünftiges gliedert. Und als solches bildet es auch den stets anwesenden Hintergrund einer bewusst gehörten Musikbewegung. Das heißt, die musikalische Zeit des Subjekts als ursprünglich lückenloser Zusammenhang unbestimmten Tönens liegt jedem hörbaren und raumzeitlich bestimmbaren Musikobjekt immer schon zugrunde.

An dieser Stelle liegt es auf der Hand, davon auszugehen, dass jeder einzelne Musiker und jede einzelne Musikhörerin eine besondere musikalische Zeit im Sinne einer unabhängigen *Eigenzeit* hat, die jeder objektiven Musikzeit immer schon zugrunde liegen muss. Daraus ergeben sich dann genauso viele verschiedene subjektiv-musikalische *Eigenräume*, die etwas Apriorisch-Nichtempirisches sind im Unterschied zu den empirisch verwirklichten objektiven Musikräumen und -zeiten. Einsteins Nachweis der *Relativität* von Zeiten und Räumen in Bezug auf Standort und Verhalten der Beobachtenden fällt uns hierzu ein. Ihm zufolge kann es Empirisch-Räumliches ohne nicht-empirischen Raum offensichtlich so wenig geben wie Empirisch-Zeitliches ohne nicht-empirische Zeit.[68] Und was sollten solche apriorischen Zeiten und Räume im Unterschied zu objektiv verwirklichten Zeiten und Räumen denn anderes sein als etwas Ursprünglich-Subjektives? In diesem Sinne ist dann eben auch jede Art von *relativer*, d.h. äußerer, Bewegung objektiver musikalischer Ereignisse immer noch ein wenigstens schwacher Nachklang der ursprünglich-innerlich-tönenden Bewegung eines körperlich-geistigen Subjekts.

---

68 Vgl. Gerold Prauss: *Die Welt und wir. Band I/2. Raum, Substanz, Kausalität*, Stuttgart/Weimar 1993, S. 642.

Wenn also sogar in den Wissenschaften ein Subjekt an den von ihm beobachteten Objekten mitwirkt, indem es deren raumzeitliche Gestalt verformt, „relativiert“ oder „krümmt“, dann muss dies für hervorbringende, aufführende oder hörende Wahrnehmungen von Klanggestalten allemal gelten. Swjatoslaw Richters Interpretation des 1. Satzes der posthumen *B-Dur-Klaviersonate* von Franz Schubert verwirklicht in einem extrem langsam gewählten Spieltempo den Ausdruck beängstigender Erstarrung und abgrundtiefer Trostlosigkeit.[69] Alfred Brendels Einspielung desselben Satzes in etwas rascherem Tempo erzeugt dagegen eine zurückhaltend verspielte Heiterkeit, ja ein geradezu still-vergnügt fließendes Singen.[70] Die Auffassungen der beiden Pianisten könnten unterschiedlicher nicht sein: Sie schließen einander eindeutig aus. Und doch verkörpern die Aufnahmen jeweils für sich erfolgreiche und auch gefühlsmäßig überzeugende Verwirklichungen eines musikalisch Anderen ihrer subjektiven Hervorbringer selbst, und zwar auf der Grundlage desselben Notentextes einschließlich vorgegebener Tinte oder Druckerschwärze.

Es handelt sich hier mithin um zwei grundverschiedene Ausdeutungen eines auf *erster* Stufe in Form von bloßer Zeit auftretenden Notentextes als *Anschauungsmaterial*. Dessen *Hören* als Ausdruck von Heiterkeit *schließt* den Bezug zu dessen *Gegen-Hören* als Ausdruck von Nicht-Heiterkeit als Abgrenzung noch *mit ein*. Erst dadurch, dass dieses *Gegebene* auf *zweiter* Stufe auch noch in Form von Raum auftritt, wird es etwas Gegenständliches und somit allererst als konkretes Klangobjekt *begrifflich deutbar*. Aber der diese hörende Anschauung deutende *Begriff* der Heiterkeit *schließt* den Gegen-Begriff der Nicht-Heiterkeit nun *nicht mehr ein*, sondern vielmehr *aus*. Denn zu einer widerspruchsfreien Deutung von Musik führt ein *bestimmter* Begriff wie ‚heiter‘ *nicht zusammen* mit seinem Gegenbegriff ‚nicht-heiter‘, sondern nur zusammen mit einer *Höranschauung*, die sich *ihrerseits* gegen andere Höranschauungen abgrenzt. Wenn schließlich diese zunächst nur vorgestellten und entworfenen, aber schon begrifflich gedeuteten, Klanggestalten aufgrund jenes Erstarrung- und Trostlosigkeit-Deutens (Richter) *oder* jenes gänzlich anderen Heiterkeit- und

---

69 Swjatoslaw Richter: Franz Schubert, *Klaviersonate B-Dur, Opus posthumum*, 1. Satz (*Molto moderato*), Melodiya/BMG GD 69078, Salzburg 1972.

70 Alfred Brendel: Franz Schubert, *Klaviersonate B-Dur, Opus posthumum*, 1. Satz (*Molto moderato*), https://www.youtube.com/watch?v=TKy0Lyl4g-s (21.05.2023).

Singen-Deutens (Brendel) in außenweltlich wahrnehmbaren Klangbewegungen auf *dritter* Stufe erfolgreich verwirklicht worden sind, kann der Vorgang musikalischer Deutung im jeweiligen Einzelfall als abgeschlossen gelten. Verantwortlich für das vollkommen verschiedene Klangergebnis sind eben die subjektiv-musikalischen Eigenzeiten und daraus resultierenden Eigenräume beider Musiker. In Erscheinung treten kann deren Verschiedenartigkeit jedoch nur in gedeutet-objektivierter Form mit jeweils ganz andersartigen empirisch-physischen Klanginhalten.

Im Unterschied zu unserer erkennenden Selbstverwirklichung durch begrifflich *eindeutig* ausdeutbare Anschauungen alltäglicher oder wissenschaftlicher, also *zweckgebundener*, Gegenstände wie Stuhl oder Reagenzglas, besitzen unsere Urteile über die Eigenart *ästhetischer, nicht zweckgebundener*, Gegenstände naturgemäß einen viel größeren Deutungs*spielraum* im Sinne von freiheitlicher *Mehrdeutigkeit.* Anschauungsbewusstsein (System A) und Begriffsbewusstsein (System B) kommen in ästhetischer Einstellung gleichsam nie zur Ruhe, weil es immer wieder Neues wahrzunehmen und Anderes zu bezeichnen gibt. So mag es zwischen den gegensätzlichen Schubert-Deutungen Brendels und Richters noch viele Zwischen-Darstellungen geben, etwa den Ausdruck eines stillen Klagens. Außerdem: Im Unterschied zu *bildlich-ruhenden* sind *musikalisch-bewegte* Gegenstände, wenn wir sie überhaupt so und nicht vielmehr angemessener *raumzeitlich organisierte Abfolgen von Klangereignissen*[71] nennen sollten, deshalb ganz besonders heikel zu ‚erkennen', weil Begriffsbildung an Zeitpunkte und Raumstellen geknüpft ist und daher in sowohl *sich bewegenden* als auch *in sich bewegten* Klangphänomenen immer nur *musikalische Momente* bezeichnen kann, die aus dem klingenden Zusammenhang herausgeschnitten worden sind. In kaum bewegter, statischer oder sehr gleichbleibender Musik, z.B. Minimal, Etüden, Hymnen etc., ist das Problem zwar weniger schwerwiegend, aber

71 Levinsons Definition von Musik als "sounds temporally organized by a person for the purpose of enriching or intensifying experience through active engagement (e.g. listening, dancing, performing)" kommt unserer subjektzentrierten Herleitung von ihr recht nahe, wenngleich ihre erfahrbar wuchtige Wirkung nicht bezweckt oder beabsichtigt sein muss und außer ihrer Zeit auch ihr Raum zu berücksichtigen ist, siehe Jerrold Levinson: *Music, Art, and Metaphysics*, Ithaca: Cornell University Press 1990, S. 273.

grundsätzlich keineswegs ausgeräumt - von der ebenfalls begrifflich schwer fassbaren und oben bereits erläuterten *Abstraktheit* musikalischer Gehalte ganz zu schweigen.

III. Ästhetisch-freiheitliches Bewerten von Musik

Ich bemerkte wohl den Zeitfluß, aber ich erlebte ihn nicht.

Oswald Egger

1. Fassliche Vielfalt als allgemeines musikalisches Wertkriterium

So leer ein Gefühlsurteil ohne Sachgehalt ist, so blind bleibt andererseits eine Bemühung um Sachlichkeit ohne ein Gefühlsurteil, von dessen Substanz sie zehrt.

Carl Dahlhaus

In Thomas Manns Roman „Der Zauberberg“ bewertet der Rationalist und Musikliebhaber Settembrini die Wirkungen von Musik auf Menschen: „Die Musik weckt die Zeit, sie weckt uns zum feinsten Genusse der Zeit, sie weckt ... insofern ist sie sittlich ... Aber wie, wenn sie das Gegenteil tut? Wenn sie betäubt, einschläfert, der Aktivität und dem Fortschritt entgegenarbeitet? Auch das kann die Musik, auch auf die Wirkung der Opiate versteht sie sich ... Es ist etwas Bedenkliches um die Musik. Ich bleibe dabei, dass sie zweideutigen Wesens ist.“[72]

Hermann Pfütze interpretiert Settembrinis Äußerungen als scharfsinnige Erkenntnis, „daß die Musik-Zeit der modernen ökonomischen Zeitverwertung und Zeitkontrolle ‚entgegenarbeitet‘. Das ist das Zweideutige und Unverantwortliche der Musik und der anderen Künste auch: Sie entziehen sich der rationalen Erfassung, verführen aber den, der sich von ihnen erfassen lässt, zu wacher Klarheit und feinstem Genuss der Zeit. [...] Die unbestimmte und unbestimmbare Qualität der

72 Thomas Mann: *Der Zauberberg*. Roman, Frankfurt a.M. 1974, S. 160f.

Kunst, ihr sogenanntes Wesen, hat ihren Ursprung in den Menschen selbst und nicht in der Natur oder bei den Göttern. Sie ist ein Anthropologikum, also etwas, das Menschen erst zu Menschen macht, und gehört zur Kategorie menschlicher Ursprungsleistungen: etwas zu machen, das es noch nicht gibt, das sich unterscheidet von dem, was da ist, ohne es vorauszusetzen. Diese Subjekterfahrung, aus nichts etwas machen zu können, zugleich Unverwechselbarkeitserfahrung in Eigenzeit und Eigenraum, ist gewissermaßen die *individuelle Selbsterfahrung des Nichtidentischen*"[73], also dessen, was Adorno mit diesem Zauberwort an Individuellem, Besonderem und Zwanglosem zusammenfasst.[74]

Pfützes grundsätzlicher Verankerung der Musikzeit in menschlicher Subjektivität sowie seiner an Kant angelehnten freiheitlichen Bestimmung ästhetischer Aktivität als Selbstverwirklichung oder „Subjekterfahrung, aus nichts etwas machen zu können"[75], stimmen wir voll und ganz zu. Allerdings ist seine Deutung der Musikwirkungen „wache Klarheit" und „feinster Zeitgenuss" als zweideutige und unverantwortbare *Verführung* völlig unverständlich und viel weniger nachvollziehbar als diejenige Settembrinis, der die bedenkliche Verführungsfunktion von Musik gerade im genauen *Gegenteil* von wacher Klarheit und feinstem Zeitgenuss, also in „Betäubung" und „Einschläferung" sieht. Aus dieser grundlegend gegensätzlichen Wirkungsmöglichkeit von Musik gewinnt Settembrini sofort mehrere, und zwar allesamt freiheitliche und aufklärerische, *Qualitätskriterien* für ihre *rationale ästhetische Bewertung*: Zumindest moralisch und aufklärungstheoretisch gesehen ist für ihn diejenige Musik gut, die *erstens* unsere Sinne schärft, *zweitens* unsere Genüsse verfeinert, *drittens* uns aktiviert und *viertens* etwas Neues zu Gehör bringt. Im Umkehrschluss muss ihm

73 Hermann Pfütze: *Form, Ursprung und Gegenwart der Kunst*, Frankfurt a.M. 1999, S. 170ff. Siehe dazu meine Rezension in: Philosophischer Literaturanzeiger 53/2 (2000), S. 142–145.

74 Zur utopischen Funktion dieses Begriffs siehe Anders Bartonek: *Philosophie im Konjunktiv. Nichtidentität als Ort der Möglichkeit des Utopischen in der negativen Dialektik Theodor W. Adornos*, Würzburg 2011; vgl. auch Ulrich Müller: *Theodor W. Adornos ‚Negative Dialektik'*, Darmstadt 2006, S. 97–101.

75 Vgl. Immanuel Kant: *Kritik der Urteilskraft*, Hamburg 1974, S. 47 (A 15), wo die ästhetische Aktivität beschrieben wird als „Freiheit, uns selbst irgend woraus einen Gegenstand der Lust zu machen."

zufolge diejenige Musik schlecht sein, die unsere Sinne mehr betäubt als sensibilisiert, uns überwiegend langweilt statt unterhält, lieber lähmt als aktiviert und größtenteils nur Nachahmungen statt etwas Neuartiges bietet.

Liebe Leserin und lieber Leser, ist es nicht höchst erstaunlich und nur der großartigen philosophischen Intuition des Schriftstellers Thomas Mann zu verdanken, dass es ihm gelingt, ein äußerst bedenkenswertes und, wie wir noch sehen werden, auch verallgemeinerbares Gerüst ästhetischer Wertkriterien in nur wenigen Worten einer Romanfigur vorzustellen? Nun werden Sie mir hier sofort einwenden, es handle sich bei Settembrinis Äußerungen doch um „sittlich"-moralische Einschätzungen und eben nicht um ästhetische. Und tatsächlich hat ja kein geringerer Theoretiker als Kant das *ästhetische Gefallen am Schönen* klar abgegrenzt von der *moralischen Achtung des Guten* einerseits und von dem *sinnlichen Vergnügen des Angenehmen* andererseits.[76] Das sinnliche Vergnügen bezeichnet Kant auch als „Neigung" im Unterschied zur moralischen „Achtung" und zur ästhetischen „Gunst", die „das einzige freie Wohlgefallen" sei, während „Neigung" und „Achtung" insofern unfrei sind, als jene ein „Bedürfnis" befriedigt und diese ein „Vernunftgesetz" erfüllt.[77]

Was das Ästhetische nun allerdings auch mit dem Moralischen *verbindet*, ist genau jene *Freiheit*, die wir in der Beurteilung des Schönen aktiv ausüben, die als unser *freier Wille* auch die Voraussetzung dafür darstellt, moralisch verantwortlich, also gut oder böse, handeln zu können. Der Zusammenhang zwischen Ethik und Ästhetik besteht also darin, „dass das ästhetische Urteil eine *freie* Reflexion *im Medium der Anschaulichkeit* ist und als solche die *Idee der Freiheit*, auf die moralische Urteile über Handlungen als Äußerungen des freien Willens notwendig Bezug nehmen, im reflektierten Gefühl der Lust darstellt."[78]

Nun sollten wir hier allerdings keineswegs, liebe Leser*innen, über die durchaus auch bestehenden *Unterschiede* zwischen ethischer und ästhetischer Freiheit einfach hinweggehen: Während uns die ethi-

---

76 Immanuel Kant: *Kritik der Urteilskraft*, Hamburg 1974, S. 47: „*Angenehm* heißt jemandem das, was ihn **vergnügt**; *schön*, was ihm bloß **gefällt**; *gut*, was **geschätzt**, *gebilligt* [wird]".

77 Ibid.

78 Birgit Recki: *Artikel „Schönheit (Schöne, das)"* in: Marcus Willaschek u.a. (Hrsg.): *Kant-Lexikon*, Berlin/Boston 2017, S. 535.

sche Freiheit ganz grundsätzlich nur die Wahl lässt, moralisch oder unmoralisch zu handeln, und lediglich auf der konkreten Anwendungsebene allgemeiner Moralprinzipien einen gewissen Spielraum für ethisch gerechtfertigte Handlungsentscheidungen bietet, eröffnet uns dagegen die ästhetische Freiheit ein vergleichsweise unermesslich gesteigertes Ausmaß an schöpferischen Handlungs- und Gestaltungsmöglichkeiten. Ein ästhetisches Subjekt löst sich ab von allen möglichen Zweckerwägungen, die mit den erkannten Eigenschaften eines hervorgebrachten oder wahrgenommenen Objekts verbunden sein könnten. Es verfolgt kein anderes Interesse am Objekt als dessen beifällige Bewunderung und freie Freude an seinem Gelungen-Sein, das als Schönheit, Stimmigkeit oder Erhabenheit erlebt wird.

Selbstverständlich kann dem ästhetisch handelnden Subjekt sein beabsichtigtes Gelingen als höchst freie Selbstverwirklichung im ästhetischen Objekt auch misslingen. In diesem Fall stellt sich statt des angestrebten Schönheits-, Stimmigkeits- oder Erhabenheitsgefühl entweder das Gegenteil davon ein, also ein Gefühl des Hässlichen, Unstimmigen, Banalen, oder das ästhetische Erleben bleibt gefühlmäßig neutral, sowohl ohne Lust als auch ohne Unlust. In beiden Fällen wäre die ästhetische Selbstverwirklichung gescheitert, weil das Hervorbringen von Kunstobjekten um ihrer selbst willen immer den Zweck verfolgt, ästhetisches Vergnügen zu erzeugen. Diese These mag auf den ersten Blick als zu stark erscheinen. Aber ich gebe zu bedenken, dass auch ein kritisches, provozierendes oder anklagendes Kunstwerk lustvolle ästhetische Erfahrungen ermöglicht. Erinnert sei etwa an die sprachartistisch großartige Prosa eines Thomas Bernhard. Oder Picassos „Guernica“: das Bild schrecklichen Kriegsleidens bietet dem Betrachter dennoch ein ästhetisch-stimmiges Erlebnis, das als ästhetische Lust unabhängig ist von seinem konkreten historischen Bezug. Ich gebe aber zu, dass dieser außerästhetische Bezug das ästhetische Erleben befördert, zumindest beeinflussen kann. Ganz anders dagegen verhält es sich mit funktionaler Kunst wie Einschlafmusiken oder Meditationstexten. Hier wird die ästhetische Qualität überwiegend an der Eignung der Objekte gemessen, die mit ihnen verbundene *Funktion* zu erfüllen. Dabei ist allerdings fraglich, ob überhaupt *ästhetische* oder nicht vielmehr andere *künstlerische*, bzw. *mediale*, Eigenschaften bewertet werden.[79]

Wie dem auch immer sei, *ich möchte im Folgenden von ästhetischen Eigenschaften nur dann sprechen, wenn diese um ihrer selbst willen als erfreulich, unerfreulich oder belanglos erlebt werden.* Nur für Musik, die in diesem Sinne ästhetisch bewertbar ist, ganz gleich, ob sie selbstständig auftritt oder sich in hybriden Werken mit Text, Tanz oder Schauspiel verbindet, sollen Kriterien ihrer Bewertung entwickelt und begründet werden. Anders gesagt, ob Musik noch andere als ästhetische Wirkungen, An- und Berührungen, hervorruft, z.B. aufmuntert, beruhigt, tröstet oder verstört, ob zu ihr getanzt, marschiert oder meditiert werden kann, all dies interessiert uns nur insofern, als diese nichtästhetischen Funktionen ihre ästhetische Funktion und die aus ihr ableitbare ästhetische Beurteilung beeinflussen. *Die eigentlich ästhetische Beurteilung richtet sich also auf den zweckfreien Genuss der Schönheit, Stimmigkeit oder Erhabenheit von Musik. Erleben wir beim Musizieren oder Musikhören eben solche ästhetische Lust, so spenden wir Beifall und Bewunderung, empfinden Freude oder sogar Liebe dem Gehörten gegenüber.*

Es wird immer wieder behauptet, aber kaum einmal schlüssig begründet, Schönheit liege im Auge des Betrachters, sei also etwas bloß Subjektives. Folgt daraus tatsächlich die Beliebigkeit und Unvergleichbarkeit ästhetischer Urteile? Diese auf Thukydides zurückgeführte Auffassung ordnet ästhetische Urteile meistens in den Bereich persönlicher Vorlieben und Neigungen ein. Abgesehen davon, dass die individuellen Urteile über Musik, zumindest bei Menschen mit dem gleichen kulturellen Hintergrund, Wissens- und Erfahrungsstand, so verschieden wie behauptet tatsächlich gar nicht sind – wer würde allen Ernstes

---

79 Stecker versteht den *ästhetischen* Wert als nur einen Teil des *künstlerischen* Werts, der sich auch aus dem kognitiven, ethischen, interpretationszentrierten und kunstgeschichtlichen Wert zusammensetzt, siehe Robert Stecker: *Intersections of Value: Art, Nature, and the Everyday*, Oxford University Press 2019, S. 60ff. Ich bezweifle allerdings, dass sich das Ästhetische so klar vom Künstlerischen unterscheiden lässt, wie Stecker glaubt. Gerade in der Musik sind das kognitive – welche Kompositionstechnik wird verwendet? -, das interpretatorische – welche Gefühle werden ausgedrückt? – und das historische Moment – wie neu ist ein Klang, eine Form, eine Technik? – geradezu grundlegend für die kognitive *und* emotionale *und* wahrnehmbare Nachvollziehbarkeit eines Stücks und somit auch für dessen ästhetische *Bewertung*.

sagen, Beethovens Fünfte sei langweilig oder der von Celine Dion gesungene Filmmusik-Song „My Heart Will Go On“ sei hässlich? –, müsste hier doch zu allererst gefragt werden, wie denn die behauptete Subjektivität des „Betrachter-Auges“ überhaupt angemessen zu verstehen ist.

Klar ist jedenfalls soviel: Ein Hören ohne Ohr und ohne zugehöriges Subjekt als Ohrträger ist schlechterdings nicht möglich. Jegliche Musik muss mit einem jeweiligen Hörer-Ohr gehört und kann nur auf der Grundlage dieses Hörens und weiterhin *bewussten Zu*hörens als schön, stimmig, erhaben, als hässlich, unstimmig, banal oder als irgendwo zwischen diesen Extremen liegend bewertet werden. Und eine solche freiheitliche, ja sogar frei*willige*, in höchstem Maße *ungezwungen* abgegebene, Musikbewertung wird bei jeder Hörerin der Welt im Schönheitsfall auf ein Gefühl der Freude, Liebe oder mindestens auf beifällige Bewunderung und im gegenteiligen Fall auf Missvergnügen, Abneigung, mindestens aber geringschätzende Ablehnung gegründet sein. Weiterhin muss das positiv bewertete Musikstück in irgendeiner Weise spannend, entweder sinnlich ansprechend, motorisch belebend oder neuartig unterhaltend sein. Negativ gesagt: Es darf nicht langweilig, nicht unverständlich und auch nicht banal sein.

Soweit dürfte sich im subjektiven Erleben von musikalisch Wertvollem zweifellos intersubjektive Übereinstimmung erzielen lassen hinsichtlich des vom Musikalisch-Schönen, -Stimmigen oder -Erhabenen ausgelösten psychischen Zustands ästhetischer Lust; und umgekehrt genauso allgemeine Übereinstimmung hinsichtlich des subjektiven Erlebens von musikalisch Wertlosem wie abstoßend Hässlichem, verstörend Unstimmigem oder ekelhaft Banalem. In der Mitte zwischen dem Erleben des Musikalisch-Wert*vollen* und dem des Musikalisch-Wert*losen* liegt wiederum das des Musikalisch-Gleichgültigen als des Uninteressanten, Durchschnittlichen oder Belanglosen.

Keine allgemeine Übereinstimmung hingegen dürfte sich erzielen lassen bei der Beantwortung der Frage, wie denn das Musikalisch-Wertvolle oder -Wertlose in bestimmten Klangobjekten konkret ausgestaltet ist oder beschaffen sein muss. Und überhaupt: Stellt sich das ästhetisch lustvolle Erleben bestmöglicher musikalischer Schönheit, Stimmigkeit oder Erhabenheit eher beim Hören der Musik von Mozart, Wagner, den Beatles oder Hip Hop etc. ein? Hier gehen die Hörauffassungen bekanntlich stark auseinander und sie hängen sehr von kultureller, sozialer, biografischer und erzieherischer Prägung ab. Können ästhetische Urteile also doch keine Allgemeingültigkeit beanspruchen?

Dagegen sprechen nun allerdings verschiedene Gründe: 1. Das Erleben des Musikalisch-Gelungenen ist immer mit einem Gefühl ästhetischer Lust verbunden. Diese von uns geteilte Behauptung Kants[80] kann m.E. zurecht als allgemein gültig angesehen werden. Denn worauf sonst, wenn nicht auf ein inneres Wohlgefühl, ganz gleich, ob sinnliche oder intellektuelle Freude oder beides, sollte das Urteil „x ist schön" gegründet sein? Wir können das Urteil als sprachlichen Ausdruck der Freude und die Freude als psychische Begründung des Urteils auffassen. Ein Problem dabei ist nur, wie das subjektive Gefühl anderen Menschen nicht nur mit*teilbar*, sondern vielmehr auch mit*fühlbar* gemacht und darüber hinaus noch verständlich *begründet* werden kann.[81]

2. Auch eine zweite Behauptung Kants, nach der das Urteil über das Gelungene des Schönen oder Erhabenen anderen die Zustimmung zurecht „zumutet" oder, wie er auch sagt, „ansinne"[82], besitzt ein hohes Maß an Plausibilität: Die empfundene Schönheit, Erhabenheit und Stimmigkeit eines Musikstücks wie Frédéric Chopins *Scherzo Nr. 2 in B-Moll, Opus 31*[83], lässt sich durchaus nachvollziehbar erläutern: Für uns besteht das Faszinierende dieser Komposition in der klangsinnlich reichhaltigen wie harmonisch vielfältigen Annäherung, teilweise sogar Versöhnung, *musikalischer Gegensätze* wie laut (*ff*) und leise (*pp*), Takt 1–36; gebunden (*legato*) und kurz (*staccato*), Takte 5/6, 13/14, 29/30, 37/38 u.a.; schnell (*Presto*) und langsam (*sostenuto*), Takte 1, 265; hell (hoch/Des-Dur) und dunkel (tief/B-Moll), Takte 44–52, 176–184, 627–635; feurig (*con fuoco*), Takte 544ff., und lieblich (*dolce*), Takte 82, 214, 665; freudig (*con anima*), Takte 65ff., 197ff., 648ff., und schwermütig

80 Immanuel Kant: *Kritik der Urteilskraft*, Hamburg 1974, S. 46 (A 14): Danach „ist das Geschmacksurteil [...] ein Urteil, welches, indifferent in Ansehung des Daseins eines Gegenstandes, nur seine Beschaffenheit mit dem Gefühl der Lust und Unlust zusammenhält."

81 Ganz ohne Begriffe, wie Kant meint, wird dies allerdings nicht gehen. Siehe zu diesem Problem Ulrich Müller: *Objektivität und Fiktionalität. Einige Überlegungen zu Kants Kritik der Urteilskraft*, in: Kant-Studien 77/2 (1986), S. 203–223.

82 Immanuel Kant: *Kritik der Urteilskraft*, a.a.O., S. 51 und 52 (A 21 und 23).

83 Frédéric Chopin: *Scherzi*. Urtext, München 1973, S. 23–45.

(*slentando*), Takte 201ff., 401ff.; leicht (*leggiero*), Takte 334ff., 436ff., und schwer (*agitato*), Takte 492ff.; vertikal (Akkorde) und horizontal (einstimmige Linie), Takte 1–41 u.a.; zerklüftet (durch Pausen unterbrochen), Takte 1–41 u.a., und lückenlos (ununterbrochen fortschreitend), Takte 65–117 u.a.; gesanglich (melodiös), Takte 65–117 u.a., und gestisch (rhythmisch), Takte 1-64 u.a.; verlangsamen/beruhigen (*calando*), Takte 572ff., und beschleunigen/hochspielen (*più mosso*), Takte 733ff., 765ff., wiederholen, Takte 25ff., und verändern, Takte 37ff.; übergehen, Takte 61ff., und neu beginnen, Takt 49. All diese gezielt eingesetzten Gegensätze versucht der Schlussteil (ab Takt 716) m.E. so dicht wie eben möglich zusammenzubringen, musikalisch miteinander zu vereinen. Dabei dürfte es der mehrstimmigen Musik vorbehalten sein, *Gegensätze* wie kurze und lange Töne in verschiedenen Stimmen sogar *gleichzeitig* zum Klingen zu bringen.[84] *Das Gesamtergebnis ist die fassliche Einheit vielfältiger Farben und Stimmungen sowie gegensätzlicher Bewegungsformen und mit ihnen symbolisch-assoziativ verbundener Ausdruckscharaktere.*

Kurz gesagt: *Verständliche Vielfalt ist unser allgemeines ästhetisches Wertkriterium*, nicht nur für musikalisch-klingende, sondern für sämtliche künstlerischen Ausdrucksformen. Chopins zweites *Scherzo* erfüllt es m.E. mustergültig, unter besonderer Berücksichtigung klanglicher Gegensätze. Verständlichkeit müssen wir dabei möglichst weit fassen, dürfen sie keineswegs nur auf Verstandesfunktionen begrenzen. Das Mitfühlen- und Nachempfinden-Können gehört genauso dazu wie das unterscheidende Wahrnehmen. Daher werde ich im Folgenden auch nicht mehr von verständlicher, sondern allgemeiner von *fasslicher*

---

84 Besonders deutlich wird dies etwa in Mendelssohns „Lied ohne Worte", Opus 67, Nr. 2, wo eine durchgehende Sechzehntel-Staccati-Begleitfiguration mit melodischen Anteilen eine Legato-Melodiestimme eindrucksvoll kontrapunktiert, Felix Mendelssohn-Bartholdy, *Lieder ohne Worte*, Klavierwerke Bd. I, Frankfurt/London/New York, ohne Jahr, S. 103–105. Zu derart gelungenen Phänomenen passt die folgende Erkenntnis eines Komponisten: „Die von Husserl inspirierten Musiker sagen, dass das musikalische Schönheitsempfinden darauf beruht, dass verschiedene, sich überlagernde Zeitobjekte im Bewusstsein korreliert werden, d.h. in Beziehung zueinander gesetzt werden und sich zu einer *Eins*, zu einer alle vergangenen und zukünftigen Jetztpunkte umfassenden Wahrnehmung im augenblicklichen Jetzt zusammenbinden", Georg Bönn: *Rhythmus und Zeitwahrnehmung in der Musik*, in: Georg Mohr und Johann Kreuzer: *Vom Sinn des Hörens. Beiträge zur Philosophie der Musik*, Würzburg 2012, S. 127–151 (Zitat: S. 144).

Vielfalt sprechen.[85] Viel*falt* wiederum ist auf alle möglichen Parameter, Dimensionen und Aspekte der Musik zu beziehen. Deshalb darf sie jedoch nicht mit Viel*fältigkeit* als Summe unzusammenhängender Einzelheiten verwechselt werden. Um als schön, erhaben oder stimmig beurteilt werden zu können, bedürfen die hörbaren Klangelemente des fasslichen *Zusammenhangs*, auch *Einheit* und *Ganzheit* erzeugende Techniken, z.B. maßvolle Wiederholungen, Variationen, ein durchsichtiger Formaufbau, thematisch-motivische Verknüpfungen oder ein gleichbleibendes Klang*bild* mit einer eigentümlichen Klang*farbe*, erzeugt etwa durch die gewählte Instrumentierung.

Indem ich nun anderen Menschen diese *zusammenhängende Klangvielfalt* an einzelnen Stellen des Musikstücks vorführe und ihnen meine dabei assoziierten Gefühle, Stimmungen, Bilder und Gedanken mitteile, habe ich die berechtigte Hoffnung, ihre Zustimmung zu meinem positiven ästhetischen Werturteil, oder jedenfalls Verständnis für dieses, zu gewinnen. Selbst wenn sie dadurch meine Begeisterung für das Stück gefühlsmäßig nicht teilen können, so können sie doch zumindest nachvollziehen, *wodurch* meine ästhetische Lust *verursacht* wird: Vielfalt lässt als solche *erstens* keinerlei Langeweile aufkommen. Und wenn sie darüber hinaus sinnlich nachvollziehbar und durchhörbar ist, erzeugt sie *zweitens* auch kein Überforderungsgefühl. Wie gesagt, *welche* Musik für die eine oder den anderen zu viel oder zu wenig vielfältig oder fasslich ist, mag von empirisch-zufälligen Faktoren wie Kultur, Sozialisation und Bildung abhängen. Aber ganz grundsätzlich

85 Fasslichkeit ist auch das wichtigste ästhetische Wertkriterium des Komponisten Arnold Schönberg, siehe ders.: *Schulung des Ohrs durch Komponieren*, in: Arnold Schönberg: *Stil und Gedanke*, Leipzig 1989, S. 183: „Die Hauptaufgabe der Form ist, unser Verständnis zu fördern. Musik sollte genossen werden. Unleugbar bietet Verstehen dem Menschen eine seiner genußreichsten Freuden. Und obwohl Schönheit nicht Gegenstand der Form ist, bringt die Form doch Schönheit hervor, indem sie für Faßlichkeit sorgt. [...] Formen sind in erster Linie Organisationen, um Gedanken in faßlicher Weise auszudrücken." Der Komponist Wolfgang Rihm spricht davon, „dass das Material fassbar" oder unfassbar sein kann, vgl. Wolfgang Rihm, Peter Trawny: *Frei. Zwei Gespräche*, Frankfurt a.M. 2023, S. 99. Zur ‚verständnisfördernden Funktion der Form' siehe auch Ulrich Müller: *Musikverstehen und Musikstruktur. Eine systematisch-hermeneutische Untersuchung zum Problem der Objektivität in der Musikästhetik*, in: International Review of the Aesthetics and Sociology of Music 21/1 (1990), S. 47–69.

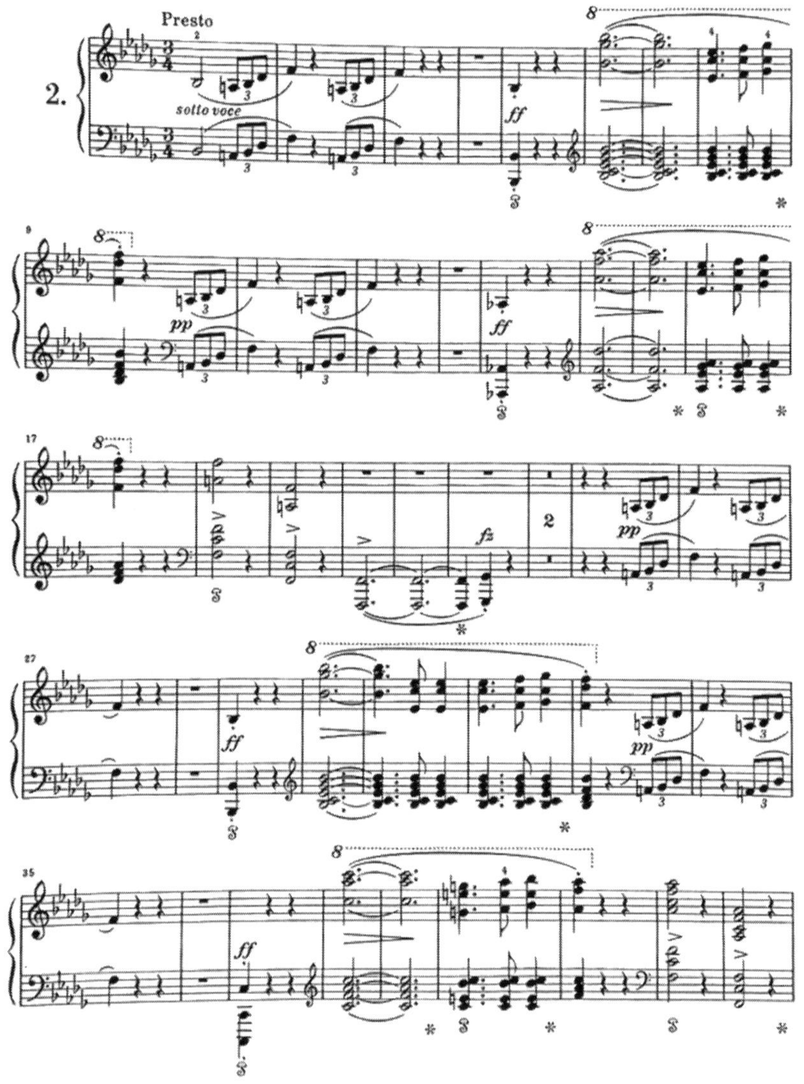

Frédéric Chopin: Scherzo Nr. 2, b-moll, Opus 31, München (Henle) 1973

wird sich niemand gegen das Kriterium fasslicher Vielfalt im Ästhetischen aussprechen, weil es sowohl die lustlose Langeweile wahrgenommener Belanglosigkeiten als auch die unangenehme Befremdung erfahrener Unzugänglichkeiten *aus*schließt. Dagegen schließt fassliche Vielfalt positiv *ein:* ansprechende Kreativität, lustvolle Originalität und spannende Komplexität, um nur die drei wichtigsten Teilkriterien des Hauptkriteriums der Theorie fasslicher Vielfalt (TfV) zu nennen.[86] Kurz: *Fassliche Vielfalt führt zu lustvollem Hören, und zwar nachhaltigem, nicht nur einmaligem.*

Um Missverständnisse zu vermeiden, sei hier jedoch sofort eingeräumt, dass *ein* Kriterium das ästhetische Gelungen-Sein niemals *vollständig* erfassen kann. Selbst bei Verwendung *mehrerer* Kriterien – unseres besteht immerhin aus den drei Hauptkriterien Fasslichkeit, Vielfalt und der aus diesen beiden resultierenden nachhaltig-freien Freude, aus denen jeweils zahlreiche Unterkriterien ableitbar sind – bleibt stets ein rational nicht durchdringbarer Rest an Schönheit, Erhabenheit oder Stimmigkeit übrig. Dies zuzugeben, bedeutet jedoch keineswegs, ästhetischer Irrationalität das Feld zu überlassen.[87] *Fassliche Vielfalt dürfte ästhetisch Musik Bewertenden also eine ziemlich verlässliche und im Allgemeinen gut bewährte Orientierungsgrundlage für das Erkennen geglückt gestalteter Klanggefüge verschaffen – nicht mehr, aber auch nicht weniger.*

Es liegt nun nahe, unser Kriterium für ästhetisch Gelungenes auf die traditionelle Schönheitsformel „Einheit in der Mannigfaltigkeit" zurück zu beziehen. Denn diese „schon in der Antike gängige Bestimmung der Schönheit wird im 18. Jh. zu einem der wichtigsten ästhetischen Prinzipien."[88] Präzisierend sei hier jedoch gleich hinzugefügt,

---

86 Für weitere Differenzierungen siehe Ulrich Müller: *Kunst und Rationalität. Zur Konstruktion ästhetisch-kreativen Handelns*, Berlin 2001, S. 180–188.

87 Die Hauptschwierigkeit emotivistischer wie aller nonkognitivistischer Ästhetiken, nach denen „Werturteile nicht Aussagen sind, die irgendwelchen Sachverhalten irgendwelche Eigenschaften zuschreiben, sondern [...] nur Ausdruck (expression) von Haltungen, Emotionen usw. [...] ist es, den Bereich des Rationalen vom Irrationalen im axiologischen Diskurs an Hand eines praktikablen Kriteriums zu trennen", vgl. Jakob Steinbrenner: *Artikel „Wertung/Wert*, in: Karlheinz Barck u.a. (Hrsg.): *Ästhetische Grundbegriffe*, Bd. 6, Stuttgart/Weimar 2010, S. 612.

88 W. Strube: Artikel *„Mannigfaltigkeit, ästhetische"* in: Joachim Ritter u. Karlfried Gründer (Hrsg.): *Historisches Wörterbuch der Philosophie*, Bd. 5, Basel/Stuttgart 1980, S. 735.

dass sich Fasslichkeit nur dann mit Einheit richtig erläutern lässt, wenn unter letzterer keine substantielle Objekteigenschaft theologischer, metaphysischer, kosmologischer, organologischer, rationalistischer oder empiristischer Art verstanden wird. Die von uns gemeinte einheitliche Fasslichkeit ist vielmehr „anthropologisch aus dem Bedürfnis nach Abwechslung und Zusammenhang“[89] zu erklären. So gesehen wird Vielfalt bereits fasslich durch Zusammenhangsbildungen jedweder Art, es bedarf dazu keiner bestimmten oder umfassenden Einheit, jedenfalls nicht im Sinne eines ontologischen Formkriteriums, wohl aber im Sinne eines ästhetischen Erlebniskriteriums für die Ganzheit eines lückenlosen Klangzusammenhangs.

Unserer TfV zufolge bildet fassliche Vielfalt also das orientierende *Strukturkriterium für gelungene Kunstwerke* und ermöglicht damit zugleich eine Verständigung zwischen verschiedenen ästhetischen Kulturen und Werthaltungen.[90] Als einerseits subjektiv-anthropologisches, andererseits objektiv-musikalisches Kriterium begründet es auch eine nicht-dogmatische Theorie gelungener Musikstrukturen im Sinne erfolgreich verwirklichter Klangobjekte. Diese Theorie soll im Folgenden als subjektzentrierte Musikästhetik ausgearbeitet werden.

---

89 Ibid.

90 Vgl. Ulrich Müller: *Wie ist ästhetisches Argumentieren möglich?* In: Philosophisches Jahrbuch I (1989), S. 151–156. ‚Fassliche Vielfalt‘ können wir auch als ‚komplexe Wahrnehmungsprägnanz‘ erläutern, siehe dazu Dieter Henrich: *Ästhetische Perzeption und Personalität*, in: Harald Weinrich (Hrsg.): *Positionen der Negativität. Poetik und Hermeneutik*, Bd. 6, München 1975, S. 543ff. Kriterial in dieselbe Richtung zielen aus gestaltpsychologisch-musikgeschichtlicher Sicht Helmut Reuter und Michael A. Stadler: *Gestaltübergänge in der Musik. Vom Wandel der Ordnungsprinzipien*, in: Journal für Psychologie 14 (2006), S. 298: So „wird in der Musik des 20. Jahrhunderts ästhetisches Vergnügen und affektive Präsenz durch eine Kombination von hoher Komplexität mit einfacher Ordnung erreicht.“

2. Interessierte und interesselose musikalische Selbstverwirklichung

Kant als erster hat die seitdem unverlorene Erkenntnis erreicht, daß ästhetisches Verhalten von unmittelbarem Begehren frei sei; hat Kunst der gierigen Banausie entrissen, die sie stets wieder abtastet und abschmeckt.

Theodor W. Adorno

Liebe Leserin und lieber Leser, wenn die erfolgreiche Selbstverwirklichung musizierender Subjekte darin besteht, beim Hervorbringen, Spielen oder Anhören eines Musikstücks ästhetische Lust zu empfinden, so muss sich dieses Lustgefühl von demjenigen unterscheiden, welches dieselben Subjekte mit der Erkenntnis nützlicher Gegenstände oder guter Handlungen verbinden mögen. Die Lust am Vollziehen einer ethisch-gelungenen Handlung erfüllt sich im Erreichen der moralischen Absicht, die Welt ein kleines Stück besser gemacht zu haben, und erlischt mit seinem Erreichen. Und die Lust an einem nützlichen Gegenstand, z.B. einem kleinen und scharfen Messer, besteht in dem Interesse, damit Kartoffeln zu schälen, und verschwindet mit der Erfüllung dieses Interesses. Das heißt, sowohl die ethische als auch die nutzenorientierte Lust ist auf die erfolgreiche Ausführung einer *interesse*geleiten, weil *zweck*gerichteten Handlung bezogen: Moralische oder gebrauchspraktische Lüste entzünden sich an unserem Interesse, etwas Gutes oder etwas Nützliches zu tun, und sie erlöschen mit dem Erreichen unseres jeweiligen Ziels, sei es eine Hilfeleistung oder seien es geschälte Kartoffeln.

Ganz anders verhält es sich dagegen mit der ästhetischen Lust. Die freie Freude am An-, Durch- und Miteinanderhören oder -spielen des ersten Satzes von Gustav Mahlers *Erster Sinfonie* verfolgt keinerlei Handlungsziel und gründet sich auch auf kein Interesse am Besitz des Klangobjekts, so wie die Freude am Besitz eines geeigneten Kartoffelschäl-Messers oder die ethische Freude an der Verfügung über Hilfsmöglichkeiten für unseren bedürftigen Nachbarn. Nichts davon trifft auf unsere erfolgreiche und freiwillige musikalische Selbstverwirklichung in der Mahler-Sinfonie zu. Hier fragen wir nicht danach, oder wir sollten es zumindest nicht tun, ob wir durch die lustvolle Beschäftigung mit dem Werk moralisch bessere Menschen werden, was schlicht unsinnig ist, und genauso verfehlt wäre es wohl, danach zu fragen, was wir mit unserer Freude an dieser Art von Musik praktisch anfangen können, z.B. vor Anderen mit unserem besonderen Geschmack angeben, ein Konzertprogramm organisieren oder eine Rezension schreiben.

Nun werden Sie vermutlich entgegnen, dass die beiden letztgenannten Zwecke doch durchaus mit dem Empfinden zweckfreier ästhetischer Lust vereinbar seien. Da gebe ich Ihnen unter folgenden Bedingungen durchaus Recht: 1. Wenn die Konzertplanerin die Sinfonie unter den Gesichtspunkten hört, ob sie vom Umfang und den darin benötigten Musiker*innen in dem ihr vorgegebenen finanziellen Rahmen realisierbar ist, *damit* sie Ihren Hörer*innen ein erfolgreiches ästhetisches Erlebnis ermöglichen kann, dann unterstellt sie das *sekundäre* praktische *Interesse* der *primären* ästhetischen Interesse*losigkeit*, das heißt, sie handelt *interessiert-zweck*gerichtet *aus un*interessierter Zweck*losigkeit heraus*. 2. Wenn der Konzertkritiker das Stück etwa dazu missbraucht, seinen eigenen, vorgeblich guten Geschmack gegen den vermeintlich schlechten des Komponisten auszuspielen, ohne auf die musikalische Klangebene Bezug zu nehmen, dann kommt das primäre ästhetische Gefühl, in diesem Fall die Unlust, nicht angemessen zur Geltung, weil sie dem sekundären, weil sachfremden Interesse persönlicher Profilierung dient. Wenn die empfundene Unlust jedoch um ihrer selbst willen erlebt, beschrieben und in der Rezension musikalisch-sachlich begründet wird, um sie den Leser*innen glaubwürdig zu vermitteln, dann dient der *interesse*gebundene *Zweck* Rezension dazu, ein interesse*los*-zweck*loses* ästhetisches Gefühl öffentlich zu befördern.

Auch in solchen besonderen Fällen einer *in*direkten Förderung musikästhetischer Autonomie durch musikfremde Heteronomie ist das begründete musikalische Werturteil über den erwähnten Sinfoniesatz von Gustav Mahler auf Gesichtspunkte gestützt, die sich aus der Anwendung des Kriteriums der fasslichen Vielfalt auf den besonderen Klangzusammenhang dieses Werks ergeben. So lässt sich dessen eigenartige Klang*vielfalt* aus verschiedenen Klang*bereichen* ableiten:

1. Das bewusste Abweichen vom überlieferten *Formmodell* des Sonatenhauptsatzes, der gleichwohl ansatzweise zugrunde gelegt wird,

ergibt eine „formlos erscheinende Formung“[91], die als subjektiver Ausdruck eines weitreichenden Anti-Formalismus verstehbar ist. Höhepunkt dieser spannungslogischen Traditionskritik ist zweifellos die krachend, signal- und tumultartig, jedenfalls vielstimmig geblasene Ankündigung eines ganz Anderen in der Reprise, die das Klangbild dann auch ruckartig verändert: vom bisherigen Ausdruck des mühseligen Gequält-Seins zu dem des nunmehr Hymnisch-Triumphierenden. Adorno nennt diesen Formabschnitt, der den beschriebenen Stimmungswechsel herbeiführt, schlicht „Durchbruch“[92], dessen Idee dem ganzen Satz zugrunde liege.

2. Das Durchbrechen von althergebrachten Formerwartungen betrifft aber nicht nur den klingenden Spannungsverlauf der Musik, sondern auch die klangspezifische Gestaltung der *Themen und Motive*, die abgegriffen und alltäglich klingen sollen. Sprechende Beispiele dafür sind die verfremdeten Naturklänge, insbesondere die wie zufällig eingestreuten, geradezu hässlich anmutenden, Kuckucks-Quarten. Überhaupt bilden die fallende Quarte und ihre Sequenzierungen so etwas wie Klangsymbole für weitere Natur- und Ur-Laute in diesem Satz.[93]

3. Ein symbolischer Naturklang der besonderen Art bildet darin der flageolettierte, teilweise sechsfach oktavverdoppelte, Halteton A in den Streichern zu Beginn der Einleitung. Mahler selbst wollte damit

---

91 Hans Heinrich Eggebrecht: *Die Musik Gustav Mahlers*, München/Zürich 1986, S. 71.

92 Theodor W. Adorno: *Mahler. Eine musikalische Physiognomik*, in: Theodor W. Adorno: *Die musikalischen Monographien*, Darmstadt 1998, S. 154: „Der Durchbruch in der Ersten Symphonie tangiert die gesamte Form. Die Reprise, der er den Weg bahnt, kann danach jenes Gleichgewicht nicht wieder herstellen, dessen Erwartung an die Sonate sich knüpft. Sie schrumpft zum hastigen Epilog. [...] Die Idee des Durchbruchs, die dem gesamten Symphoniesatz seine Struktur anbefiehlt, überflügelt die traditionelle, die er flüchtig noch entwirft.“ Adorno müsste genauer sagen, *von wo* die Musik *auf*bricht und *wohin* sie *durch*bricht, damit der vereinheitlichende *Zusammenhang* zwischen dem *vielen* Alten, Bekannten und dem *vielen* Neuen, Unbekannten *fassbar* wird.

93 Hans Heinrich Eggebrecht: *Die Musik Gustav Mahlers*, München/Zürich 1986, S. 148ff. Ob das Klangobjekt deshalb schon „Naturlaute-Musik“ gegen „Kunstmusik“ (147), „zwei Arten von Musik gegeneinander ausspielt als Welt und Gegenwelt“ (148), bezweifle ich: Meiner Hörwahrnehmung zufolge vermischen und überlagern sich beide Klangregionen eher. Wie auch immer: Hören heißt hier bereits deuten.

„das Schimmern und Flimmern der Luft“[94] zum Ausdruck bringen, und zwar als belegt klangsinnlichen „Protest gegen das mittlere kompositorische Schönheitsideal“[95].

Zusammenfassend gesagt: Das Gelungene dieses Satzes liegt in der vielgestaltigen *Infragestellung und Erweiterung* des überlieferten klassisch-romantischen Schönheitsideals, ohne dieses vollständig zu zerstören. Was dabei verhindert, dass die *Vielfalt* der traditionskritischen Mittel und Techniken (die Verschleierung von Tonart, Takt und Metrum, die Verschiebung der Formproportionen, die Einführung von banalen, signal- oder fanfarenartigen Motiven und Tonfolgen in die Kunstmusik, die Verwendung verfremdeter Klänge wie die ff blasenden Trompeten mit Dämpfer, der gehaltene Flageolett-Orgelpunkt des Anfangs oder das buchstäbliche Bläser-Gekreische vor der Reprise etc.) zur beliebigen, letztlich unsinnigen, Ansammlung von *vielem Verschiedenen und Neuen* verkommt, ist deren durchgängiges Auslösen von Natur-Assoziationen. Der Komponist selber hat diesen *vereinheitlichenden Naturbezug* u.a. durch sprachliche Anweisungen in der Partitur („Wie ein Naturlaut“, Takt 1ff., „Der Ruf eines Kuckucks nachzuahmen“, Takt 30ff.) bewusst hervorgehoben, um die Hörwahrnehmung von Spielenden wie Zuhörenden in die gewünschte Richtung zu lenken und zu bündeln.

Nicht nur *verbal verständlich*, sondern auch *hörsinnlich fassbar* wird die konventionskritische Vielfalt dieses Satzes also deshalb, weil sie uns *erstens* durchgängig an allgemein *vertraute* Naturlaute denken lässt und *zweitens* die bekannten *konventionellen* Klangkonstruktionen und Schönheitsideale jederzeit noch *voraussetzt* und auch immer wieder wenigstens *an*klingen lässt, z.B. im Traurig-Schönen des Adagio-Gesangsthemas ab Takt 444. Es ist gerade dieses *Hin- und Herwechseln* des musikalischen Subjekts zwischen verkürzt ausgedrückter Gefühlsaufrichtigkeit mit einhergehender konventionell-glatter Klanggestaltung *einerseits* und empfundener Unnatürlichkeit, einschließlich unkonventioneller Klangfärbung, *andererseits*, was die oft bemerkte individuelle *Gebrochenheit* von Mahlers Musik, nicht nur

94 Ibid., S. 152.

95 Theodor W. Adorno: *Mahler. Eine musikalische Physiognomik*, in: Theodor W. Adorno: *Die musikalischen Monographien*, Darmstadt 1998, S. 164.

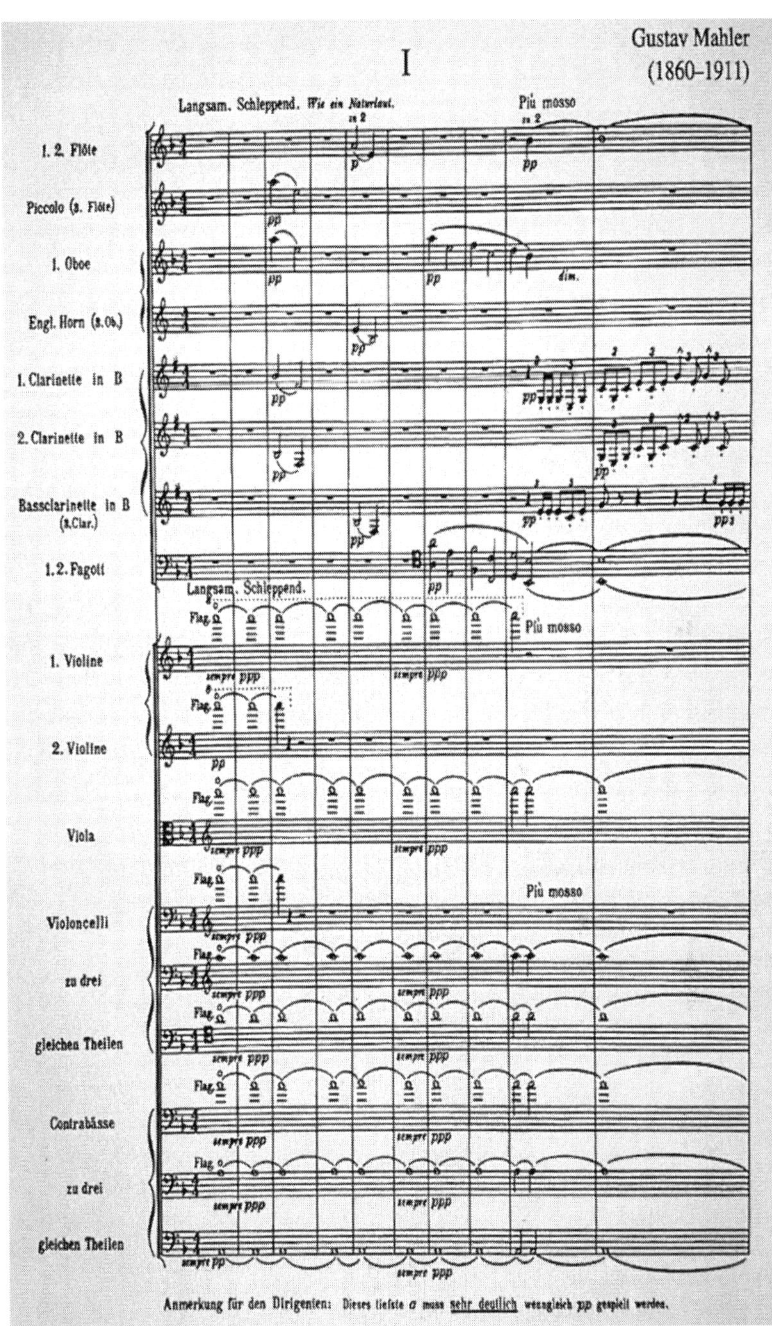

Gustav Mahler: Sinfonie Nr. 1, D-Dur, 1. Satz, London/Mainz (Eulenburg) 2015

in diesem Satz, ausmacht. Das derart gebrochen Unentschiedene und Unbestimmte des Klangbilds muss m.E. als gelungene, gleichwohl „stimmige", *Verwirklichung einer abgründig zwiespältigen Stimmung des musikalischen Subjekts selber* beurteilt werden. Gelungen im Sinne von zusammenstimmend ist dessen *klangräumliche* Veräußerlichung (Stufe 3) des zuerst innerlich-*zeitlich* Gefühlten (Stufe 1), dann *zeiträumlich* Vorgestellten (Stufe 2) deshalb, weil sie die *vielfachen* Form*verzerrungen*, Klang*entstellungen* und Ausdrucks*gegensätze* auf *fasslich-zusammenbindende* Weise in den geringfügig immer noch traditionell geformten Klangzusammenhang sowie die durch ihn ausgelösten Gefühle wie Gedanken an Naturklänge *ein*bindet und so auch miteinander *ver*bindet.[96]

Liebe Leser*innen, nicht in erster Linie die Brüchigkeit selber als Formgesetz (Adorno), und auch nicht das Gegeneinander-Ausspielen zweier Musikwelten (Eggebrecht), sondern vielmehr Traditionsbezug und Naturassoziationen machen unserer Auslegung zufolge Mahlers Klangvielfalt fasslich und damit nachhaltig stimmig, wenn nicht sogar auf eigene und neue Weise „schön"[97]. Doch unbeschadet solcher Deutungsunterschiede sind alle drei Auslegungen ganz offensichtlich musikästhetische *Würdigungen hörbarer und nachweisbarer Klangverläufe als solcher*, die erkennbar keinerlei persönliches, funktionales, ideologisches oder sonstiges Interesse mit dem klingenden Objekt verbinden. Stattdessen geht es ihnen zentral um dessen *Formindividualität* und *Klangautonomie*, die ja den nicht nur subjektiv erzeugten (1.) und

96 Richter hört hier, beide Musikwelten durchaus zusammendenkend, neben den „grotesken Regionen menschlicher Existenz, die wunderbaren Bezirke stiller Natur – bis zu jenem *überirdischen* Frieden, als dessen Abglanz sich irdischer Naturfrieden immerhin erweisen kann", Klaus Peter Richter: *Vom Sinn der Klänge. Eine kritische Musikgeschichte*, Würzburg 2023, S. 479. Von Massow wiederum bemerkt richtig, dass Mahler „trotz oder gerade wegen der besonders deutlichen Heterogenität der von ihm aufgegriffenen Musikarten ein spezifischer kompositorischer Zugriff eigen" ist, ohne hingegen über die kriterial entscheidende fassliche Vielfalt aufzuklären, Albrecht von Massow: *Die unterschätzte Kunst. Musik seit der Ersten Aufklärung*, Köln 2019, S. 351.

97 Peres hat m.E. vollkommen Recht: Wenn wir nicht „allen ästhetischen Phänomenen, die kein reines Wohlgefallen evozieren, ihre Schönheit" absprechen wollen, dann müssen wir „irritierende, verstörende, missfallende Aspekte als *integrale* Bestandteile von Schönheit akzeptieren", Constanze Peres: *Artikel „Schönheit"*, in: Judith Siegmund (Hrsg.), *Handbuch Kunstphilosophie*, Bielefeld 2022, S. 331.

eingebildet vorgestellten (2.), sondern auch noch objektiv verwirklichten (3.) ästhetischen Wert enthalten. Der Einwand, ästhetische Freude, Bewunderung und Beifall gegenüber gelungenen Musikwerken seien doch ebenfalls Interessen, verkennt, dass es sich bei derartigen Gefühlen um *ursprünglich-menschliche Antworten* auf Klangobjekte und deren nachhaltige Wirkungen *um ihrer selbst willen*, nicht um äußerer Zwecke willen, handelt. Und für die Einschätzung des selbstständigen Musikwerts verschafft unser strukturanthropologisches Kriterium der fasslichen Vielfalt die bestmögliche Orientierung. Es ist *sowohl subjektzentriert als auch sachgerichtet*: Denn musikalische Vielfalt fördert hörende Neugier und verscheucht klingende Langeweile, musikalische Fasslichkeit verschafft klangsinnliche Zugänge und verhindert gefühlte Misserfolgserlebnisse. Beides zusammen bewirkt meistens eine nachhaltige Freude am Klingenden. Auf die gleichwohl *begrenzte Reichweite* unseres ästhetischen Dreifach-Kriteriums wurde bereits ebenso hingewiesen wie auf dessen *grundlegende Orientierungskraft*.

3. Musikalische Freiheit der Subjektivität als Befreiung von praktischen Klangzwecken

Hören ist Freiheit, denke ich. Wer hören kann, ist frei.
Hören als Hinhören, Zuhören, auch Anhören.

Peter Trawny

Funktionale oder zweckgebundene Musik erfüllt Funktionen, die außerhalb des hörbaren Klangzusammenhangs liegen, aber mit ihm hörend verknüpft werden. So verankern Werbe-Jingles aufwertende Produktbotschaften im Bewusstsein von Hörer*innen, Hintergrundmusiken in Kaufhäusern regen das Kaufverhalten an, Kirchenchoräle überhöhen Gottes Wort und vertiefen die Andacht der Gläubigen, Tanzmusik dient dem Ausdruck und der Erzeugung von Lebenslust, Rauschzuständen oder Gemeinschaftsgefühlen, Nationalhymnen stärken Stolz und Staatstreue, Meditationsmusiken beruhigen das vegetative Nervensystem. Das Erzeugen, Ausüben und Hören solcher Musiken ist auf außermusikalische, ökonomische, gottesdienstliche, sozialpsychologische, politische oder neurobiologische, *Zwecke* und dementsprechend auf die Befriedigung anderer Bedürfnisse ausgerichtet als das Bedürfnis, *Musik um ihrer selbst willen zu genießen*.

Das Gesagte schließt natürlich nicht aus, auch zweck*gebundene* Musik zweck*los*, also um ihrer selbst willen, zu hören. Nur wird das ästhetische Hörvergnügen an einem Klangzusammenhang, der ohne jeden künstlerischen Anspruch erschaffen wurde, in der Regel sehr begrenzt sein – immer vorausgesetzt, unser ästhetisches Wertkriterium der fasslichen Vielfalt trifft tatsächlich zu. Dagegen muss eine funktionale Musik sehr leicht, am besten in höchstem Maße, fasslich sein, darf aber nur wenig, am besten geringstmöglich, vielfältig sein, wenn sie ihren Zweck erfolgreich erfüllen soll. Denn eine Kaufhausmusik, die zu vielfältig, sei es neuartig oder sei es abwechslungsreich, jedenfalls in sich wertvoll ist, erregt das Interesse der Kund*innen und hält sie so vom Kaufen ab; und eine Meditationsmusik, die nicht fasslich, sondern kompliziert klingt, ist keine, weil sie weder das mentale Abschalten, noch das Ausschalten des Denkens ermöglicht oder unterstützt.

Wenn also funktionale Musik das Denken und Fühlen ihrer Hörer*innen kaum oder gar nicht beschäftigen darf, dann gilt für ästhetisch selbstständige Musik das genaue Gegenteil: Je stärker und je mehr sie geeignet ist, das Denken und Fühlen musikalischer Subjekte beeinflussend freizusetzen, desto besser können diese sich in ihr klangzeitlich verwirklichen. Anders gesagt: Das uninteressiert-zwecklose Erzeugen und Anregen von Gedanken, Gefühlen und Stimmungen, ohne dass diese zu einem klaren oder bestimmten Ergebnis und somit zu ihrem Ende führen müssen, verbindet sich mit ästhetisch-nachhaltiger Freude an der fasslichen Vielfalt gelungener Klangkonstellationen.

Im Unterschied zu zweckfreien ästhetischen Werturteilen der Form „X ist schön, erhaben, stimmig, gelungen" beziehen sich theoretische Erkenntnisurteile der Form „X ist ein Baum, ein Stuhl, ein Mensch, eine Aussage" oder praktische Werturteile der Form „Helfen, Heilen, Beraten, Besprechen sind gut" auf mögliche Handlungszwecke, die mit solchen Sach- oder Werturteilen verbunden sind: Schatten-Finden, Sitzen, Kommunizieren, Überprüfen im ersten, theoretischen, und Not lindern, Gesundheit fördern, Anderen Gutes tun, sie verstehen im zweiten, praktischen, Fall. Von derart praktischen Zweckbezügen theoretischer *wie* praktischer Urteile sind ästhetische Werturteile nun allerdings frei. Stattdessen bekundet sich in ihnen die bloße Freude an der Freiheit ästhetischen Wahrnehmens und Denkens als solchem. Das musikalische Subjekt genießt seine Hörfreiheit auf der Grundlage einer vor- und aufgefunden fasslich-vielfältigen Klangstruktur. Diese ermöglicht ihm zahlreiche Klang*deutungen*, die deshalb aber niemals bloß beliebige sind: Begrenzt werden deutende Hörmöglichkeiten durch Fasslichkeit stiftende Mittel der *Verbindung von Vielfältigem*.

Gleichwohl setzen ästhetische Werturteile künstlerische Sachurteile immer schon voraus: „Diese Jazz-Improvisation ist stimmig" lässt sich zerlegen in das *Sach*urteil „Dies ist eine Jazz-Improvisation" und das *Wert*urteil „Dies ist stimmig". Nur im Anschluss an ein gefälltes theoretisches Sachurteil kann ein ästhetisches Werturteil überhaupt nur entfaltet werden. Subjekttheoretisch im Sinne unserer musikphilosophischen Gesamtkonzeption bedeutet dies nun Folgendes: Ein musikalisches Subjekt muss sich zunächst, wie in den Teilen I und II dieses Buchs beschrieben, in drei Stufen interessiert-*zweck*gerichteter *Erkenntnis*einstellung in einem Klangobjekt der Außenwelt verwirklicht haben, um sodann diese seine musikalische Selbstverwirklichung gewissermaßen noch einmal überbieten und durch eine *un*interessiert-zweck*freie Bewertungs*einstellung gegenüber der verwirklichten Musik übertreffen zu können. Ein solches Überbieten der bereits geleisteten Freiheit klangobjektiver Selbstverwirklichung macht es für das musizierende Subjekt erforderlich, vom freiheitlich hervorgebrachten Musik*objekt*, z.B. einer Jazzimprovisation, *zurück*zutreten, um sodann in ein freiheitlich bewertendes *Verhältnis* zu diesem Klangobjekt *ein*zutreten. Dazu muss das Subjekt von den hörbaren Klangeigenschaften, erkennbaren Gestaltungsregeln und fühlbaren Ausdrucksgehalten *im Einzelnen* absehen und das Werk *als solches* und *im Ganzen* fühlend und denkend *bewerten*.

Selbstverständlich beruht das *Gesamt*urteil über, sagen wir, den 1. Teil des *Köln Concert*[98] von Keith Jarrett auf einem ästhetischen Ge-

98 Keith Jarrett: *The Köln Concert*, Mainz 1991. Im Vorwort der von ihm autorisierten Transkription des aufgenommenen Konzerts vom 24.01.1975 schreibt Jarrett philosophisch über den Notentext: „So haben wir hier sozusagen das Bild einer Improvisation vor uns (vergleichbar mit dem Druck eines Gemäldes), doch alles, was wir sehen, ist die Oberfläche – die Tiefe bleibt uns verborgen." Wir müssen sie uns eben aktiv *er*spielen oder *er*hören. Im Grunde genommen entzieht sich eine Improvisation der Transkription, weil sie „unweigerlich an eine konkrete Situation

fühl, das sich wiederum nicht-summativ zusammensetzt aus den verschiedenen *Teil*gefühlen, die das hörende Subjekt mit den *einzelnen* Stellen und Aspekten dieser Musik verbindet. Im Fall von beifälliger Bewunderung oder freiheitlicher Freude wird es sein ästhetisches Urteil u.a. beziehen auf die *fantasiereiche Vielfalt* der rhythmischen Auffächerung in der Melodiestimme von Ganzen, Halben, Vierteln, Achteln und Sechzehnteln im Anfangsteil hin zu Triolen, Quintolen, Sextolen, Septolen, Dezimolen, Undezimolen, Duodezimolen, Zweiunddreißigsteln in den Folgeteilen. Dies alles geschieht bei durchgehender *harmonischer Fasslichkeit*, die erreicht wird durch länger liegende Grundtöne im Bass, überwiegend in den miteinander verwandten Tonarten D-Moll, A-Moll, F-Dur, G-Dur und E-Moll. Diese harmonischen Liegetöne verschaffen Hörvertrautheit. Jazztypisch wiederum ist die variantenreich-exzentrische Rhythmik mit vielen Synkopen und Unregelmäßigkeiten in der Oberstimme, fasslich zusammengehalten mittels Musterbildungen (Pattern) in Bass- oder Mittelstimmen. In mehreren *Rubato*-Teilen finden sich überdies sehr sangbare Passagen, die dem Stück – zusammen mit Kettentrillern, Tremoli, abwärts geführten Arpeggios, verschiedenen Vorschlagsnoten und Oktavverdopplungen in den anderen Teilen – eine auffallend klangsinnliche, also erneut äußerst fassliche, Komponente verleihen. In der hell bis geradezu grell leuchtenden A-Dur-Schlussapotheose sorgen dichte Sechzehntel-Legato-Stimmparallelen mit schnellen Akkordfolgen für *spannende Vielfalt*, während ein dauerhaft auf dem großen A liegender Bass und schlussendlich auch noch äußerst rasche Terz-, Dreiklangs- und Vierklangs-Wiederholungen große harmonische und binnenklangräumliche Zentrierung und damit *Sinnfälligkeit* erzeugen. Die beschriebenen kompositorisch-klanglichen Mittel gehen einher mit einer schrittweise aufgebauten Ausdrucksdramaturgie: die anfangs verhaltene, allmählich sich steigernde Freude mündet schließlich in einen ausgelassenen Jubel.

---

gebunden und nicht übertragbar“ ist – so wie auch die individuelle Aufführung eines kodifizierten Werks nicht übertragbar ist, vgl. Martin Niederauer: *Über die Chancen einer gelungenen Jazzimprovisation*, in: Daniel Martin Feige, Gesa zur Nieden (Hg.): *Musik und Subjektivität*, Bielefeld 2022, S. 210.

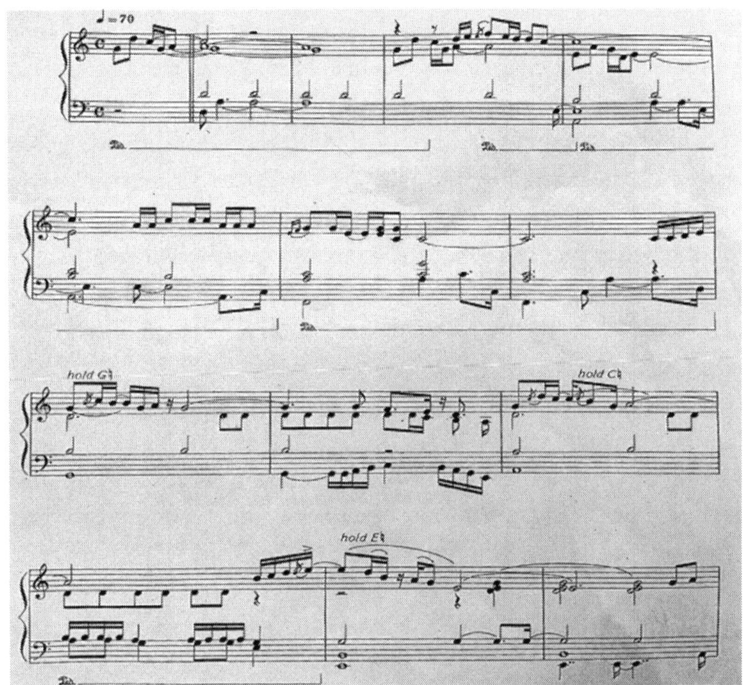

Keith Jarrett: Köln Concert, Teil I, 24.01.1975 (Transkription), Mainz (Schott)

Indem das hörende Subjekt also Abstand nimmt vom Erfolg seiner gelungenen musikalischen Selbstverwirklichung im Klangobjekt der Außenwelt und somit in ein bewertend-kritisierendes Verhältnis zu seiner eigenen klangräumlichen Hervorbringung eintritt, steigert es seine Kreativität erneut von einer bis dahin *nur konstruktiven* zu einer nunmehr *auch noch kritisch*-konstruktiven Kreativität im Sinne einer ästhetischen Begutachtung seiner klingenden Kreation. Anders gesagt: Die subjektive Freiheit der *objektiv-klingenden* Selbstverwirklichung im Sinne einer Verschiedenheitsverwirklichung wird erweitert zur *bedacht*-subjektiven Freiheit *kritisch-bewertender* Klangverwirklichung.

Liebe Leserinnen und Leser, es wird Ihnen vermutlich etwas befremdlich erscheinen, dass wir die gesteigerte Freiheit der kritischen Klang*bewertung* so deutlich unterscheiden von der Freiheit der konstruktiven Klang*erzeugung*. Warum sollten wir uns in musikalischen Klangzusammenhängen verwirklichen wollen, wenn wir sie nicht zugleich auch für irgendwie schön, erhaben oder stimmig halten würden? Denn zweifelsfrei gilt doch: „Die ästhetische Wahrnehmung eines Musikstücks ist nicht nur die Wahrnehmung dieses Musikstücks, sondern stets meine - werthaft besetzte - Wahrnehmung. In diesem Sinne ist die ästhetische Wahrnehmung immer reflexiv."[99]

So überzeugend dieser Einwand auf den ersten Blick klingen mag, er lässt zwei sehr wichtige Aspekte außer Acht: *Erstens* muss unsere innenweltlich empfundene Schönheit eingebildeten Tönens keineswegs auch zu einer außenweltlichen Klang*verwirklichung* derselben führen. Der ästhetische Verwirklichungs*versuch* kann scheitern, was dann entweder zum Abbruch, zur Korrektur oder zum Neubeginn des musikalischen Handelns führt. Gelingt die Verwirklichung zwar, aber als nicht gewünschtes Klangprodukt, gelangt dies im ästhetischen Werturteil „hässlich", „banal", „unstimmig" oder „langweilig" zum Ausdruck. *Zweitens* ist unsere Unterscheidung zwischen Klanghervorbringung und Klangbewertung allein aus systematischen Gründen notwendig: Logisch gesehen muss immer schon ein Musikstück *gebildet* worden sein, um es dann auch ästhetisch *beurteilen* zu können. Dies schließt jedoch nicht aus, sondern normalerweise sogar ein, dass im tatsächlichen Vorgang der ästhetischen Selbstverwirklichung eines Subjekts das schöpferisch-bildende Hervorbringen von Klangkonstellationen und deren gefühlsgestützt-kritische Beurteilung einander *abwechseln*: Ein bereits hervorgebrachter, erst *er*klungener, *ent*standener, dann *ver*klungener, *ver*gangener, nun im Gedächtnis *nach*klingender, kurzfristig bestehender, *Teil* des beabsichtigten ganzen Klangzusammenhangs kann, während dieser Schritt für Schritt noch entsteht, auch als nur *teil*gebildeter durchaus schon begutachtet und erst danach *fort*- und *aus*gebildet werden.

Drittens kann kein An- oder Zuhören sämtliche Eigenschaften einer Musik wahrnehmen. Daher bedeutet jede notwendige Hörauswahl bereits eine erhörend-wertende Hervorhebung, die als solche *unter*bewusst bleibt, also nicht bewusst *thematisiert* wird. Darüber hinaus geht das Hören des geschaffenen Klangzusammenhangs im Vollzug natürlich stets *einher* mit dessen bewusster Bewertung.

Ein schneller Wechsel der Sichtweisen von *klingendem Schaffen* und *klangbewertet Geschaffenem* ist einem musikalischen Subjekt also jederzeit möglich. Sie sollten dabei jedoch immer beachten, dass die

---

99 Christian Rolle: *Musikalisch-ästhetische Bildung. Über die Bedeutung ästhetischer Erfahrung für musikalische Bildungsprozesse*, Dissertation Hamburg 1998, S. 121.

*Gesamt*beurteilung des letztendlich *aus*gebildeten Klangobjekts nicht identisch ist mit der Summe seiner *Teil*beurteilungen, sondern aufgrund unserer angeborenen Gestaltgesetze stets noch *mehr* und vor allem auch *anderes* umfasst als all jene *Teilgefühle* und die daraus hervorgehenden *Teilurteile* zusammengenommen. Dies muss allein deshalb so sein, weil ein zu Ende ausgebildetes Musikstück ontologisch betrachtet einen lückenlosen Klangzusammenhang darstellt, der auch erst als derart *ganze Gestalt* seine individuelle *Vielfalt* und ebenso erst als derart *eine Gestalt* seine spezifische *Fasslichkeit* offenbart.

Wichtig ist dabei: Die Freiheit der ästhetischen Musikbewertung sowie der mit ihr einhergehenden Gefühle und Stimmungen erzeugt und erhält sich selbst, und zwar im Erfolgsfall so lange wie eben möglich. Sie dient keinem anderen Zweck als dem Genuss eben solchen freiheitlichen Hörgefühls und somit notwendig auch der nachhaltigen Freude über eine fasslich-vielfältige Musik, die dem erlebenden Subjekt ein derart aktives und freiwilliges, fühlend-denkendes Beurteilen und Bewerten, beifälliges Bewundern, lustvolles Lieben und freies Freuen, allererst ermöglicht.

4. Gelungene Selbstverwirklichung als harmonische Wechselbeziehung zwischen *fühlendem Mit*hören und *begreifendem An*hören

Gefühle sind Erkenntnisse, eben Erkenntnisse mit integrierter subjektiver Bewertung.

Jan Slaby

Die einzige wirklich *freie* Freude, die ein Subjekt an einem Musikstück erleben kann, ist die *ästhetische* Lust, und zwar deshalb, weil sie nicht wie andere Lust auf einer sinnlichen Naturnotwendigkeit beruht, sondern von ihm selbst gewählt worden ist. Wir bestimmen selbstständig darüber, aus welchem Musikstück wir uns, mit Kant gesagt, einen Gegenstand der Lust machen. Ich gebe zu, dass uns dies keineswegs mit jedem Klangobjekt gelingt. So könnte ich selber nur an sehr wenigen Kompositionen Richard Wagners wirklich Freude entwickeln, weil ich darin meistens die ästhetische Vielfältigkeit vermisse. Anders gesagt: Mein *Begreifen* findet beim distanzierten *An*hören seiner Opern keinerlei Aufgaben, während mein *Fühlen* beim beteiligten *Mit*hören geradezu überstrapaziert wird. Ich weiß: Viele Menschen hören diese Musik mit Begeisterung und sogar Liebe, weil sie, wie ich vermute, die dazu nötige Vielfältigkeit letztlich im Auf und Ab, im Hin und Her sowie in Spannung und Entspannung der durch sie ausgelösten *Gefühle* wahrnehmen. Hier sehen wir eben die *unterschiedlichste Anwendung* des allgemein leitenden Wertgesichtspunkts der fasslichen Vielfalt: Klingende Verschiedenheit wie Einheit lassen sich auf nahezu jede musikalische Dimension, Eigenschaft oder Wirkung beziehen. Am wertvollsten erscheinen sie uns aber wohl dann, wenn sie auf möglichst *viele* Merkmale einer Musik zutreffen und außerdem noch als solche *heraus*zuhören sind.

Wie oben bereits gesagt, darf *Fasslichkeit* nicht mit begrifflicher *Verständlichkeit* gleichgesetzt werden. Wenn Bedeutung und Sinnzusammenhang eines Klangflusses immer eindeutig bestimmbar wären, dann hätten Phantasie, Einbildungskraft und Assoziationsfähigkeit eines musikalischen Subjekts wenig zu tun. Das spezifisch ästhetische Freiheitserleben bliebe aus. Die Vieldeutigkeit klangzeitlichen Geschehens macht ja gerade dessen besondere Faszinationskraft aus, die dann auch im Schönheitsurteil mündet. Um sie erleben zu können, müssen allerdings überhaupt erst einmal mehrere Gedanken, Vorstellungen oder Gefühle erzeugt werden. Eine uns fremd, unzugänglich oder chaotisch bleibende Musik ermöglicht uns keine oder nur wenige Begriffs- bzw. Gefühlsassoziationen, die sich darüber hinaus auch kaum entwickeln oder verändern können. Die klingende Vielfalt ist hier entweder nicht vorhanden oder so groß, dass sie sich hörend nicht mehr erkennen lässt. Anders bei einem uns erfreuenden Klangobjekt: Unser Verstand versucht es *an*hörend, *durch*hörend und *er*hörend auf Begriffe zu bringen, die Musik gleichsam verstehend zu durchdringen, ohne dabei zu eindeutigen Ergebnissen zu gelangen. Das ein*fühlende Zu*hören *mit* dem und *entlang* des sich entwickelnden Klangstroms zeitigt immer wieder neue Höreindrücke, sowohl auf der technisch-formalen als auch auf der atmosphärisch-emotionalen Ebene, sodass stets nur begriffliche *An*legungen, aber keinerlei begriffliche *Fest*legungen möglich sind. Umgekehrt sind es fassbar vielfältige Klangkonfigurationen, die einem Subjekt hörbare Sinn*zusammenhänge* nicht nur *ermöglichen*, sondern es zu deren erhörender *Herausbildung* geradezu *ermuntern*.

Ein schwieriger Punkt ist das *Verhältnis* von klangsinnlichem *Zu-* oder *Mit*hören und deutend-bewusstem *Verstehen* des Gehörten. Die begriffliche Bedeutung des Klangverlaufs *ent*hüllt sich der Hörerin erst, um sich ihr hernach wieder zu *ver*hüllen. Dabei ist der gefasste Gedanke oder die erzeugte Idee keinesfalls das Gegenteil des Hörbaren, vielmehr dessen *er*hörte oder *heraus*gehörte Tiefe. Daher lassen sich diese begrifflichen Deutungen des anhörenden Subjekts auch nicht von den erlebend hörbaren Klangkonstellationen loslösen und als eigenständiger Gehalt der Musik von dieser abtrennen. Nein, ohne den sinnlichen Klangkörper, liebe Leser*innen, wären Ihnen die musikalischen Ideen, auf die der klingende Ausdruck immerhin *ver*weist- oder *hin*zeigt, schlicht unzugänglich. Nur Ihre Hör*empfindung* des aktualen Klanggeschehens verschafft Ihnen die Gelegenheit, die Ideen nicht nur zu denken, sondern auch in ihrer ganzen Wirkungsmächtigkeit, An- und Berührungskraft, entweder hinter dem Klingenden oder mitten in ihm, *er*hörend zu begreifen und *mit*zufühlen. Wollen Sie sie hingegen analytisch dingfest machen oder unverhüllt einkreisen, so werden Sie sehr schnell merken, dass sich Ihnen die Idee genauso schnell entzieht, wie Sie sich ihr nähern.

Die beschriebene Wechselbeziehung zwischen *gedanklichem* Verstehen und *fühlendem* Erleben, *an*hörendem *Daneben*sein und *mit*hörendem *Dabei*sein, bedeutet für ein musikalisches Subjekt die größtmögliche Ausübung ästhetischer Freiheit. Denn ein erfülltes Musik-Erleben erlaubt ihm die Einbeziehung nahezu aller subjektiven Kräfte, Verstand und Phantasie ebenso wie Körpermotorik und Gefühlswahrnehmung. Keine davon beansprucht die Vorherrschaft über eine andere. Je nach Klangverlauf verschieben sich die Gewichte zwischen den miteinander in Wechselwirkung befindlichen Kräften, mit Verstand und Gefühl als Pole. Deren freies und harmonisches, verträgliches, Sich-Einander-*An*gleichen, -*Ab*gleichen und auch -*Aus*gleichen bestimmt das subjektive Gefühl des Schönen, Erhabenen, Stimmigen und Gelungenen. Nach unserem Dafürhalten hat dieses Gefühl ästhetischer Freude seine phänomenale Grundlage in einer hörbar fasslichen Klangvielfalt. Ob ein Subjekt in der Lage ist, genügend Fassliches in Arnold Schönbergs *Kammersymphonie op. 9* oder genügend Vielfalt im

Beatles-Song *Let it be* wahrzunehmen, das hängt zumindest auch von dessen musikalischer Bildung, Sozialisation und Hörerfahrung ab. Aber *ohne* das Erleben gehörter Fasslichkeit und Vielfalt wird sein ästhetisches Urteil kaum jemals für gelungen plädieren. Denn mangelnde Vielfalt führt zu wenigen Ideen und mangelnde Fasslichkeit mündet in Gefühlslosigkeit.

Das Verhältnis von *fühlendem Mit*hören (musikalischem *mit*vollziehendem *Dabei*sein) und *begreifendem An*hören (musikalischem *nach*vollziehendem *Daneben*sein) lässt sich in gewisser Weise mit dem Verhältnis von Gehirn und Geist vergleichen. Beides bildet eine Korrelation, sofern alles, was wir denken, fühlen und tun im Gehirn irgendwo und irgendwie vertreten ist, nur eben nicht als solches Gedachte, Gefühlte und Getane, sondern vielmehr als physikalische und elektrochemische Aktivität von Nervenzellen. Anders gesagt: Gehirnfunktionen und Erlebnisse sind füreinander *Vorder*seite und *Rück*seite ein und derselben Aktivität. Beides geht immer miteinander einher. Analog dazu tritt zu unseren sinnlich-akustisch gehörten Schallwellen, dem Physischen, ein von uns erschaffener Sinn, die Idealität, hinzu, die jene gliedert und deutet. Der vorläufig flüchtig fassbare, aber nie endgültig *er*fassbare Sinn, den die angeordneten Töne *ent*hüllen und die neu angeordneten Töne dann wieder *ver*hüllen, wirkt auf die klingenden Tonanordnungen zurück: Sie werden im Licht des bereits *Er*-Deuteten anders gehört als noch *vor* ihrer begrifflichen Deutung. Diese anhaltend bewegte Wechselwirkung zwischen verstehender Sinngebung von bereits Er*klungenem*, fühlendem Erleben von gerade Er*klingendem* und erahnendem Voraushören von Noch-nicht-Klingendem, zwischen Klang-Deuten *aus dem Nachklingen*, Klang-Wahrnehmen *im Augenblicksklingen* und Klang-Erwarten von *Vor*klingendem, ist es, die das musikalische Schönheitserlebnis erzeugt und am Leben erhält. Die stets wieder neu zu fassende Verknüpfung von *ver*klungenen, *er*klingenden und *an*klingenden, vergangenen, gegenwärtigen und zukünftigen, Klängen und Klangzusammenstellungen ist niemals vollendet, sondern ist das immer wieder neue Zusammenhänge-*Ent*decken und wieder -*Ver*decken im Hörbaren durch eine Hörende und genauso auch des hörbaren Klangflusses in einem Hörenden. Unser Körper *hört mit*, indem er am Hörbaren *aktiv* teilnimmt. Und unser Geist *er*hört die musikalische Bedeutung, indem er die Vielzahl bewusst *ge*hörter akustischer, stilistischer und gefühlsbezogener Klangmittel in einem bewusst gedachten Gedanken, in einer eigens für sie erzeugten Idee, einem Bild oder einem konkret bezeichneten Gefühl *deutend zusammenfasst*.

Die musikästhetische Selbstverwirklichung eines Subjekts bedeutet also dessen äußerst freie, von und zu nichts verpflichtete, Bewertung eines Klangobjekts, das es selber in einem dreistufigen Vorgang der erfolgreichen musikalischen Veräußerung seines inneren Tönens in der empirischen Außenwelt verwirklicht hat. Die Steigerung seiner Freiheit in der ausgeübten *Bewertungs*aktivität gegenüber der Freiheit seiner bereits erbrachten *Hervorbringungs*aktivität besteht demnach darin, dass es von dem ursprünglich-freiheitlichen, d.h. zweckfreien „Zweck" seines komponierenden, aufführenden oder hörenden Hervorbringens einer *bestimmten Form* mit einem *bestimmten Inhalt*, z.B. ein melancholischer Pop-Song, eine feurige Sinfonie oder eine aufmunternde Jazz-Improvisation, zu verwirklichen, auch noch befreit und sich nur noch dem freiwilligen, sinnlich-geistigen Bewerten der freiheitlich hervorgebrachten Klangflüsse und Klanganordnungen widmet. Nicht mehr der *endliche Hervorbringungs*erfolg eines konkreten Klangobjekts wird nun angestrebt, sondern vielmehr der *unendliche Lust*erfolg beim Sich-Abwechseln von distanziertem *An*hören und engagiertem *Mit*hören der abschließend hervorgebrachten Klangzusammenhänge.

Die freie Freude des Zuhörens und Mitvollziehens oder ihr Gegenteil ist die Grundlage jeder gefühlsbezogenen Musikbewertung und insofern auch jedes musikalischen Werturteils. Als solche ästhetische Lust begleitet sie natürlich immer auch schon den tatsächlichen schöpferischen Selbstverwirklichungsvorgang eines Subjekts, das sich darin selbst zuhört. Dieses überbietet seine Klang*hervorbringungs*freiheit daher während des Klanghervorbringens selbstrückbezüglich durch eine zusätzliche Klang*bewertungs*freiheit: die Freiheit der Klangbewertung *von* freiheitlicher Klanghervorbringung. Diese bewertende Freiheits*steigerung* ist einerseits ein wichtiges Mittel der Klang*ausrichtung*, Klang*korrektur* oder Klang*aussetzung* im schöpferischen Aufbauvorgang selber. Andererseits ist es ein Mittel der Selbst*ermunterung* eines musikalischen Subjekts, den schöpferischen Musikaufbauvorgang bei Klang*verfehlungen* nicht *ab*zubrechen, sondern nur zu *unter*brechen, um ihn nach der Klang*berichtigung*, Klang*verbesserung* oder Klang*aussetzung fort*zusetzen oder neu *an*zusetzen und auch möglichst erfolgreich *ab*zuschließen.

Damit nun ein solchermaßen auftretendes ästhetisches Lustgefühl in ein ästhetisches Werturteil nicht nur *dogmatisch umgewandelt*, sondern als umgewandeltes auch *begründet verteidigt* werden kann, bedarf es der Offenlegung jener *Kriterien*, die ihm bewusst oder unterbewusst zugrunde liegen. Sie erst verschaffen der Freude einer Hörerin diejenige rationale Grundlage, die ihr musikästhetisches Urteil für andere nachvollziehbar macht. So könnte sie in György Ligetis Orchesterstück „Atmosphères“[100] auf die feinsinnliche Schönheit der vielfältigen Klangflächen verweisen, die aus den drei Grundarten bewegungslos stehender, innerlich bewegter und ganzheitlich sich bewegender Klangtrauben (Cluster) hervorgehen und ein zart-zerbrechliches Fließen und langsam-leises Hinziehen ausdrücken. Das *an*hörend, *hin*hörend und *durch*hörend *erfasste* Strömen und Schweben von Klanggestalten käme nicht zustande ohne die *zu*hörend, *mit*hörend und *hinein*hörend *gefühlte* Zartheit wie Zerbrechlichkeit der äußerst langsamen Klangbewegungen und umgekehrt. Vorläufig verbindend-begriffliches *Erfassen* einerseits und wahrnehmend verstreut-vielfältiges *Fühlen* andererseits *gleichen einander* ebenso *ab* wie *aus*. Das wechselseitige Einander-Korrigieren von *an*hörendem Ausdrucks*verstehen* und *mit*hörender Gefühls*wahrnehmung* entlang des Klangverlaufs, ohne dass die Seite des Unbestimmt-Begrifflichen (System B) über die des Konkret-Gefühlten (System A) oder diese über jene dominieren könnte, macht genau das fließend-freie, erfreuende, begeisternde oder sogar beglückende Schönheitserlebnis aus. Und seine phänomenale Matrix, die „Mutterform“ alles Kunstschönen, ist eben die fassliche Vielfalt des Hörbaren, wie unterschiedlich sie im Einzelfall auch ausgefüllt sein mag. In den „Atmosphères“ lässt sie sich außer auf die verschiedenen Klangflächen etwa auch auf die Dichte kleinster Stimmbewegungen und vielfältigster Stimmverflechtungen im Inneren der Klangtrauben beziehen. Diese nur gemächlich sich verändernde Feinfarbigkeit und inwendige Klanglebendigkeit der Stimmenvielfalt erschließt sich strukturellem Hören leichter als bloß intuitivem. So erklären sich auch die Unterschiede in der *Anwendung* der Matrix. Doch unbeschadet solcher engmaschigen Vielfalt in Ligetis Mikropolyphonie[101] vermögen

100 György Ligeti: *Atmosphères*. Partitur (Universal Edition 11418), Wien 1963.

101 Zur Deutung siehe Ulrich Müller: *Die hörbare Form der Zeit. Eine subjektzentrierte Musikphilosophie*, in: Philosophisches Jahrbuch 2023/I, S. 75ff.

auch überwiegend gefühlsorientierte Hörer das *langsam sich vorwärts bewegende*, verbindende, vereinheitlichende, letztlich auf Ganzheitlichkeit zielende, Klang*strömen*, Dahin*fließen* und Heraus*quellen* der farbigen Klangflächen abstrakt als *das Vergehen von Zeit* zu erleben. Immer ist es also das *verstehende An*hören, *Durch*hören, *Hin- und Her-*, *Vor- und Zurück*hören, das zusammenfassend Einheit in das *fühlend-genießende Zu-*, *Hinein-* und *Mit*hören verschiedener einzelner Klangelemente im Klanggeschehen zu bringen versucht. Doch bei jedem seiner vereinheitlichenden Sinnstiftungsversuche im gegenwärtigen Hörvorgang wird das hörende Verstehen bereits wieder überholt durch die nachfolgend erklingenden Töne, die das hörende Subjekt dazu herausfordern, den Klangzusammenhang stets wieder *anders* zu knüpfen und auch *neu* zu bewerten. Gerade dieses freie Wechselspiel zwischen klang*verknüpfendem,* klang*vereinheitlichendem* Verstehen und klang*verändernden,* klang*vervielfältigendem* Genießen ergibt das ästhetische Gefühl der Freude über schöne, stimmige oder gelungene Klangereignisse. Der ästhetische Genuss wäre schlagartig beendet, sobald sich ein Klangfluss durch einen deutenden Begriff endgültig und zureichend ersetzen ließe. Er wäre jedoch auch dann mindestens nachhaltig gestört, wenn sich keinerlei begrifflich oder wahrnehmend fassbare Klang- oder Ausdruckseinheit bilden ließe. Damit ästhetische Freude überhaupt entstehen kann, muss das erhörte Klangobjekt somit eine der jeweiligen Hörerin fassbar-zugängliche, vor dem Hintergrund ihrer musikalischen und sozialpsychologischen Erfahrungen erschließbare, d.h. *von* ihr *in* ihm *aufbaubare Klangvielfalt* enthalten.

Ein solcher Klangaufbau ist aber eben nicht *jedem* Subjekt in *jeder* Musik möglich. Ansonsten träfen wir wohl kaum noch auf ästhetische Bewertungsunterschiede. Nach unserer TfV ergibt sich ästhetischer Werturteilsstreit allerdings größtenteils nur aus der verschiedenartigen, empirisch bedingten, *Anwendung* der Matrix. Zugegeben, auch die Matrix selber bestimmt die ästhetische Werthaftigkeit von Kunstwerken *nicht lückenlos*, wohl aber grundlegend: *ohne Vielfalt keine Freude, weil Langeweile, und ohne Fasslichkeit keine Freude, weil Beliebigkeit oder Unzugänglichkeit.*

Das Tandem der fasslichen Vielfalt ist demnach eine grundlegend notwendige, wenngleich nicht immer auch schon hinreichende Wahrnehmungsbedingung für künstlerische Schönheits- und Stimmigkeits-

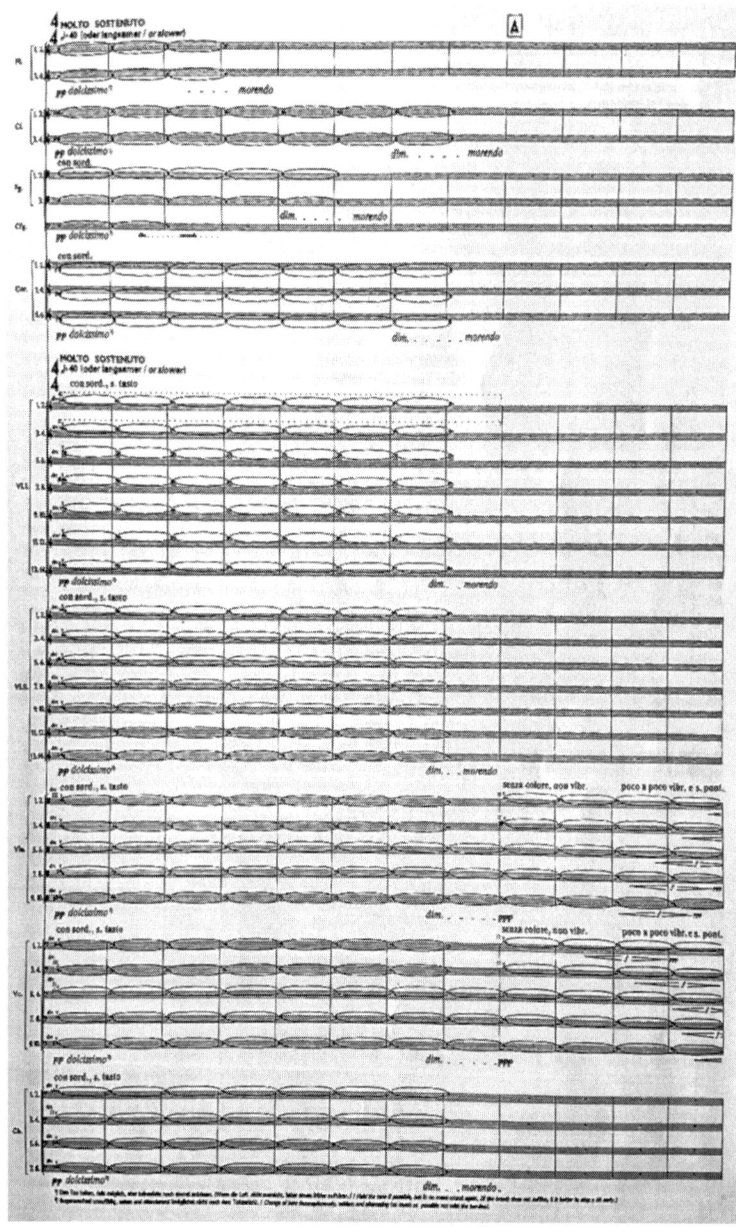

György Ligeti: Atmosphères für großes Orchester, Wien (Universal Edition) 1963

urteile. Diese wiederum drücken eine zweifach gelungene ästhetische Selbstverwirklichung von Subjekten aus: *erstens* deren erfolgreiche Klang*aus*bildung ihres eingebildet *inneren* Tönens in der empirischen *Außenwelt* und *zweitens* die erfolgreiche Klang*bewertung* jener erfolgreichen Klang*verwirklichung* in Form von beifälliger Bewunderung des Gehörten oder freier Freude über das fasslich-vielfältige Klangerlebnis.

IV. *Fazit*: Kategorien musikalischer Selbstverwirklichung

Musik gehört zum Menschsein.

Oliver Sacks

Lieber Leser und liebe Leserin, es ist eine offene Frage, ob eine *eigene Wissenschaftstheorie musikalischer Selbstverwirklichung* überhaupt möglich ist. Zu verschieden, wenn nicht sogar einzigartig, scheinen die individuellen Selbstveräußerungen in Klangobjekten zu sein, um sie mit allgemeinen Theoriebestimmungen erfassen zu können. Wenn auch nicht unbedingt notwendig, wünschenswert ist eine solche Theorie gleichwohl schon deshalb, weil sie ein Stück Rationalität in das meistens irrational begründete Gelingen von Musik bringen kann. Wir sollten dabei jedoch gleich bedenken: Rational kann nur die Theorie musikalischen Gelingens und nicht die gelungene Musik selber sein. Musikstücke als solche mögen auf rationale oder irrationale Weise komponiert, aufgeführt oder bewertend gehört werden, alle ihre Hervorbringungs- und Bewertungsarten lassen sich von der ästhetischen Theorie gleichermaßen rational thematisieren und miteinander vergleichen.

Eine solche Metatheorie gelungener Klangobjekte untersucht also nicht deren *tatsächlich gelungene* Klangverläufe und Formstrukturen, sondern die *allgemeinen Bedingungen ihres möglichen Gelingens*. Hierfür wiederum ist eine *ästhetische Anthropologie* erforderlich, die solche Gelingensbedingungen formuliert. Die *allgemeine ästhetische Grundbedingung* subjektiv empfindbarer Freude über stimmige Musik haben wir im letzten Kapitel als *Wahrnehmen-Können ihrer fasslichen Vielfalt* hergeleitet und mit den menschlichen Gefühlen von Überforderung oder Langeweile beim Fehlen fasslicher Vielfalt und Gefühlen von Ausdrucksempfindung oder Neugier beim Vorliegen fasslicher Vielfalt begründet. Diese zweifache, fassbar-vielfältige, Grundstruktur subjektiver Selbstverwirklichung in gelungener Musikerfahrung soll nun in sieben weiteren, anthropologisch begründeten, Begriffspaaren *genauer* erfasst werden.[102]

1. Um die erfolgreiche Selbstverwirklichung musikalischer Subjekte noch besser verstehen zu können, muss die musikphilosophisch, musiktheoretisch und musikästhetisch formulierte Wertbestimmung der *fasslichen Klangvielfalt* ergänzt werden durch das Kategorienpaar *Klangaufbau und Klangabbau*. Denn für eine *objektive* musikalische Selbstverwirklichung im musikalischen Material der empirischen Außenwelt ist es geradezu notwendig, neben den zeitlichen Klang*folgen* eines Klang*objekts* auch dessen räumliche Klang*aufbauten* in Gestalt von *Akkorden*, Melodie*umfängen*, Form*strukturen*, Rhythmus*mustern* etc. auszubilden. Ansonsten würde das Vergehen-Müssen von Musik, ihre zeitliche Flüchtigkeit, es verhindern, dass Klangverläufe erinnert, aufgezeichnet und analysiert werden können. Selbst eine äußerst raumreduzierte, abgebaut auftretende, Musik wie „Minimal" verwendet wenige, sich wiederholende, Aufbau-Muster rhythmischer, melodischer oder harmonischer Art, wie sich gut an Phil Glass' „Opening" erkennen lässt. Das Zusammenklingen, Sich-Überschneiden und Einander-Verschieben der drei Parameter genügt bereits, um ein gewisses, durchaus noch schönheitstaugliches, Ausmaß von Vielfalt zu erzeugen. Auf der anderen Seite führt musikalischer Überaufbau, totale Durchorganisation oder Hyper-Formalisierung, z.B. im „Komplexismus" eines Ferneyhough oder im „Serialismus" eines Boulez, zur Verhinderung von Fasslichkeit. Kantisch formuliert: Sich *ausbreitende* Klang*chronologie* ohne sich *aufbauende* Klang*synchronie* bleibt leer oder *ein*tönig, sich *aufbauende* Klang*synchronie* ohne sich *ausbreitende* Klang*chronologie* blind oder *schwer*tönig.

2. Das Auf- und Abbauen von Klängen steht in direkter Beziehung zu den musikalisch grundlegenden Vorgängen von *Spannung und Entspannung*. Auch dieses Begriffspaar bezeichnet eine anthropologisch begründete Ebene musikalischer Entwicklung, die an fasslicher Vielfalt beteiligt ist. Ob es sich dabei um das *Auf und Ab* einer Melodie, das *Verdichten und Auflösen* thematisch-motivischer Verflechtungen, eine harmonische Kadenz oder um dynamische Spannungskurven

102 Das Folgende greift auf Überlegungen zurück, die ich in musikdidaktischen Zusammenhängen ausformuliert habe, vgl. Ulrich Müller: *Didaktik und Hermeneutik. Entwurf einer ästhetischen Didaktik in musikanthropologischer Sicht*, in: Vierteljahresschrift für wissenschaftliche Pädagogik 1 (1995), S. 78–93.

handelt, immer sorgt der Wechsel von erklingender Spannung und Entspannung für vielfältige Abwechslung im mitfühlenden Musikerleben der Hörenden. Doch anhaltende Spannung ohne jede Entspannung oder dauerhafte Entspannung ohne irgendeine Anspannung kann es in gelungen stimmiger Musik so wenig geben wie ein anfangsloses Crescendo oder ein endloses Decrescendo. Auch Richard Wagners „Kunst des Übergangs", sei es durch Überbindung von Tönen über Taktgrenzen hinweg oder sei es durch obsessive Chromatisierung des Tonsatzes, ändert am Wechsel von Spannung und Entspannung nichts; nur verwischt das „Wogende, Wallende, Schwankende im *Ganzen*", wie Nietzsche diese Musik empfand, deren formale Umrisse. Selbst der Grenzfall einer immer gleich leisen, wechselarmen, weil funktionsorientierten, Meditations-„Musik", Inbegriff entspannten Klingens, ist auf eine spannungsvolle Stille als Umgebung angewiesen, um überhaupt als entspannender Klanghintergrund wahrnehmbar und wirksam werden zu können.

3. Weiterhin lässt sich der Gegensatz des musikalischen Aufbauen-Könnens und Vergehen-Müssens zurückbeziehen auf ein noch stärker anthropologisch ausgerichtetes Begriffspaar: *Klangvertrautheit und Klangfremdheit*. Sie sind die beiden Hauptgesichtspunkte möglicher musikalischer Sinnerfassung, von der hörenden Herstellung thematisch-motivischer Zusammenhänge über das Heraushören bekannter Klangeigenschaften bis hin zum deutenden Erhören ausgedrückter Gefühle. Die große klangliche Anziehungskraft wirklich gelungener Musiken beruht auf der Fähigkeit einer Hörerin, darin *be*kannte und *un*bekannte, *ver*traute und *un*vertraute Klänge in einem ausgeglichenen, harmonischen Wechselverhältnis wahrzunehmen. Immer wenn vertraute Klänge ein Übergewicht erhalten, droht das Klanggefüge für sie reizarm, unauffällig oder sogar langweilig zu werden. Umgekehrt führt ein Überwiegen von fremden über vertraute Klänge zu Hörabwehr und Hörverschluss aufgrund von Überforderung und Überreizung.[103] Jedenfalls stecken im musikalisch-allgemeinen Gegensatz des

103 Diese erfahrungsgesättigte Einsicht kann die Informationsästhetik (Bense, Franke, Moles, Berlyne) experimentell bestätigen: Zu viel Redundanz erzeugt Langeweile, zu viel Entropie „Ärger, Hilflosigkeit und Unbehagen". So begründet vertritt der Komponist Helmut Lachenmann die Konzeption von „Schönheit als verweigerter Gewohnheit", vgl. Rolf Großmann: *Schönheit und Ästhetizität – zur Verwissenschaftlichung künstlerischer Kategorien*, https://www.leuphana.de/fileadmin/user_

Klangvertrauten und Klangfremden Gelingens-Gesichtspunkte für die erfolgreiche kritisch-bewertend-klangliche Selbstverwirklichung eines musikalischen Subjekts. In *welchem Ausmaß* es sich auf musikalische Experimente als Verstöße gegen Klangvertrautheit einzulassen vermag und *wieviel* Vermeidung von Klangfremdheit in einem Schlager von ihm noch nicht als banal oder kitschig wahrgenommen wird, bedingt seine musikalische Identifizierungs- und Selbstentäußerungsmöglichkeit. Damit seine Hörhervorbringungen erfolgreich sind, muss es Ankerstellen im Klanggeschehen finden, die an bereits Hörvertrautes anschließen. Nur in Bezug auf bekannte Klanganordnungen lassen sich unbekannte nach und nach erschließen und in fassbare Sinneinheiten, sowohl formal-technische als auch ausdrucks-inhaltliche, umwandeln. Ganz ohne fremdartige Klänge fehlte einem Musikstück jede Spur von spannender Rätselhaftigkeit und damit auch Faszinationsfähigkeit. Klangvertrautheit und Klangfremdheit bilden demnach transzendentale Kategorien aller möglichen musikalischen Formen von fasslicher Klangvielfalt.

4. Dieser anthropologische Gegensatz lässt sich ergänzen durch den des *Öffnens und Schließens*. Klangverläufe können sich einem zu- oder anhörenden Subjekt *er*schließen oder *ver*schließen. Wenn sie sich uns allerdings *nur* und stets *sofort öffnen*, verlieren wir schnell das Interesse an ihnen, weil sie uns nichts zum aktiven *Er*hören und *Be*denken anbieten. Wenn sie sich uns aber *ausschließlich*, und zwar auch *nachhaltig*, *verschließen*, dann befinden wir uns in einer hilflosen Hörsituation, die wir allein aus Selbstschutzgründen rasch beenden werden.

Zum sich öffnenden „Außen“-Aspekt er*klingender* Musik gehört auch ihr Verhältnis zu anderen, bereits bestehenden und er*klungenen* Werken. Dadurch gibt sich sie sich als soziales oder stilgeschichtliches Ereignis zu erkennen. Anders gesagt: „Kunst entsteht aus Kunst, antwortet auf Kunst.“[104] Andererseits existiert kein Klangobjekt, das sich nicht minimal, und im Falle seines Gelungen-Seins sogar deutlich, von anderen Klangobjekten abgrenzt. Wie Adorno schon sagte: „Kunstwerke sind gegeneinander verschlossen, blind, und stellen doch in ihrer Verschlossenheit vor, was draußen ist.“[105]

---

upload/services/miz/texte_grossmann/grossmann_schoenheit.pdf (Zugriff am 01.11.2023).

104 Wolfgang Rihm, Peter Trawny: *Frei. Zwei Gespräche*, Frankfurt a.M. 2023, S. 44.

105 Theodor W. Adorno: *Ästhetische Theorie*, Darmstadt 1998, S. 268.

Wertästhetisch gesehen verwirklichen alle gelungenen Klangobjekte ihren gemeinsamen Musikwert auf jeweils *anders klingende* Weise. Doch immer ist es *dieselbe Spannung zwischen dem Sich-Öffnen und dem Sich-Verschließen* von Klangkonstellationen und Klangverläufen, die in verschiedensten Klangwerken, Klangwerkaufführungen wie Klangwerkanhörungen ausgetragen wird. Der unteilbar-monadische Charakter individuell ausgestalteter Klangwirklichkeiten, deren Einmaligkeit oder sogar Einzigartigkeit, deutet auf den Verschlusscharakter musikalischer Ereignisse hin. Auch hier gilt: je reichhaltiger, vielfältiger und individueller musikalische Klangereignisse verwirklicht-*aufgebaut* sind, desto ausgeprägter muss ihre *Innen*ansicht ausfallen. Und umgekehrt: Je zahlreicher, stärker und auffälliger die Klangbeziehungen eines Klangwerks oder Klangereignisses zu *anderen* Klangobjekten oder Klangereignissen und auch zu *nicht*-musikalischen Elementen der sie umgebenden Wirklichkeiten wahrnehmbar sind, desto wichtiger und bedeutsamer fällt ihr *Außen*aspekt aus. In Luigi Nonos Klangoper „Prometeo“ durchdringen die Klangbewegungen des Sich-Öffnens und des Sich-Verschließens so sehr, dass sie mithörend kaum noch auseinandergehalten werden können. Gänzlich verschwinden können sie in gelungenen Klangverwirklichungen jedoch nie: Auch noch der Einfachheit von Eric Saties 1. „Gymnopédie“ mit ihren starken Außenbezügen zur barocken Tanzform der Sarabande, zu Hintergrundklängen im Kaufhaus oder beim Meditieren, auch zur Salonmusik, eignet ein unüberhörbarer Innenaspekt in Gestalt der von ihrem musikalischen Subjekt verwirklicht-ausgedrückten Grundstimmung wehmütiger Gelassenheit. Selbst in einem bis zum Äußersten geöffneten, geradezu durch Eintönigkeit, besser „Keintönigkeit“ – beim viereinhalbminütigen Auftritt eines Pianisten erklingt kein einziger Ton – charakterisierbarem Stück wie John Cages „4‘33“ gibt es der provokativen Wirkung unbeschadet einen nicht bestreitbaren Innenaspekt, der auf die Stille als subjektive Bedingung der Möglichkeit an-, zu- und mithörbarer Musik verweist. Und sogar ein derartig dichtes, radikal in sich verschlossenes, Klangstück wie Brian Ferneyhoughs *6. Streichquartett* von 2010 öffnet sich durch vereinzelt *heraus*hörbare, aber eben nicht *vorher*hörbare Klang*gesten*, die den Höreindruck von spontan auftretenden *Frei*klängen innerhalb eines insgesamt nur wenig fassbaren Klanggeschehens erzeugen.

5. Wir können unser Gegensatzpaar nun noch weiter verfeinern, indem wir es durch das von *Regel und Rätsel* erläutern. Auch die Spannung zwischen diesen beiden Polen bestimmt mit über den ästhetischen Wert von Klangobjekten. Der musikalische Rätselcharakter, das klingend *Ver*hüllte, grenzt sich ab gegen regelhaft gebildete, erklärbare oder zumindest hörend erfassbare, *ent*hüllte Klangzusammenhänge. Besonders wertvolle, weil tiefsinnige, Kompositionen lassen aus jedem gedeuteten Klang heraus neue Klangrätsel entstehen: musikalischer Sinn *ent*hüllt sich, um sich daraufhin wieder zu *ver*hüllen. Klangobjekte, die als vollständig und durchsichtig regelgeleitet erklärbar sind, stellen das Deuten still. Jegliche Anreize, sich damit noch länger zu beschäftigen, bleiben aus. Klangverknüpfungen brauchen Verhüllt-Rätselhaftes, um dauerhaft Aufmerksamkeit zu erregen; doch genauso benötigen sie Enthüllt-Regelhaftes, um fassbar zu bleiben. Kant hat Recht: Die Qualität ästhetischer Ideen bemisst sich an einer „Vorstellung der Einbildungskraft, die viel zu denken veranlaßt, ohne daß ihr doch irgendein bestimmter Gedanke, d.i. Begriff, adäquat sein kann, die folglich keine Sprache völlig erreicht und verständlich machen kann.“[106] Ansonsten ließe sich das hörend Erlebte verlustlos in einen Prosatext übersetzen. Gleichwohl muss es stets etwas *heraus*zuhören, d.h. zu *er*fühlen und *er*denken *aufgeben*, um für uns interessant, spannend und individuell zu klingen. Die Grenzen zwischen musikalischem *Sinn*erfassen und *Rätsel*wahrnehmen sind individuell verschiebbar, aber eben nicht aufhebbar.

Auch in musik*geschichtlicher* Sicht müssen diese Grenzen mit jeder einschneidenden Veränderung der Tonsprache neu gezogen werden: Das Unbekannte, Revolutionäre hört sich bei erstem Auftreten und auch danach noch solange rätselhaft an, bis es hinlänglich bekannt und somit als regelübereinstimmend anerkannt ist. Das menschliche Ohr und der mit ihm verbundene auditive Kortex des oberen Temporallappens können sich klanggeschichtlichen Entwicklungen durchaus anpassen. Sie verhalten sich gewissermaßen „klang-elastisch“.

6. Um die Bedingungen verstehbar gelungener Klangobjekte noch besser zu begründen, ist es hilfreich, die Kategorie Kreativität einzuführen. Aus ihr lässt sich das Gegensatzpaar *Ideenreichtum und Ideenlosigkeit* ableiten. Ersteres verweist auf den Schöpfungsvorgang und

106 Immanuel Kant: *Kritik der Urteilskraft*, Hamburg 1974, S. 168 (B 192f.).

das Erfinden, letztere auf das Übernehmen kulturell vorgegebener Formen und Materialien. Erkenntnistheoretisch könnten wir auch von *Fiktionsbildung und Materialbewusstsein*[107] sprechen. Wenn Fiktionsbildung für die Fähigkeit, Neues zu erfinden, und Einfallsreichtum für die Fähigkeit, Möglichkeiten zu entdecken, steht, dann bezeichnen beide in musikalischer Hinsicht *menschliche Fähigkeiten kreativer Klangverarbeitung*. In diesem Verständnis ist auch musikästhetische Erfahrung kreativitätsbedingt, d.h. sie enthält einen Klang*gestaltungs*- oder Klang*spiel*trieb, der musikalische Entwicklungen allererst ermöglicht. Und Musiken ohne irgendein Moment des Kreativen, Neuen, Originellen oder Individuellen sind ästhetisch *miss*lungen. Daher muss eine gelungene Musik die *Flüchtigkeit* des zeitlichen Klang*verlaufs* mit der *Form* erinnerbarer Klang*gestalten* verknüpfen. Dabei kann sich die Kreativität auf verschiedene Musikparameter ausdehnen: den äußerst vielgestaltigen *Rhythmus* in Bela Bartoks *Erster Rhapsodie für Violine und Klavier*, die farbenreiche *Harmonik* der „Wanderer-Fantasie" des Modulationsgenies Franz Schubert oder die sowohl poetische als auch heroische *Melodien*vielfalt in Beethovens *Fünftem Klavierkonzert*.

Kreativität muss also ein allgemeiner Formbegriff bleiben, der inhaltlich offen ist für verschiedenste Klang*ausprägungen* und Klang*durchformungen*. Ihre Zerstörung wäre es, wenn wir sie an einen *bestimmten* Klang*stil*, eine *besondere* Klang*form* oder auch eine *einzelne* Klang*epoche* binden würden. Selbstverständlich besitzt die Kreativität nicht in jeder Phase einer Musikepoche den gleichen Stellenwert. Zu Beginn der Wiener Klassik und der modernen Dodekaphonie genießt sie offensichtlich eine größere Wichtigkeit als in der Spätphase der mittelalterlichen Polyphonie oder der Romantik. Jedenfalls müssen die Kreativität und ihr Gegenteil in jedes verständlich begründete ästhetische Werturteil mit einfließen.

7. Schließlich können wir die kategoriale Gegensätzlichkeit verstehbarer Musikvielfalt durch ein weiteres Begriffspaar weiter aufhellen, das zum klassischen Bestand nahezu jeder Musikästhetik zählt, das von *Allgemeinem und Besonderem*. In der Geschichte ästhetischen Denkens und Bewertens ist eine Entwicklung von der Bevorzugung allgemeiner Musikmerkmale wie Gattung, Form und Regel hin zu

---

107 Vgl. Ulrich Müller: *Kunst zwischen Fiktionsbildung und Materialbewusstsein*, in: Concordia 18 (1990).

besonderen wie Einzelwerk, Personalstil und Individualität zu beobachten. Adorno nennt dies eine „fortschreitende Besonderung" der Werke, die für ihn mit zunehmender ästhetischer Qualität einher geht: „Von je waren die gelungenen Werke die, in denen die Spezifikation am weitesten gediehen war."[108] Doch gänzlich ablegen können auch höchst individualisierte Klangwerke das Allgemeine nicht. Versuchen sie es dennoch, entstehen belanglose Klanganhäufungen wie unfassliche Zufallsmusiken oder hörend nicht mehr fassbare, weil auf alle Parameter ausgedehnte, Reihenkompositionen (Pierre Boulez). Das von Adorno beschriebene dialektische Wechselverhältnis zwischen *Befreiung* des *einzelnen* Klangobjekts und dessen *Abhängigkeit* von eben den *allgemeinen* Rahmenbedingungen musikalischer Gattungen, die seine Schöpferin in klingender Selbstverwirklichung gerade überwinden will, erklärt Gerhard Schweppenhäuser an einem sprechenden Beispiel: „Als Charlie Parker sich dafür entschied, seiner Version des Liedes *Cherokee* nicht durch ornamentale Variationen der Melodie eine neue Gestalt zu geben, sondern dadurch, die Harmonien beizubehalten, aber auf ihrer Grundlage improvisierend eine völlig neue Melodieführung zu entwickeln, war das formale Prinzip des Bebop entstanden", das „aber eben auch ein allgemeines Prinzip der Beherrschung des musikalischen Materials", also „nicht schlechthin frei, sondern in ein Set von Regeln eingebettet" war.[109]

Ohne irgendwelche, noch so geringfügigen, Abhängigkeiten zwischen einem Klang-Besonderen und einem Klang-Allgemeinen ist die erfolgreiche Selbstverwirklichung eines musikalischen Subjekts undenkbar. Jede seiner klangauflösenden Unterwanderungen von Klangüberlieferungen (Arnold Schönberg), Kampfansagen gegen Althergebracht-Klingendes (John Cage) oder beabsichtigt vollständige Klangerneuerungen (Adriana Hölszky) bedürfen noch eines Rests von bekannt, vertraut oder geordnet Klingendem, um für andere Subjekte hörbar fasslich zu bleiben.

Welche musikästhetische Funktion haben nun unsere sieben erläuterten Begriffspaare? Auf jeden Fall zielen diese grundlegenden Kategorien nicht auf *einzelne* gelungene Klangobjekte oder Klangstruktu-

---

108 Theodor W. Adorno: *Ästhetische Theorie*, Darmstadt 1998, S. 299.

109 Gerhard Schweppenhäuser: *Nominalismus und Realismus in der Ästhetik des Designs*, in: Musik & Ästhetik 88 (2018), S. 35.

ren, sondern auf deren *Möglichkeit.* Insofern erläutern sie allesamt noch genauer, welche verschiedenen Ebenen von Musik die wertästhetische Grundformel der fasslichen Vielfalt umfasst. So bezeichnen Klangaufbau, Klangvertrautheit, Klangöffnung, Klangregel, Klangmaterial und Klanggattung allgemeine *Bedeutungsschichten* von Klang-*fasslichkeit.* Erkenntnistheoretisch formuliert vertreten sie demnach die Seite des Verstehens, Analysierens, begrifflichen Bestimmens und Vereinheitlichens von Klängen. Umgekehrt bezeichnen Klangabbau, Klangfremdheit, Klangverschließung, Klangrätsel, Klangfiktionalität und Klangbesonderheit allgemeine *Bedeutungsschichten* von Klang-*vielfalt.* Erkenntnistheoretisch vertreten sie also die Seite des Einbildens, Wahrnehmens, Empfindens, Fühlens und Ausdehnens von Klängen.

Eine gelungene musikalische Selbstverwirklichung von Subjekten, dies sei meine These, beruht auf dem Hörerlebnis einer ebenso spannungsvoll-freien wie harmonisch-einvernehmlichen Wechselbeziehung von *vielfältigem* Fühlen, Fantasieren und Vernehmen *einerseits*, fasslich *vereinheitlichendem* Verstehen, Auffassen, Erfassen und Begreifen *andererseits.* Genau dieses wogend-bewegte Hin und Her zwischen beiden Seiten, das Nicht-Festellen-Können ihres Verhältnisses, bezeichnet das ästhetische Erleben musikalischen Gelungen-Seins. So gesehen, verschaffen unsere grundbegrifflichen Gegensatzpaare eine anpassungsfähige Orientierung in Fragen musikästhetischen Bewertens. Um den ästhetischen Wert *eines bestimmten* Musikstücks hinreichend beschreibbar zu machen, bedarf es gleichwohl noch vieler Zusatzbestimmungen, die sich einer allgemeinen Theoretisierung entziehen. Aber ohne einen ausdrücklichen oder sinngemäßen Bezug auf jene Grundbegriffe sind begründete musikalische Werturteile nicht möglich. Anders gesagt: Das Kategorienangebot ist in jedem konkreten Anwendungsfall ergänzungsbedürftig, weil es eben *nicht hinreichende, doch immerhin notwendige Bedingungen musikästhetischen Bewertens* verzeichnet.

Liebe Leserin und lieber Leser, lassen Sie uns abschließend über die *anthropologische Begründung* der Formalkriterien ästhetischen Erlebens und Urteilens genauer nachdenken. Zunächst stehen unsere formalästhetischen Kategorien ja quer zur Musikgeschichte, sofern sie mittelalterliche und moderne, klassische wie populäre Musikarten gleichermaßen bewertend erschließen. Hier sei erinnert an universale

Musikeigenschaften, wie sie durch unsere Kategoriengegensätze thematisiert werden, ohne dass der *besondere* Klang*inhalt*, der *individuelle* Klang*stil* oder die *Art* der Klang*bewegungen* dadurch erfasst würden. Nur die allgemeinen klanglichen Formstrukturen, die den Klangobjekten und Klangereignissen innewohnen, gliedern den musikästhetischen Selbstverwirklichungsraum des bewertenden Subjekts. Mit anderen Worten: Nur die *Form der Musik überhaupt*, aus der sich die Form der einzelnen, in ihr sich zeigenden Klangobjekte und Klangereignisse ergibt, macht deren *spezifische Zeitlichkeit* aus. Und innerhalb unserer philosophischen Konzeption ist solche objektive Musikzeit nur die letzte Stufe des sich musikalisch veräußernden und dabei empirisch verwirklichenden Subjekts. Damit ist sie nicht nur zurückbezogen auf die vorangegangene Stufe der vorbereitenden Einbildung zeiträumlicher Klangobjekte in der subjektiven Innenwelt, sondern auch noch auf die ursprünglich subjektive, noch nicht Raum gewordene, Zeit des musikalischen *Subjekts selbst*, das sich auf dieser ersten Stufe formal klangströmend und inhaltlich fühlend-spürend-befindend ausdehnt.

Allein aufgrund unserer philosophischen *Systematik* also ist der Bezug auf den Menschen als eine Art transzendentales Subjekt in jeder Musikerfahrung bereits vorausgesetzt. Aber worin bestehen dann die *empirisch-musikwissenschaftlichen* Bezüge unserer musikästhetischen Kategorien auf den Menschen? Zur Beantwortung dieser Frage möchte ich Ihre Aufmerksamkeit auf folgende Besonderheit lenken: Unsere ästhetischen Grundbegriffe weisen allesamt einen *Doppelbezug* auf: *Einerseits* bezeichnen Vertrautheit und Fremdheit, Sich-Öffnen und Sich-Verschließen, Material und Fiktion, Allgemeines und Besonderes etc. das *menschliche Erleben* von Musik, sofern es in allen Zeiten und Kulturen gleichbleibende Faktoren aufweist. Andererseits bezeichnen diese anthropologisch-ästhetischen Grundbegriffe aber auch überzeitliche und zwischen den Kulturen gleichbleibende *Strukturen des Musikalischen selber*. Sowohl das *subjektive Erleben von Musik* als auch die *erlebte objektive Musik* werden also von unseren Kategorien erfasst. Das hörbare *Hin*- und *Her*-Wogen, *Auf*- und *Ab*-Fließen, *An*spannen und *Ent*spannen musikalischer Klangverläufe wie Klangstrukturen erzeugen ein Davor und Danach, ein Vertraut und Fremd, Offen und Verschlossen, Alt und Neu, Allgemein und Besonders, wodurch alle möglichen musikalischen Erscheinungen klangtypologisch gegliedert werden.

Was dagegen nicht gleichbleibt, sondern sich mit jedem musikästhetischen Bewertungsfall *ändert*, sind die *konkreten* Klang*eigenschaften* und Klang*gefühle*, die mit den allgemeinen Klang*strukturen* und Erlebnis*faktoren* jeweils *verbunden* werden. Diese *inhaltlich-bestimmten* Verknüpfungsarten ändern sich also nicht nur mit den Zeiten und Kulturen, sondern auch mit den einzelnen Menschen, je nach deren empirisch-musikalischen Vorerfahrungen. Doch um solche individuellen wie epochalen Klangbewertungsunterschiede theoretisch erschließen und musikästhetisch angemessen auswerten zu können, bedarf es eben jener allgemeinen, musikalisch-anthropologischen, Grundbegriffe. Nur mit ihrer Hilfe können wir dem Chaos musikalischen Empfindens und Bewertens eine rationale Ordnung abgewinnen, die Musikphilosophie als Musikästhetik allererst wissenschaftlich anschlussfähig macht.

V. *Epilog:* Friedensfreiheitliche Musikerfahrung

Der Mitvollzug von Musik ist die gelungene Selbstentäußerung des Subjekts in einer Sache, die dadurch seine eigene wird: Vorwegnahme eines Zustands, in dem Entfremdung getilgt wäre.

Theodor W. Adorno

Liebe Leserin und lieber Leser, wenn ein *Subjekt*, wie wir gesagt haben, wirklich und wesentlich *ursprünglich-zeitliche Bewegung* ist, dann dehnt sich das *musikalisch*-tätige Subjekt zu Beginn seines Schöpfungsvorgangs in der *Innenwelt* noch raumlos, nur zeitlich-tönend aus. Danach erst tritt zu dem erfundenen *Nacheinander-Tönen* ein auch räumliches Nicht-Nacheinander-, also *Zusammen-Tönen* auf. Die *Inhalte* solcher eingebildeten zeiträumlichen Ton*folgen* wie Ton*gestalten* können Gefühle, Stimmungen, Bilder und Gedanken sein, die sich *begrifflich* als musikalische *Einheiten* deuten lassen. Wenn es dem Subjekt dann weiterhin gelingt, diese bislang nur *eingebildeten* Toneinheiten im vorgefundenen Musikmaterial der empirischen Außenwelt *klangräumlich zu verwirklichen*, dann verwirklicht und verändert sich das Subjekt in dem von ihm geschaffenen Klangobjekt auf musikalische Weise *selber*. Es objektiviert sich als individueller Klangausdruck seiner selbst. Kurz gesagt: Das musikalische Werk verkörpert die aus der subjektiven *Innen*welt *heraus* und in die objektive *Außen*welt *hinein* getragene *Kreativität* des Subjekts, die zu dessen klangzeitlicher *Konstruktion* geworden ist. Und sofern sich das Subjekt über seine Selbstverwirklichung im freien Schöpfungsvorgang hinaus auch noch in der höchst freien *ästhetischen Bewertung* seiner klingenden Hervorbringung selbst*kritisch* verwirklichen kann, dürfen wir tatsächlich davon sprechen, dass sich das musizierende Subjekt in größtmöglicher ästhetischer Freiheit selbst verwirklicht.

Weil das Ergebnis einer solchermaßen erfolgreichen größtmöglichen musikalischen Selbstverwirklichung folgerichtig nur ein schönes, erhabenes, stimmiges, jedenfalls gelungenes Klangobjekt sein kann, liegt es nahe, dieses als musikalisch-ästhetische Verkörperung menschlicher Freiheit im Sinne von Autonomie zu verstehen. Dies bedeutet: Das Musikwerk muss ein Zweck an sich, ein Selbstzweck also, sein. Obwohl es natürlich immer von kulturgebundenen Materialien, Formen und Gestaltungsweisen abhängig, weil beeinflusst ist, muss doch jedes Werk oder Klangereignis „so gestaltet sein, als ob es durch seine Gestaltungsregeln jederzeit ästhetische Gesetze in der Welt autonomer Kunst vorgäbe.“[110] Dieser Selbstgesetzgebungsregel schöpferischer Akte haben Formen, Materialien, Inhalte und Techniken gelungener Klanghervorbringungen zu genügen. Konkret: Freies, unabhängiges und individuelles Gestalten ist hier gefragt und nicht die Erfüllung kunstfremder Zwecke wie Geld, Erfolg oder politisch-soziale Nützlichkeiten.

Wie aber können wir ästhetische Kreativität dann nicht nur *negativ*-vernünftig *ab*grenzen, sondern auch noch *positiv*-vernünftig *ein*grenzen? Ich meine, wir sollten uns auch im Ästhetischen an der Aufklärung orientieren und dementsprechend Musik, die *Autonomie* und *selbstständiges Urteilen* unter*gräbt*, für minderwertig erklären und solche, die es nicht nur ermöglicht, sondern erkennbar unter*stützt*, für wertvoll. Klänge, die in erster Linie unsere Sinne verkleistern, statt uns etwas aufzugeben, das wir *er*hören und *be*denken müssen, mögen hin und wieder willkommene Bedürfnisbefriedigung leisten. Doch „eine Gesellschaft von Freien“, hier hat Adorno uneingeschränkt Recht, dürfte nicht „über einen Entzug der leichten Musik als über einen undemokratischen Eingriff in ihre verbrieften Rechte sich entrüste[n]“[111], weil sie als wirklich freie Gesellschaft an der Förderung von *differenziertem Hören* und *unabhängigem ästhetischen Urteilen* interessiert sein sollte, statt an deren Gefährdung. Unser ästhetisches Wertkriterium der fasslichen Klangvielfalt trägt diesen Anforderungen durchaus Rechnung, indem es Vielfalt verlangt als Voraussetzung für die Förderung *anhörenden* Klang*unterscheidens* und Fasslichkeit als Voraussetzung für die Förderung *begrifflichen* Klang*bewertens*.

Wenn Sie mir, liebe Leser*innen, zum Schluss unserer *ästhetischen* Ausführungen noch eine kurze spekulativ-*ethische* Anfügung und Wei-

110 Ulrich Müller: *Wie ist ein ästhetischer Imperativ möglich?* In: Musik & Ästhetik, Heft 65 (2013), S. 59. Wir können die hier angestrebte musikalische Autonomie auch „Individualform“ oder mit Wolfgang Rihm „Eigengesetzlichkeit“ nennen.

111 Theodor W. Adorno: *Leichte Musik*, in: ders., *Einleitung in die Musiksoziologie* (Gesammelte Schriften, Bd. 14), Darmstadt 1998, S. 218.

terführung erlauben, so könnten wir die freie Selbstverwirklichung musikalischer Subjekte in begrifflich bewerteter Klangvielfalt begreifen als künstlerischen *Vorgriff auf eine nicht-entfremdete, vielmehr aufgeklärt-freie Gesellschaft*. Diese verstehen wir als eine realistische Utopie, an deren Verwirklichung sich schrittweise arbeiten lässt. Doch genauso wie sie grundsätzlich *auf*gebaut werden kann, kann sie leider auch wieder *ab*gebaut werden.

Wenn Klang*vielfalt* also ein musikalisches Symbol für *Freiheit* als Autonomie darstellen mag, dann könnte analog dazu Klang*fasslichkeit* ein Symbol sein für *Frieden* im Sinne eines am Einander-Verstehen ausgerichteten Zusammenlebens. So wie sich musikalische Vielfalt *als solche*, statt als willkürliche, zufällige oder verschlossene, nur entfalten kann, wenn sie von fasslichen Klangzusammenhängen *getragen* wird, so lässt sich das *freiheitliche Zusammenleben* von Gesellschaften nur verwirklichen, wenn es unter *friedlichen Verhältnissen* versucht wird. Denn trotz aller Genfer Konventionen können Freiheitsrechte als Menschenrechte im Krieg nicht garantiert werden. Frieden ohne Freiheit dagegen ist kurzfristig durchaus möglich, wenn auch eine Schande für jede aufgeklärte Gesellschaft. Zugegeben, ein solcher sozialer Makel muss eine banale, triviale, *massenfassliche* Musik natürlich nicht unbedingt sein, immer vorausgesetzt, es gibt daneben auch noch eine genügend geförderte und reichlich gepflegte Kultur autonomer musikalischer Selbstverwirklichung in Klang*vielfalt*.

In gesellschafts-utopischer Perspektive jedenfalls lässt sich eine an fasslicher Vielfalt orientierte Musik durchaus als „friedensfreiheitliche“ Musik deuten, sofern sie einen ästhetisch-abstrakten Vorgriff auf die Grundstruktur einer *sowohl gewaltlosen* (nicht herrschaftsfreien, aber auf das friedliche Zusammenleben Verschiedener setzenden) *als auch selbstbestimmten*, d.h. individuelle Freiheitsrechte (als Menschenrechte) achtenden Gesellschaft, verkörpert.

Was *genau* meint dieses utopische Moment in der Musik eigentlich, fragt sich der Komponist Wolfgang Rihm: „Das Unabgeschlossene? Das, was offen ist für viele Entwicklungen, für viele Wege? […] Das Unzugestellte. […] Die Freiung.“[112]

Wie auch immer wir das Musikalisch-Freie bestimmen und ob wir es überhaupt mit einer ästhetischen Utopie der skizzierten Art oder

112 Wolfgang Rihm, Peter Trawny: *Frei. Zwei Gespräche*, Frankfurt a.M. 2023, S. 91f.

nicht einfach nur mit seiner hörbaren Wirkungswucht oder zarten An- und Berührungsmacht verbinden wollen, *nach unserem Dafürhalten jedenfalls kann es nur durch eine erfolgreiche subjektive Selbstverwirklichung als fassbar Vielfältiges: schönes, erhabenes, stimmiges, gelungenes, geglückt gestaltetes Klanggefüge zu Gehör gebracht werden.*

Denn nur soviel und nicht mehr lässt sich über die musikästhetische Orientierung wohl aller Menschen begründet sagen – und dies letztlich auch nur in anthropologisch-formaler, nicht in musikalisch-inhaltlicher Hinsicht: Es wäre geradezu eigensinnig und verbohrt, wollten wir den gelungenen Klangverlauf an bestimmte Genres (Klassik, Pop, Folk, Jazz, Rap etc.), Stile (Barock, Romantik, Moderne etc.), konkrete Formen (Sonate, Improvisation, Tanz etc.) oder gar Ausdrucksarten (beschwingt, melancholisch, feurig etc.) binden. Und selbst auf der allgemein-menschlichen Ebene des Sich-Wünschens von fasslicher Klangvielfalt zur Erzeugung sowohl von Lustgefühlen als auch von Spannungserlebnissen haben wir mit Klangeigenschaften zu rechnen, die das ästhetische Urteil *mit*beeinflussen, aber von unserer TfV nicht lückenlos erfasst werden, z.B. eine *besondere* Klang*stimmung*, eine *nie gehörte* Klang*farbigkeit*, ein *soziales* Klang*verbundenheits*gefühl oder eine *individuelle* Klang*erinnerung*. Doch auch solche nicht allgemeingültig theoretisierbaren Klangquellen unseres musikalischen Fühlens und Urteilens sind letztlich noch gebunden an die Matrix der fasslichen Vielfalt als eine allgemein notwendige, wenngleich nicht immer schon hinreichende, Bedingung stimmig-gelungenen Klingens für Menschen. Zumindest besteht diese Bindung an die Matrix dann, wenn jene Klangeigenschaften nicht nur *augenblickliche*, sondern vielmehr auch *nachhaltige* Wirkungen innerhalb des *gesamten* Klangzusammenhangs auf uns ausüben sollen.

Anhang

In den seltenen Momenten, in denen wir Musik hören können, …
nicht, wie man sie hören muss, sondern, wie man sich wünscht,
sie zu hören …, hört die Welt tatsächlich auf zu existieren,
es gibt nichts anderes mehr.

Cornelius Castoriadis

Literatur- und Quellenverzeichnis

Ausgerechnet die immateriellste Kunst der flüchtigen Klänge, verwehenden
Töne und freiesten Phantasiespiele – und solche materiale Wirkungen,
wie kann das sein?

Klaus Peter Richter

Adorno, Theodor W.: *Ästhetische Theorie*, Gesammelte Schriften, Bd. 7, Darmstadt 1998.

Adorno, Theodor W.: *Der getreue Korrepetitor. Lehrschriften zur musikalischen Praxis*, Gesammelte Schriften Bd. 15, Darmstadt 1998.

Adorno, Theodor W.: *Leichte Musik*, in: ders., *Einleitung in die Musiksoziologie*, Gesammelte Schriften, Bd. 14, Darmstadt 1998.

Adorno, Theodor W.: *Mahler. Eine musikalische Physiognomik*, in: Theodor W. Adorno: *Die musikalischen Monographien*, Darmstadt 1998.

Adorno, Theodor W, George Simpson: *Über populäre Musik*, erschienen 1941 im letzten Jahrgang der *Zeitschrift für Sozialforschung*, übersetzt von B. Enders, H. Kinzler und A. Schalk, in: *Zeitschrift für kritische Theorie* 52/53 (2021), 11–54.

Anders, Günter: *Musikphilosophische Schriften. Texte und Dokumente*, München 2017.

Barthes, Roland: *Der entgegenkommende und der stumpfe Sinn. Kritische Essays III*, Frankfurt a.M. 1990.

Bartonek, Anders: *Philosophie im Konjunktiv. Nichtidentität als Ort der Möglichkeit des Utopischen in der negativen Dialektik Theodor W. Adornos*, Würzburg 2011.

Becker, A., Vogel, M. (Hgg.): *Musikalischer Sinn. Beiträge zu einer Philosophie der Musik*, Frankfurt a.M. 2007.

Bennett, Maxwell R., Hacker, Peter M.S.: *Die philosophischen Grundlagen der Neurowissenschaften*, Darmstadt 2010.

Bertram, Georg W.: *Was heißt es, Musik als eigenständige Artikulationsform des Denkens zu begreifen? Ein musikphilosophischer Versuch im Anschluss an Heidegger*, in: Allgemeine Zeitschrift für Philosophie, Heft 2–3 (2015), S. 231-151.

Bloch, Ernst: *Prinzip Hoffnung*, Band 3, Frankfurt a.M. 1979.

Bode, Philipp: *Gehirnsein*, Würzburg 2017.

Bönn, Georg: *Rhythmus und Zeitwahrnehmung in der Musik*, in: Georg Mohr und Johann Kreuzer (Hgg.): *Vom Sinn des Hörens. Beiträge zur Philosophie der Musik*, Würzburg 2012, S. 127–151.

Brendel, Alfred: *Franz Schubert, Klaviersonate B-Dur, Opus posthumum, 1. Satz*, https://www.youtube.com/watch?v=TKy0Lyl4g-s (Zugriff am 21.05.2023).

Cassirer, Ernst: *Philosophie der symbolischen Formen*, Bd. 3, Darmstadt 1982.

Chopin, Frédéric: *Scherzi*. Urtext, München 1973.

Cornelius, Hans: *Grundlagen der Erkenntnistheorie. Transcendentale Systematik*, München 1926.

Corsi, Elena: *Adorno und Cornelius*, in: Philosophisches Jahrbuch II (2021), S. 291–320.

Damasio, Antonio: *Selbst ist der Mensch. Körper, Geist und die Entstehung des menschlichen Bewusstseins*, München 2011.

Davidson, Donald: *James Joyce und Humpty Dumpty*, in: ders.: *Wahrheit, Sprache und Geschichte*, Frankfurt a.M. 2008.

Eggebrecht, Hans Heinrich: *Die Musik Gustav Mahlers*, München/Zürich 1986.

Feige, Daniel, Zur Nieden, Gesa (Hgg.): *Musik und Subjektivität*, Bielefeld 2022.

Ferreiro, Héctor: *Fact-Constructivism and the Science-Wars. Is the Pre-Existence of the World a Valid Objection Against Idealism?* In: Rasmussen, Jesper Lundsfryd und Asmuth, Christoph (Hrsg.): *Philosophisches Anfangen. Reflexionen des Anfangs als Charakteristikum des neuzeitlichen und modernen Denkens*, Würzburg 2023.

Früchtl, Josef: *Demokratie der Gefühle. Ein ästhetisches Plädoyer*, Hamburg 2021.

Fuhrmann, Wolfgang u. Mahnkopf, Claus-Stephen (Hgg.): *Perspektiven der Musikphilosophie*, Berlin 2021.

Gethmann, Carl F.: *Artikel „Gestalttheorie"*, in: Mittelstraß, Jürgen (Hrsg.): *Enzyklopädie Philosophie und Wissenschaftstheorie* Bd. 1, Stuttgart 2004, S. 765f.

Giordanetti, Piero: *Kant und die Musik*, Würzburg 2005.

Gold, Johannes: *Musik und Intelligenz. Seminararbeit*, Oberhöflein und Wien 2007.

Großmann, Rolf: *Schönheit und Ästhetizität – zur Verwissenschaftlichung künstlerischer Kategorien*, https://www.leuphana.de/fileadmin/user_upload/services/miz/texte_grossmann/grossmann_schoenheit.pdf (Zugriff am 01.11.2023).

Grüny, Christian: *Der Mythos des inneren Lebens. Susanne K. Langer über die Rolle der Musik für unser Selbstverständnis*, in: Daniel Martin Feige, Gesa zur Nieden (Hgg.): *Musik und Subjektivität*, Bielefeld 2022.

Han, Byung Chul: *Duft der Zeit. Ein philosophischer Essay zur Kunst des Verweilens*, Bielefeld 2015.

Henrich, Dieter: *Ästhetische Perzeption und Personalität*, in: Harald Weinrich (Hrsg.): *Positionen der Negativität. Poetik und Hermeneutik*, Bd. 6, München 1975, S. 543ff.

Hindrichs, Gunnar: *Die Autonomie des Klangs. Eine Philosophie der Musik*, Berlin 2014.

Humboldt, Wilhelm von: *Schriften zur Sprache*, hrsg. v. M. Böhler, Stuttgart 1973.

Husserl, Edmund: *Die Bernauer Manuskripte über das Zeitbewusstsein*, Dordrecht 2001.

Husserl, Edmund: *Zur Phänomenologie des inneren Zeitbewusstseins*, hrsg. v. R. Boehm, Den Haag 1966.

Jankélévitch, Vladimir: *Die Musik und das Unaussprechliche*, Berlin 2016.

Janzen, Thenille Braun, Thaut, Michael H.: *Cerebral Organization of Music Processing*, in: Thaut, Michael H., Hoges, Donald A. (Hgg.): *The Oxford Handbook of Music and the Brain*, Oxford University Press 2018, S. 88–121.

Jarrett, Keith: *The Köln Concert*, Mainz 1991.

Joyce, James: *Ein Porträt des Künstlers als junger Mann*, München 2004.

Kant, Immanuel: *Kritik der reinen Vernunft*, Frankfurt a.M. 1974.

Kant, Immanuel: *Kritik der Urteilskraft*, Hamburg 1974.

Klein, Richard: *Musikphilosophie zur Einführung*, Hamburg [2]2019.

Kölsch, Stefan: *Musik öffnet einen Tunnel im Gehirn*, Interview, in: *Gehirn und Geist* 14/03 (2021).

Langer, Susanne T.: *Mind. An Essay on Human Feeling*, Vol. I, Baltimore 1967.

Langer, Susanne T.: *Philosophie auf neuem Wege. Das Symbol im Denken, im Ritus und in der Kunst*, Frankfurt a.M. 1984.

Levinson, Jerrold: *Music, Art, and Metaphysics*, Ithaca: Cornell University Press 1990.

Ligeti, György: *Atmosphères*. Partitur (Universal Edition 11418), Wien 1963.

Mann, Thomas: *Der Zauberberg*. Roman, Frankfurt a.M. 1974.

Mendelssohn-Bartholdy, Felix: *Lieder ohne Worte*, Klavierwerke Bd. I, Frankfurt/London/New York, ohne Jahr.

Merleau-Ponty, Maurice: *Phänomenologie der Wahrnehmung*, Berlin 1966.

Mersmann, Hans: *Musikhören*, Potsdam/Berlin 1938.

Mohr, Georg: Artikel *Philosophie der Musik*, in: Sandkühler, Hans Jörg (Hrsg.): *Enzyklopädie Philosophie*, Band 2, Hamburg 2021.

Müller, Ulrich: *Didaktik und Hermeneutik. Entwurf einer ästhetischen Didaktik in musikanthropologischer Sicht*, in: Vierteljahresschrift für wissenschaftliche Pädagogik 1 (1995), S. 78–93.

Müller, Ulrich: *Die hörbare Form der Zeit. Eine subjektzentrierte Musikphilosophie*, in: Philosophisches Jahrbuch 2023/I, S. 61–80.

Müller, Ulrich: *Friedensfreiheitliche Erkenntnis und Wissenschaft. Eine Kritik der neurophilosophischen Vernunft*, Würzburg 2021.

Müller, Ulrich: *Kunst und Rationalität. Zur Konstruktion ästhetisch-kreativen Handelns*, Berlin 2001.

Müller, Ulrich: *Kunst zwischen Fiktionsbildung und Materialbewusstsein*, in: Concordia 18 (1990).

Müller, Ulrich: *Musikverstehen und Musikstruktur. Eine systematisch-hermeneutische Untersuchung zum Problem der Objektivität in der Musikästhetik*, in: International Review of the Aesthetics and Sociology of Music 21/1 (1990), S. 47–69.

Müller, Ulrich: *Objektivität und Fiktionalität. Einige Überlegungen zu Kants Kritik der Urteilskraft*, in: Kant-Studien 77/2 (1986), S. 203–223.

Müller, Ulrich: *Theodor W. Adornos ‚Negative Dialektik'*, Darmstadt 2006.

Müller, Ulrich: *Wie ist ästhetisches Argumentieren möglich?* In: Philosophisches Jahrbuch I (1989), S. 151–156.

Müller, Ulrich: *Wie ist ein ästhetischer Imperativ möglich?* In: Musik & Ästhetik, Heft 65 (2013).

Mutschler, Hans-Dieter: *Ästhetik und Metaphysik. Eine abgerissene Verbindung*, Darmstadt 2023.

Niederauer, Martin: *Über die Chancen einer gelungenen Jazzimprovisation*, in: Feige, Daniel Martin u. Zur Nieden, Gesa (Hgg.): *Musik und Subjektivität*, Bielefeld 2022.

Niel, Luis: *Absoluter Fluss – Urprozess – Urzeitigung. Die untersten Stufen der Konstitution in Edmund Husserls Phänomenologie der Zeit*, Würzburg 2011.

Nietzsche, Friedrich: *Menschliches, Allzumenschliches. Ein Buch für freie Geister*, in: Werke Bd. I, Frankfurt a.M., Berlin, Wien 1979.

Paddison, Max: *Die vermittelte Unmittelbarkeit der Musik: Zum Vermittlungsbegriff in der Adornoschen Musikästhetik*, in: Becker, A. und Vogel, M. (Hgg.): *Musikalischer Sinn. Beiträge zu einer Philosophie der Musik*, Frankfurt a.M. 2007, S. 175–232.

Peres, Constanze: *Artikel „Schönheit"*, in: Siegmund, Judith (Hrsg.), *Handbuch Kunstphilosophie*, Bielefeld 2022.

Pfütze, Hermann: *Form, Ursprung und Gegenwart der Kunst*, Frankfurt a.M. 1999.

Prauss, Gerold: *Die Einheit von Subjekt und Objekt. Kants Probleme mit den Sachen selbst*, Freiburg/München 2015.

Prauss, Gerold: *Die Welt und wir. Band I/1: Sprache-Subjekt-Zeit*, Stuttgart/Weimar 1990.

Prauss, Gerold: *Die Welt und wir. Band I/2. Raum, Substanz, Kausalität*, Stuttgart/Weimar 1993.

Prauss, Gerold: *Die Welt und wir. Band II: Subjekt und Objekt der Praxis*, Stuttgart/Weimar 1999.

Prauss, Gerold: *Kant über Freiheit als Autonomie*, Frankfurt a.M. 2017.

Recki, Birgit: *Artikel „Schönheit (Schöne, das)"* in: Willaschek, Marcus u.a. (Hgg.): Kant-Lexikon, Berlin/Boston 2017.

Reuter, Helmut und Stadler, Michael A.: *Gestaltübergänge in der Musik. Vom Wandel der Ordnungsprinzipien*, in: Journal für Psychologie 14 (2006), S. 274–301.

Richter, Klaus Peter: *Vom Sinn der Klänge. Eine kritische Musikgeschichte*, Würzburg 2023.

Richter, Swjatoslaw: Franz Schubert, *Klaviersonate B-Dur, Opus posthumum*, 1. Satz (*Molto moderato*), Melodiya/BMG GD 69078, Salzburg 1972.

Rihm, Wolfgang, Trawny, Peter: *Frei. Zwei Gespräche*, Frankfurt a.M. 2023.

Rolle, Christian: *Musikalisch-ästhetische Bildung. Über die Bedeutung ästhetischer Erfahrung für musikalische Bildungsprozesse*, Dissertation Hamburg 1998.

Saussure, Ferdinand de: *Grundfragen der allgemeinen Sprachwissenschaft*, Berlin [2]1967.

Schönberg, Arnold: *Schulung des Ohrs durch Komponieren*, in: Schönberg, Arnold: *Stil und Gedanke*, Leipzig 1989.

Schweppenhäuser, Gerhard: *Nominalismus und Realismus in der Ästhetik des Designs*, in: Musik & Ästhetik 88 (2018), S. 29–38.

Spitzer, Manfred: *Das musikalische Gehirn. Wie Musik auf uns wirkt*, München 2022.

Stadler, Michael A., Kobs, Michael u. Reuter, Helmut: *Musik – Hören, Verstehen und Spielen. Kognitive Selbstorganisation und Einfühlung*, https://psycharchives.org/en/item/a27ee749-739c-4a9e-8a08-b93c9f299b3e (Zugriff am 24.01.2024).

Stecker, Robert: *Intersections of Value: Art, Nature, and the Everyday*, Oxford University Press 2019.

Steinbrenner, Jakob: *Artikel „Wertung/Wert"*, in: Barck, Karlheinz u.a. (Hgg.): *Ästhetische Grundbegriffe*, Bd. 6, Stuttgart/Weimar 2010.

Stolzenburg, Jürgen: *Musik und Subjektivität, oder: Vom Reden über das Musikalisch-Schöne. Ein Versuch mit Blick auf Kant*, in: Mohr, Georg und Kreuzer, Johann (Hgg.): *Vom Sinn des Hörens. Beiträge zur Philosophie der Musik*, Würzburg 2012.

Stolzenburg, Jürgen: *Zur Idee des musikalischen Subjekts*, in: Fuhrmann, Wolfgang und Mahnkopf, Claus-Stephen (Hgg.): *Perspektiven der Musikphilosophie*, Berlin 2021.

Strube, W.: Artikel *„Mannigfaltigkeit, ästhetische"* in: Ritter, Joachim u. Gründer, Karlfried (Hgg.): *Historisches Wörterbuch der Philosophie*, Bd. 5, Basel/Stuttgart 1980.

Swaab, Dick: *Wir sind unser Gehirn. Wie wir denken, leiden und lieben*, München 2013.

Valéry, Paul: *Cahiers/Hefte* 6, Frankfurt a.M. 1993.

Vogel, Matthias: *Musik als Medium der Selbstbegegnung*, in: Feige, Martin Daniel, Von Nieden, Gesa: *Musik und Subjektivität*, Bielefeld 2022.

Von Massow, Albrecht: *Die unterschätzte Kunst. Musik seit der Ersten Aufklärung*, Köln 2019.

Wellmer, Albrecht: *Versuch über Musik und Sprache*, München 2009.

Wittgenstein, Ludwig: *Philosophische Untersuchungen*, Frankfurt a.M. 1980.

Wittgenstein, Ludwig: *Tractatus logico-philosophicus. Logisch-philosophische Abhandlung*, Frankfurt a.M. 1979.

Wittmann, Marc: *Wie entsteht unser Gefühl für die Zeit?* https://www.spektrum.de/news/wie-unser-gefuehl-fuer-die-zeit-entsteht/1309744, (Zugriff am 20.01.2024).